中国民事推定类型化研究

刘英明 · 著

中国出版集团有限公司
China Publishing Group Co., Ltd.
研究出版社

图书在版编目 (CIP) 数据

中国民事推定类型化研究 / 刘英明著. -- 北京：研究出版社, 2023.9

ISBN 978-7-5199-1549-0

Ⅰ. ①中… Ⅱ. ①刘… Ⅲ. ①民事诉讼－司法制度－研究－中国 Ⅳ. ①D925.104

中国国家版本馆CIP数据核字(2023)第165366号

出 品 人：赵卜慧
出版统筹：丁　波
责任编辑：范存刚

中国民事推定类型化研究

ZHONGGUO MINSHI TUIDING LEIXINGHUA YANJIU

刘英明　著

研究出版社 出版发行
（100006　北京市东城区灯市口大街100号华腾商务楼）
北京隆昌伟业印刷有限公司印刷　新华书店经销
2023年9月第1版　2023年9月第1次印刷
开本：710毫米×1000毫米　1/16　印张：24.75
字数：315千字
ISBN 978-7-5199-1549-0　定价：78.00元
电话（010）64217619　64217652（发行部）

国家治理研究丛书编委会

刘晓鹰　三亚学院副校长　教授

刘　继　国浩律师（北京）事务所主任　合伙人

刘敬鲁　中国人民大学哲学院教授

江　畅　湖北大学高等人文研究院院长　教育部长江学者特聘教授

安启念　中国人民大学哲学院教授

孙正聿　吉林大学哲学系终身教授

孙　英　中央民族大学马克思主义学院院长　北京高校特级教授

李　伟　宁夏大学民族伦理文化研究院院长　教授　原副校长

李炜光　天津财经大学财政学科首席教授

李　强　北京大学政府管理学院教授　校务委员会副主任

李德顺　中国政法大学终身教授　人文学院名誉院长

杨　河　北京大学社会科学学部主任

邱亦维　加拿大西三一大学教授　领导力硕士项目（中文）执行主任

张　光　三亚学院重点学科群主任　教授

张　帆　北京大学历史学系主任　教授

陈家琪　同济大学政治哲学与法哲学研究所所长　教授

罗德明　美国加州大学政治学系教授

周文彰　国家行政学院教授　原副院长

周建波　北京大学经济学院教授

郑也夫　北京大学社会学系教授

郎友兴　浙江大学公共管理学院政治学系主任　教授

赵汀阳　中国社会科学院学部委员

赵树凯　国务院发展研究中心研究员

赵家祥　北京大学哲学系教授

序

推定问题因概念模糊和范畴庞杂而常令研习者眼花缭乱，一头雾水。例如，《布莱克法律词典》就列举了许多推定的下位范畴，包括事实推定（presumption of fact or factual presumption）和法律推定（presumption of law or legal presumption）；可反驳的推定（rebuttable presumption）和不可反驳的推定（irrebuttable presumption）；强制性推定（mandatory presumption）和许可性推定（permissive presumption）；绝对性推定（absolute presumption）和条件性推定（conditional presumption）；结论性推定（conclusive presumption）和程序性推定（procedural presumption）；争议性推定（disputable presumption）和表见性推定（prema facie presumption）；冲突性推定（conflicting presumption）和矛盾性推定（inconsistent presumption）；普适性推定（presumption of general application）和制定法推定（statutory presumption）；塞耶推定（Thayer presumption）和摩根推定（Morgan presumption）等。这些名词足以让一些学生望而却步。

这些范畴大概都是英美证据法学者在多年的研究过程中为了更好地阐释推定概念的内涵和外延而创设的。我想，学者大多是喜欢创设范畴的。一方面，学者在研究过程中发现原有的范畴不尽合理或不够准确，于是就按照自己的研究心得提出新的范畴；另一方面，创设新的范畴也可以成为学者“创造性思维”的标志性成果，于是，喜欢标新立异的学者就冥思苦想且乐此不疲。因此，新的范畴不断问世——尽管其中有相当多内容是在重复旧的范畴。毫无疑问，在法学研究的很多领域内都存在这种名不副实的“知识增量”，但是复杂且模糊的推定概念也确实为学者进行这种“创造性思维”提供了足够的空间。我相信，学者在创设范畴的时候都希望能够减少概念使用的混乱，但是结果却可能事与愿违，甚至南辕北辙。

于是，推定就成为证据法学领域内难度极大的研究课题。在中国如此，在外国亦然。20世纪美国最有影响的证据法学家威格摩尔教授曾经发出非常形象的感叹——“推定……可以被看作法律之蝙蝠，在晨曦暮霭中飞翔，但消失在真切事实的阳光之中”。美国另一位著名证据法学家摩根教授则留下了更为严苛的断言——“每个具有足够智慧来评价研究主题之难度的作者都是带着一种无望的预感走近推定问题并带着绝望的感觉离去”。

然而，刘英明博士没有知难而退。在中国人民大学法学院攻读博士学位期间，他便选中此题，执着地进行研究、思考、写作。在获得博士学位之后，他仍然以锲而不舍的精神继续探索，数年磨一剑，终于完成了这部相当精深的学术专著。

在本书中，刘英明博士采用“从内向外看”和“从下往上看”的角度，对中国民事诉讼中的推定问题进行实证研究，取得了一些带有创新性的成果。例如，他提出了广义推定和狭义推定两个概念，提出了法律上推定的类型化模型以及法律上推定标志词的类型化模型；他还对民事推定一律强制性转移客观证明责任的传统观点进行了批判，主张法律上推定效果的二元论，并且针对具体推定规则的效果提出了具有可操作性的“四步确定法”。

顺便说一下，刘英明在攻读博士学位期间，就曾经撰文对我关于推定问题的一些观点进行了直言的批判。而我以为，敢于挑战乃至批判导师的观点，是学生勤奋求学的一种表现，应该鼓励。这样的学生一般都是有作为且能超越先生的后生。据此，我推定刘英明在若干年后当成为中国证据法学研究领域的栋梁之一。

是为序。

何家弘

2013年仲秋

写于北京世纪城痴醒斋

自 序

本专著主要源自本人的博士学位论文。从我的博士论文完稿至今，大致经历了十年时间。这十年期间，中国民事推定制度发生了三大变化。

第一，中国民事推定具体规则有了大幅度增加，类型也更加丰富。根据笔者的统计，2012 年中国民事推定具体规则共有 116 个，2022 年中国民事推定具体规则增加到 200 个。

第二，中国民事推定的原则性规定发生了很大变化。根据 2001 年《最高人民法院关于民事诉讼证据的若干规定》(以下简称《民事证据规定（2001 年）》) 第 9 条，民事法律上推定和事实上推定的效力都是既转移客观证明责任又转移证据提供责任，即“当事人有相反证据足以推翻的除外”。根据 2019 年《最高人民法院关于民事诉讼证据的若干规定》(以下简称《民事证据规定（2019 年）》) 第 10 条，民事法律上推定和事实上推定的效力都是仅转移证据提供责任，即“当事人有相反证据足以反驳的除外”。这种立法旨意变迁的正当理由是什么？是否能够涵盖各种类型的民事法律上推定？值得我们进一步推敲。

第三，中国民事证明标准的原则性尺度发生了很大变化。中国民事推定实质上属于证明责任分配及证明标准设定的特殊调整规则，与证明责任分配一般规则及证明标准原则性尺度之间存在一定的互动关系。这十年来，我国民事证明责任分配的一般规则变化不大，都采用了罗森贝克“规范说理论”，只不过《民事证据规定（2001 年）》相关规则实质采用但采用分领域规范的表述方式，而 2002 年《最高人民法院关于适用〈中华人民共和国民事诉讼法〉的解释》(以下简称《民诉法解释》) 第 91 条则实质采用且采用抽象统一的表述方式。与此相对，证明标准的原则性尺度则发生了很大变化，《民事证据规定（2001 年）》第 73 条第 1 款确立的原则性证明标准是“优势盖然性”标准，而《民诉法解释》第 108 条第 1 款确立的原则性证明标准是“高度盖然性”标准。原则性证明标准的显著提高对民事推定规则的科学创设和准确适用提出了更高的要求。

有鉴于中国民事推定制度这三大变化，作为专门研究中国民事推定制度的专著有义务认真解释、归纳以及评价这些变化背后的理论依据、共性规律及其科学性，从而为我国民事推定规则的准确适用和科学创设提供帮助。

刘英明

2023 年 1 月 19 日

本书法律文件全称简称对照表

法律、行政法规

全称	简称
《中华人民共和国民法典》(2020 年)	《民法典》
《中华人民共和国著作权法》(1990 年通过，2020 年最新修订)	《著作权法》
《中华人民共和国专利法》(1984 年通过，2020 年最新修订)	《专利法》
《中华人民共和国电子商务法》(2018 年通过)	《电子商务法》
《中华人民共和国个人信息保护法》(2021 年通过)	《个人信息保护法》
《中华人民共和国公司法》(1993 年，2018 年最新修订)	《公司法》
《中华人民共和国证券法》(1998 年通过，2019 年最新修正)	《证券法》
《中华人民共和国期货和衍生品法》(2022 年通过)	《期货和衍生品法》
《中华人民共和国保险法》(1995 年通过，2015 年最新修正)	《保险法》
《中华人民共和国海商法》(1992 年)	《海商法》
《中华人民共和国民用航空法》(1995 年通过，2021 年最新修正)	《民用航空法》
《中华人民共和国电子签名法》(2004 通过，2019 年最新修正)	《电子签名法》

续表

全称	简称
《中华人民共和国水污染防治法》(1984 年通过，2017 年修正)	《水污染防治法》
《中华人民共和国消费者权益保护法》(1993 年通过，2013 年最新修正)	《消费者权益保护法》
《中华人民共和国反不正当竞争法》(2003 年通过，2019 年最新修正)	《反不正当竞争法》
《中华人民共和国反垄断法》(2007 年通过，2022 年修正)	《反垄断法》
《中华人民共和国合伙企业法》(1997 年通过，2006 年修订)	《合伙企业法》
《中华人民共和国侵权责任法》(2009 年通过)	《侵权责任法》
《中华人民共和国婚姻法》(1950 年通过，2001 年最后修改，现已失效)	《婚姻法》
《中华人民共和国刑事诉讼法》(1979 年通过，2018 年最新修正)	《刑事诉讼法》
《中华人民共和国交通部水路旅客运输规则》(1995 年通过，2014 年修订)	《水路旅客运输规则》
《工伤保险条例》(2003 年通过，2010 年修订)	《工伤保险条例》
《工伤认定办法》(2003 年通过，2011 年修订)	《工伤认定办法》
《直销管理条例》(2005 年通过，2017 年最新修正)	《直销管理条例》
《中华人民共和国招标投标法实施条例》(2011 年公布，2019 年最新修正)	《招标投标法实施条例》
《计算机软件保护条例》(2001 年通过，2013 年最新修订)	《计算机软件保护条例》
《上市公司收购管理办法》(2020 年最新修订)	《上市公司收购管理办法》
《非上市公众公司收购管理办法》(2020 年最新修正)	《非上市公众公司收购管理办法》

续表

全称	简称
《上市公司治理准则》(2018 修订)	《上市公司治理准则》
《人力资源社会保障部关于执行〈工伤保险条例〉若干问题的意见(二)》(2016 年通过)	《执行〈工伤保险条例〉意见二》
《中华人民共和国商标法实施条例》(2004 年公布,2014 年最新修改)	《商标法实施条例》
《中华人民共和国专利法实施细则》(2001 年公布,2010 年最新修订)	《专利法实施细则》
《计算机软件著作权登记办法》(2002 年通过)	《软件著作权登记办法》
《集成电路布图设计保护条例实施细则》(2001 年通过)	《集成电路布图保护细则》
《植物新品种保护条例实施细则(农业部分)》(2007 年通过,2014 年最新修订)	《植物新品种保护细则(农业部分)》
《植物新品种保护条例实施细则(林业部分)》(1999 年通过,2011 年修正)	《植物新品种保护细则(林业部分)》
《房屋登记办法》(2008 年发布)	《房屋登记办法》
《中华人民共和国道路交通安全法实施条例》(2004 年通过,2017 年修正)	《道路交通安全法实施条例》

最高人民法院司法解释和其他规范性文件

全称	简称
《最高人民法院关于适用〈中华人民共和国民事诉讼法〉的解释》(2014 年通过,2020 年最新修改)	《民诉法解释》
《最高人民法院关于民事诉讼证据的若干规定》(2001 年通过)	《民事证据规定(2001 年)》

续表

全称	简称
《最高人民法院关于民事诉讼证据的若干规定》(2001 年通过，2019 年最新修正)	《民事证据规定(2019 年)》
《最高人民法院关于适用〈中华人民共和国民事诉讼法〉若干问题的意见》(1992 年通过)	《民诉法意见》
《最高人民法院关于知识产权民事诉讼证据的若干规定》(2020 年通过)	《知识产权证据规定》
《最高人民法院关于适用〈中华人民共和国民法典〉合同编通则部分的解释》(征求意见稿)(2022 发布)	《民法典合同编解释(征求意见稿)》
《最高人民法院关于适用〈中华人民共和国民法典〉有关担保制度的解释》(2020 年通过)	《民法典担保制度解释》
《最高人民法院关于适用〈中华人民共和国民法典〉物权编的解释(一)》(2020 年通过)	《民法典物权编解释一》
《最高人民法院关于适用民法典婚姻家庭编的解释(一)》(2020 年通过)	《民法典婚姻家庭编解释一》
《最高人民法院关于适用〈中华人民共和国民法典〉继承编的解释(一)》(2020 年通过)	《民法典继承编解释一》
《最高人民法院关于审理海上货运代理纠纷案件若干问题的规定》(2012 年通过，2020 年最新修正)	《海上货运代理规定》
《最高人民法院关于审理道路交通事故损害赔偿案件适用法律若干问题的解释》(2012 年通过，2020 年最新修正)	《道路交通事故赔偿解释》

续表

全称	简称
《最高人民法院关于审理食品药品纠纷案件适用法律若干问题的规定》(2013年通过，2020年最新修正)	《食品药品规定》
《最高人民法院关于审理著作权民事纠纷案件适用法律若干问题的解释》(2002年通过，2020年最新修订)	《著作权解释》
《最高人民法院关于审理期货纠纷案件若干问题的规定》(2003年通过，2020年最新修正)	《期货规定》
《最高人民法院关于适用〈中华人民共和国保险法〉若干问题的解释(二)》(2013年通过，2020年修正)	《保险法解释二》
《最高人民法院关于适用〈中华人民共和国保险法〉若干问题的解释(三)》(2015年通过，2020年修正)	《保险法解释三》
《最高人民法院关于审理票据纠纷案件若干问题的规定》(2000年通过，2020年修正)	《票据规定》
《最高人民法院关于审理劳动争议案件适用法律问题的解释(一)》(2020年通过)	《劳动争议解释一》
《最高人民法院关于审理环境侵权责任纠纷案件适用法律若干问题的解释》(2015年通过，2020年最新修正)	《环境侵权解释》
《最高人民法院关于审理生态环境损害赔偿案件的若干规定(试行)》(2019年通过，2020年修正)	《生态环境损害赔偿规定》

续表

全称	简称
《最高人民法院关于审理环境民事公益诉讼案件适用法律若干问题的解释》(2015 年通过，2020 年最新修正)	《环境公益诉讼解释》
《最高人民法院关于审理侵害信息网络传播权民事纠纷案件适用法律若干问题的规定》(2012 年通过，2020 年最新修改)	《信息网络传播权规定》
《最高人民法院关于适用〈中华人民共和国公司法〉若干问题的规定（三）》(2011 年)	《公司法解释三》
《最高人民法院关于审理买卖合同纠纷案件适用法律问题的解释》(2012 年通过，2020 年最新修正)	《买卖合同解释》
《最高人民法院关于审理医疗损害责任纠纷案件适用法律若干问题的解释》(2017 年通过，2020 年最新修正)	《医疗损害责任解释》
《最高人民法院关于审理证券市场虚假陈述侵权民事赔偿案件的若干规定》(2022 年)	《虚假陈述侵权赔偿规定》
《最高人民法院关于审理证券市场因虚假陈述引发的民事赔偿案件的若干规定》(2003 年，现已失效)	《虚假陈述引发赔偿规定》
《最高人民法院关于适用〈中华人民共和国企业破产法〉若干问题的规定（一）》(2001 年通过)	《破产法适用规定一》
《最高人民法院关于审理企业破产案件若干问题的规定》(2002 年发布)	《破产案件规定》

续表

全称	简称
《最高人民法院关于互联网法院审理案件若干问题的规定》(2018 年通过)	《互联网法院规定》
《最高人民法院人民法院在线诉讼规则》(2021 年)	《在线诉讼规则》
《最高人民法院关于中国公民申请承认外国法院离婚判决程序问题的规定》(1991 年通过，2020 年最新修正)	《申请承认外国离婚判决规定》
《最高人民法院关于审理侵害植物新品种权纠纷案件具体应用法律问题的若干规定》(二)(2021 年发布)	《侵害植物新品种权规定》
《最高人民法院关于审理侵害知识产权民事案件适用惩罚性赔偿的解释》(2021 年)	《知识产权惩罚性赔偿解释》
《最高人民法院关于审理人身损害赔偿案件适用法律若干问题的解释》(2003 年通过，2022 年最新修正)	《人身损害赔偿解释》
《最高人民法院关于审查存单纠纷案件的若干规定》(1997 年通过，2021 年最新修正)	《存单规定》
《最高人民法院关于审理民间借贷案件适用法律若干问题的规定》(2015 年通过，2020 年最新修正)	《民间借贷规定》
《最高人民法院关于审理期货纠纷案件若干问题的规定》(2003 年通过，2020 年最新修正)	《期货规定》
《最高人民法院关于审理期货纠纷案件若干问题的规定(二)》(2010 年通过，2020 年最新修正)	《期货规定二》

续表

全称	简称
《最高人民法院关于审理船舶碰撞纠纷案件若干问题的规定》(2008 年通过，2020 年最新修正）	《船舶碰撞规定》
《最高人民法院关于审理铁路运输人身损害赔偿纠纷案件适用法律若干问题的解释》(2010 年通过，2021 年最新修正）	《铁路运输人身损害赔偿解释》
《最高人民法院关于审理道路交通事故损害赔偿案件适用法律若干问题的解释》(2012 年通过，2020 年最新修正）	《交通事故赔偿解释》
《最高人民法院关于审理海洋自然资源与生态环境损害赔偿纠纷案件若干问题的规定》(2017 年通过）	《海洋损害赔偿规定》
《最高人民法院关于审理技术合同纠纷案件适用法律若干问题的解释》(2004 年通过，2020 年最新修正）	《技术合同解释》
《最高人民法院关于适用〈中华人民共和国婚姻法〉若干问题的解释（二）》(2003 年发布，现已失效）	《婚姻法解释二（2003 年）》
《最高人民法院关于适用〈中华人民共和国婚姻法〉若干问题的解释（二）的补充规定》(2017 年发布，现已失效）	《婚姻法解释二补充规定》
《最高人民法院关于适用〈中华人民共和国婚姻法〉若干问题的解释（二）》(2017 年修正，现已失效）	《婚姻法解释二（2017 年）》
《最高人民法院关于适用〈中华人民共和国婚姻法〉若干问题的解释（三）》(2011 年发布，现已失效）	《婚姻法解释三》

续表

全称	简称
《最高人民法院关于审理涉及夫妻债务纠纷案件适用法律有关问题的解释》(2018年发布，现已失效)	《夫妻债务解释》
《最高人民法院关于人民法院审理离婚案件处理财产分割问题的若干具体意见》(1993年发布，现已失效)	《离婚案件财产分割意见》
《全国法院民商事审判工作会议纪要》(2019年)	《民商事审判会议纪要》
《全国法院审理债券纠纷案件座谈会纪要》(2020年)	《债券座谈会纪要》
《全国法院涉外商事海事审判工作座谈会会议纪要》(2021年)	《涉外商事海事会议纪要》

目　录

第六章 法律上推定立法之规范

参考文献

第一章
导　论

第一节　研究主题与研究意义

本书的研究主题是中国民事推定。首先，本书研究的是推定。所谓推定，是指法官根据法律规定或经验法则基于已知的基础事实暂时假定某一未知的待证事实或事项为真，除非该待证事实或事项被反驳或证伪。从外延上看，其与拟制相对，拟制不可反驳。从内涵上看，一般认为，其包括法律上推定和事实上推定，其中法律上推定又可分为法律上事实推定、法律上权利推定等。其次，本书研究的是民事推定。所谓民事推定，是指一切民事上的推定，既包括民事立法上的推定，也包括民事司法上的推定。民事立法上的推定不仅包括狭义的民法上的推定，还包括商法、劳动法上的推定，甚至还包括民事诉讼法上的推定等。民事司法上的推定是指民事立法没有规定、由法官在民事审判过程中就个案审理所创设的推定。民事推定限于民事上的推定，与刑事推定、行政推定、宪法推定等涵盖的范围不同。最后，本书研究中国民事推定，重点研究当前中国民事实定法与民事司法中的推定，原则上不研究外国法上的民事推定和中国古代民事推定。当然，为了研究当前中国民事推定，不可避免地也会提及外国法上的民事推定及其相关理论和中国古代民事推定，但这不是本书的研究重心。

研究中国民事推定的意义有五：

1. 有利于完善民事推定理论。我国当前的民事推定理论在很大程度上是德日两国民事推定理论的“翻版”。的确，借鉴法制发达国家的理论是作为法制发展中国家之一的中国提升自己的必由之路，民事推定这一子领域同样如此。但是，到了一定阶段，我们会发现，单纯借鉴来的民事推定理论似乎不足以解决中国民事推定领域所出现的所有问题。推定实践中的众多新问题正促使中国民事推定超越过去的简单理论借鉴，寻求与中国实践相适应的新的民事推定理论。

2. 有利于完善中国的民事证明责任理论。推定的性质，一言以蔽之，是一种特殊的证明责任分配规则。既然推定是特殊的证明责任分配规则，那就意味着推定和证明责任之间具有耦合关系。这种耦合关系的常态是推定的含义与证明责任的含义相一致；这种耦合关系的变态是推定的含义偏离了证明责任的含义。一旦出现“变态”，就意味着出现了一种要求回归常态的张力，这种张力或者要求推定向证明责任靠拢，或者要求证明责任向推定靠拢，从而实现新的常态。就中国当前民事推定和证明责任的实际情况来看，证明责任理论进一步完善或许是两者关系重新常态化的更好选择。

3. 有利于解决一方当事人的证明困难，促进实质公平的实现。传统上，民事诉讼法的制定者潜意识里认为民事诉讼当事人双方的诉讼能力是平等的，因此民事证明责任分配强调形式上的公平，最典型的体现是“谁主张，谁举证”原则。但是，随着工商业社会、风险社会的来临，我们已经逐渐认识到传统上关于民事诉讼当事人诉讼能力平等的普遍假设仅仅是一个神话。最典型的是环境污染、产品质量诉讼等侵权案件，一个渤海湾的渔民与康菲石油公司诉讼能力平等？一个普通消费者与“三鹿奶粉”企业诉讼能力相等？促使当事人诉讼能力由形式平等回归实质平等的关键链条之一就是证明责任分配走向实质公平，而促使证明责任分配走向实质公平的核心手段就是推定规则的创设和应用。

4. 有利于我国民事推定规则的准确适用。目前，国内实务界在民事推定规则的适用方面存在很多误区，这些误区主要体现在两个方面：一方面，对于法律上推定的适用，由于缺乏对法律上推定类型及其适用的精细了解，出现过把无基础事实的推定当作有基础事实的推定的情形，也出现过把仅转移证据提供责任的推定当作转移客观证明责任的情形，这违背了法律；另一方面，关于事实上推定的适用，有的时候过于严格，以致赋予了推定不利方过多的反证责任；或者过于草率，适用的经验法则在盖然性上过低。本书的研究，将使得实务界对推定规则的适用有规则可循，推定规则的适用效果和程序可以预期。

5. 有利于我国民事推定规则的科学创设。中国现有的民事推定规则存在不少问题。有些推定规则出现表述错位，如指示词提示该推定规则仅转移证据提供责任，但是反证程度又表明需要转移客观证明责任。有些推定规则运用标志词不当，该用“推定”，其用“视为”甚或“认为”等，这给实务界准确适用推定规则设置了障碍。还有个别推定规则反证范围限缩不当，造成了一批违背实质正义的判决结果。本书的研究，将归纳出推定立法中应当注意的一般要点，从而有助于我国民事推定规则的科学创设。

第二节　研究现状与争论焦点

一、国内民事推定的研究对象

国内直接以民事推定为对象的研究，大致可以分为两大类：一类是民事推定的一般理论研究，另一类是特定民事推定规则的专门理论研究。

属于前一类的代表性研究成果主要有叶自强教授于 2002 年出版的

《民事证据研究》之第四章“推定”和第八章“推定对证明责任的影响”、李浩教授于2003年出版的《民事证明责任研究》之第八章“推定与证明责任”、毕玉谦教授在2007年出版的《民事证明责任研究》之第九章“推定与证明责任”、许可博士在其博士论文《民事审判方法：要件事实引论》之第三章第三节“推定与证明责任的转换”、赵信会博士的博士论文《民事推定及其适用机制》(2005年)等。叶自强教授、李浩教授、毕玉谦教授在借鉴比较法理论的基础上初步研究了民事推定的范围、设置推定的理由、法律上的事实推定、法律上的权利推定、事实上推定、法律拟制、证据效力规定等民事推定基本问题。许可博士在借鉴日本民事法学理论的基础上重点探讨了民事推定与证明责任的关系，并且提出了推定不转移证明责任这一与通说迥异的观点。赵信会博士从宏观方面系统研究了两大法系民事推定制度及其适用机制、中国古代及中国当前民事推定制度及其适用机制。

属于后一类的代表性成果主要有：徐晓博士在其博士论文《过错推定论——一种从实在法到法哲学的分析方法》(2004年)中重点研究了侵权责任法领域内的过错推定；邢建东博士在其博士论文《衡平法上的推定信托研究》(2006年)中详细介绍了英美法系推定信托制度，并分析了其引进中国的前景；陈林博士在其博士论文《推定信托研究——以作为司法裁判技术的视角》(2010年)中重点分析了推定信托引入中国的必要及其对我国衡平司法的影响。

纵观国内诉讼法学界关于民事推定的研究，我们可以看到以下五方面的重大争论：

1. 关于民事推定的概念界定——推定究竟应不应该包括事实推定。通说认为，推定包括法律上的推定，也包括事实上的推定。但是有部分学者认为推定应仅包括法律上的推定，事实上的推定是推理，不应包括在推定的概念之中。民事推定究竟包不包括许可性推定、直接推定，还有本书第三章将要论及的低度证明推定呢？

2. 关于民事推定的作用——法律上的推定究竟起什么作用。通说认为，法律上的推定一律转移客观证明责任；事实上的推定仅转移主观证明责任。但是，有部分学者认为，法律上的推定也是仅转移主观证明责任。按照一般规则——《最高人民法院关于民事证据适用若干问题的解释》第 9 条第三项，推定都转移客观证明责任。但是，具体推定规则的立法表述却呈现多样化，甚至一部法典里既出现“对方当事人有充分证据足以反驳的除外”，还出现“对方当事人有相反证据的除外”，甚或出现“对方当事人能提供反证的除外”。这三种表述究竟有无效力上的差别？

3. 关于民事推定的适用——推定的反驳究竟要达到什么程度。关于对推定基础事实的反驳，通说认为需要达到能阻止对方成功证明的程度就行。反对方可以通过两种方法证明基础事实不存在：一是直接提出证据证明该基础事实不存在，在此情况下，只要达到阻止对方成功证明（也即真伪不明）的程度即可；二是不直接针对该前提事实本身，而是提出与该前提事实具有逻辑上同时存在可能性的其他间接事实，并通过其他经验法则或逻辑法则的运用，达到妨碍法官推定主要事实存在的目的。此种情形属于间接反证，通说认为间接反证应由间接反证的提出者负客观证明责任。关于推定事实的反驳，通说认为，需要达到“优势证据标准”。

但是，有部分学者提出间接反证的情况下，其提出者仅负证据提出责任，不负客观证明责任。关于推定事实的反驳，有学者认为只需达到能阻止对方成功证明即可，无须达到“优势证明标准”。

4. 关于民事推定的制定——民事推定规则的正当理由何在？通说认为，民事推定规则的制定是考虑到逻辑基础（特别是其中的盖然率的高低）、社会政策等因素，但是这些因素在一定的情况下是冲突的，如何进行优先选择值得研究。进一步，考虑到无基础事实的推定、有基础事实且转移客观证明责任的推定、有基础事实仅转移主观证明责任的推定、事实上推定等在减轻证明负担方面的逐渐递减，推定的类型选择本身就面临着政策选择和经验验证，也即其本身就是一个"功利和科学"问题。

5. 关于具体的民事推定规则本身——许多民事推定规则本身存在科学、合理与否的争论。例如，环境侵权因果关系的证明立法，究竟应该采取无基础事实推定，还是采取有基础事实的推定？医疗过错，究竟应该采取过错证明，抑或是无基础事实推定，还是采取有基础事实的推定，抑或是两者方法的综合？这些现行的推定规则不仅面临着个案适用公平与否的审查，也应该得到学界综合性的检讨。

总而言之，中国民事推定理论正处于大变革的前夜，一系列新规则、新案例的出现挑战着主流的民事推定理论，呼唤着更有解释力的民事推定理论出现。

二、国内刑事推定的代表性研究成果

鉴于民事推定与刑事推定具有相当程度的共性，因此，有关刑事推定的研究成果也对民事推定有重要的启发意义。自 2007 年开始，关于中国法律上推定的概念和类型的研究也成为国内诉讼法学研究的热点话题，特别是刑事证据法学研究的热点话题，也因此在刑事推定领域出现了一系列较有启发价值的研究成果。[①] 专门以此为主题的博士论文有邓子滨博

---

① 就笔者所搜集的资料，2007 年以来，国内刑事证据法学界有关推定一般理论的代表性论文主要有（按发表先后时间排序）：劳东燕：《认真对待刑事推定》，《法学研究》2007 年第 2 期；劳东燕：《推定研究中的误区》，《法律科学》2007 年第 5 期；龙宗智：《推定的界限及适用》，《法学研究》2008 年第 1 期；张成敏：《推定与相反推理以及相互强度关系》，《政法论丛》2008 年第 1 期；何家弘：《从自然推定到人造推定——基于推定范畴的反思》，《法学研究》2008 年第 4 期；何家弘：《论推定概念的界定标准》，《法学》2008 年第 10 期；何家弘：《论推定规则适用中的证明责任和证明标准》，《中外法学》2008 年第 6 期；卞建林、李树真、钟得志：《从法律到逻辑：推定改变了什么》，《南京大学法律评论》2009 年春季卷；刘英明：《也论推定规则适用中的证明责任和证明标准——兼与何家弘教授商榷》，《证据科学》2009 年第 5 期。

士的《刑事法中的推定》、张云鹏博士的《刑事推定论》、赵俊甫博士的《刑事推定研究》、张小海博士的《无罪推定权利论》、李富成博士的《刑事推定研究》等。刑事诉讼法学界还于2008年11月25日在四川省成都市举办了"刑事推定及证明责任"研讨会。这次研讨会集中展现了国内刑事诉讼法学界关于刑事推定的观点。与会刑事诉讼法学者也就推定的一般理论问题与刑事推定问题进行了深入探讨并在会后出版了专题论文集《刑事证明责任与推定》。①

尽管基于推定之分支之一——刑事推定的研究结论原则上也适用于民事推定领域，但是鉴于后述两个原因使得基于刑事推定的研究结论不可直接适用于民事推定。原因一，从性质上讲，推定与证明责任分配及证明标准紧密相关，但是刑事证明责任分配及证明标准与民事证明责任分配及证明标准迥然不同。原因二，从数量上来讲，刑事推定规则较少、民事推定规则较多，基于小样本得出的研究结论不可轻易推广到大样本中去。

三、国内以统一推定为对象的代表性成果

主要是两篇博士论文，即焦鹏博士的《诉讼证明中的推定研究》、毛淑玲博士的《推定原理研究》。前者对推定的司法实践、立法规范多有批评，后者侧重从逻辑学、概率论等原理层次上进行研究。

第三节 研究范围与研究方法

本书不打算叙述中国民事推定理论的发展史及其关联理论背景，对此，赵信会、焦鹏等已经进行过比较详细的研究。本书的重点放在中国民事推定规则本身及其司法适用以及立法规范等实际问题上。

---

① 龙宗智主编：《刑事证明责任与推定》，中国检察出版社2009年版。

本书分为六章：第一章，导论；第二章，推定与证明责任概念界定；第三章，法律上推定的类型；第四章，法律上推定的效果及其排除；第五章，事实上推定三大问题研究；第六章，法律上推定立法之规范。另有两个附录，附录 1 是中国民事推定规则分类整理；附录 2 是中国民事推定规则一览表。六章之间的逻辑关系是：第一、二章为本书研究提供纲要指引和研究前提；第三、四章聚焦于法律上的推定，分别研究民事法律上推定的类型、效果及其排除；第五章研究事实上的推定；第六章研究民事推定立法。

本书研究将采用以下研究方法：

1. 定性研究方法。法律研究最常用的一种路径是学理研究。根据麦高伟、崔永康的看法，法律领域内的学理研究并不仅仅是找到准确的立法和相关判例，并且对法律作出一个可以客观上被验证的结论，而是一个筛选并衡量材料的等级和法源，并且理解社会背景和阐释的过程。因此，学理研究可以算作定性研究。[①] 而法律领域内的定性研究与社会学上的文献综述非常类似。因而，社会学上的文献综述方法也适用于法律定性研究。

本研究的一个基础方法就是把笔者所接触的国内法关于民事推定研究的文献进行深入批判并整合创新。尽管个别学者对这种研究方法批评颇多，但是笔者确信这是所有学术研究，包括法律研究在内的必备方法。本研究中笔者同样采用这种方法，并且视之为基础方法。

2. 比较法研究方法。茨威格特和克茨将比较法划分为宏观比较和微观比较，前者是对不同的法律秩序的精神和样式以及它们通常使用的思想方法和操作方法相互的比较，后者是指比较各个具体的法律制度或法律问题，从而比较那些在不同的法律秩序中，用以解决一定的具体问题或一定的利益冲突的规则。[②]

---

① 麦高伟、崔永康主编：《法律研究的方法》，中国法制出版社 2009 年版，第 10 页。

② [德]K · 茨威格特、H · 克茨：《比较法总论》，法律出版社 2004 年版，第 6—7 页。

本书研究民事推定规则这样一个具体的问题，主要采取微观比较方法。本书通过将两大法系的推定理论和中国当前的推定实践比较思考，并在此基础上寻找能解释中国民事推定立法实践的理论，总结能规范中国民事推定司法实践的经验。

3. 语言学分析方法。语言学研究有很多独特的理论和方法，如结构理论与结构层次分析、变换理论与句式变换分析、特征理论与语义特征分析、配价理论与配价结构分析、空语类理论与空语类分析、移位理论与成分移位分析、约束理论与语义所指分析、指向理论与语义指向分析、范畴理论与语义范畴分析、认知理论与语言认知分析，等等。[①]

本书研究中国民事推定。尽管民事诉讼法学界主流理论认为推定包括法律上推定和事实上推定，但是依本书之观点，推定应仅包括法律上推定，不应包括事实上推定。由于推定都有法律规则的形式，也即为语言所表述，研究者自然可以运用语言学方法对推定规则的语言表达进行研究。本书在研究民事推定规则的语言表达时主要运用了结构层次分析方法、句式变换分析方法、语义特征分析方法、配价结构分析方法。所谓结构层次分析方法，是指在分析语言结构时，将语言结构的层次性考虑进来，并按照其构造层次逐层分析，在分析时，指出每一层面的直接组成成分。句式变换分析方法是指根据平行性原则，将两个不同的句式进行转换，从而揭示语法规律的方法。语义特征分析法就是着眼于分析概括同一句法格式的各个实例中处于关键位置上的实词所共有的语义特征，用来解释、说明代表这些实例的句法格式之所以独具某种特征的分析方法。利用动词与不同性质的名词之间、形容词与不同性质的名词之间、名词中隐含谓词与不同性质的名词之间的配价关系来研究、解释某些语法现象，这种研究和分析的手段就称之为“配价分析”，由此而形成

---

① 陆俭明、沈阳:《汉语和汉语研究十五讲》(第 2 版)，北京大学出版社 2004 年版，第 49 页。

的语法理论就叫“配价理论”。

本书在划分直接推定、低度证明推定、推论推定时运用了结构层次分析方法。本书在区分推定规则和非推定规则时运用了句式变换分析方法，如直接推定和举证责任倒置可以互换。本书在划分许可性推论推定、强制性转移证据提供责任的推论推定、强制性转移客观证明责任推定时运用了配价分析方法。本书在揭示动词“推定”“视为”的含义、反证范围限缩等时运用了语义特征分析法。

4. 经济分析方法。法律经济学是用经济学的方法和理论，而且主要是运用价格理论（或称微观经济学），以及福利经济学、公共选择理论及其他有关实证和规范方法考察、研究法律和法律制度的形成、结构、过程、效果、效率以及未来发展的学科。① 法律经济学认为法学的一个合法且必要的任务就是：根据法律规范阻止资源浪费、提高效率的程度对其作出评判。② 在法律经济学的研究进路中，存在两种不同的进路：一是实证分析的进路；二是规范分析的进路。前者以实际存在的法律规则为出发点，将经济学的理论和方法应用于既定的法律分析，试图揭示法律规则背后的经济学逻辑、预测特定法律规则的效果。后者主张法律应该有利于实现社会福利的最大化，并以此为目的来配置权利和责任，从而制定出最有效率的法律规范。③

本研究对特定推定规则进行分析、评价时会运用实证经济学的进路，以发现其背后的经济逻辑、预测该规则规范下的人类行为；也会运用规范经济学的进路去否定现存的某些推定规范，主张构建最有效率的推定规范。

5. 实证研究方法。所谓实证研究方法，是指按照一定程序规范对一

---

① 蒋兆康：《中文版译者序言》，第 3 页，载 [美] 理查德 · A. 波斯纳：《法律的经济分析》，中国大百科全书出版社 1997 年版。

② [德] 汉斯 – 贝恩德 · 舍费尔、克劳斯 · 奥特，江清云、杜涛译：《民法的经济分析》(第四版)，法律出版社 2009 年版，第 1 页。

③ 陈国富：《法律经济学》，经济科学出版社 2006 年版，第 1—4 页。

切可进行标准化处理的法律信息进行经验研究、量化分析的研究方法。[①] 在社会科学研究领域，经验实证研究代表着一种研究范式，即“科学”研究。“科学”研究注重理论逻辑与观察数据的一致性，与三大层面密切相关：理论、资料收集、资料分析。科学理论处理的是科学的逻辑层面；资料收集处理的是观察的层面；资料分析则是比较逻辑预期和实际观察，寻找可能的模式。[②] 所谓定量研究，就是通过对所研究的现象的定量衡量和对影响该现象的理论变量的系统控制。[③] 定量研究主要是用来检验或验证研究者感兴趣的行为或现象的既存理论的合理性的，而不是用于发展和理解社会现象或行为的新角度或新理论。[④]

为了保证研究的科学性，本书尽量采用经验研究方法，注重运用实然的法律规则、规则适用、规则背后的社会因素等数据对既有的理论逻辑进行检验并反思。应用经验实证研究方法也将在一定程度上弥补定性研究方法不够数据化的缺陷。

需要特别说明的是本书的资料来源。本书的最初宗旨在于尝试提出与中国民事推定规则及其实践相适应的民事推定理论，因此，民事推定规则及其实践资料的全面准确搜集具有基础性地位。本书所使用的资料主要包括两个方面——推定规则与推定案例，其中推定规则主要来自法律出版社出版的《中华人民共和国民事法律法规全书（含司法解释）》（2022 年版）、《中华人民共和国民事法律法规全书》（2022 年版）以及中国法制出版社出版的《中华人民共和国商事法律法规规章司法解释大全》（2020 年版）三本综合性法典及其相关最新修正的法律文件，推定案例主要来自“北大法宝”案例库。

① 白建军：《法律实证研究方法》，北京大学出版社 2008 年版，第 3 页。
② [美] 艾尔·巴比，邱泽奇译：《社会研究方法》，华夏出版社 2006 年版，第 12 页。
③ 麦高伟、崔永康主编：《法律研究的方法》，中国法制出版社 2009 年版，第 10 页。
④ 同上，第 46 页。

第二章
推定与证明责任概念界定

第一节　推定的概念界定

长期以来，推定都是诉讼法学的重要子领域，无数个诉讼法学者或证据法学者曾在此领域耕耘，因而积累了极其丰富的文献资源和诸多较有启发性的研究成果。但是，令人遗憾的是，诉讼法学界对于推定的概念与类型一直存在诸多分歧。就德国当时关于推定的研究状况，德国法学家罗森贝克曾断言："可以肯定地说，迄今为止人们还不能成功地阐明推定的概念。"[①] 美国著名的证据法学家麦考密克也曾宣称："在法律术语家族中，除了证明责任外，推定是最难对付的一个棘手问题。"[②]

有学者正确地指出，"要想正确地说明推定与证明责任的关系，有两件工作是必须完成的：一是将并非真正的推定加以剔除；二是按照一定的标准对推定进行分类"。[③] 本节主要做上述第一项工作，侧重将非推定从推定中加以剔除，从而使推定的含义显现出来。

---

① [德] 莱奥·罗森贝克著，庄敬华译：《证明责任论——以德国民法典和民事诉讼法典为基础撰写》，中国法制出版社 2002 年版，第 206 页。

② [美] 约翰·W. 斯特龙，汤维建等译：《麦考密克论证据》，中国政法大学出版社 2004 年版，第 606 页。

③ 李浩：《民事证明责任研究》，法律出版社 2003 年版，第 194 页。

一、中国民事立法和司法中的推定

在中国民事立法和司法中，动词“推定”一词有三种用法：

第一种用法，表示不可反驳的推定。就笔者检索，现行民事法中此类法条只有一个，即《民法典》第 544 条。[①]

第二种用法，表示可反驳的推定。就笔者检索，现行民事法中此类法条一共有 28 条，依次是：《民法典》第 466 条第 2 款[②]、第 623 条[③]、第 1121 条第 2 款[④]、《民法典》第 1165 条第 2 款[⑤]和第 1222 条[⑥]、《专利法实施细则》第 4 条第 3 款[⑦]、《软件著作权登记办法》第 32 条后半段规定[⑧]、

---

①《民法典》第 544 条规定，当事人对合同变更的内容约定不明确的，推定为未变更。

②《民法典》第 466 条第 2 款规定，合同文本采用两种以上文字订立并约定具有同等效力的，对各文本使用的词句推定具有相同含义。各文本使用的词句不一致的，应当根据合同的相关条款、性质、目的以及诚信原则等予以解释。

③《民法典》第 623 条规定，当事人对检验期限未作约定，买受人签收的送货单、确认单等载明标的物数量、型号、规格的，推定买受人已经对数量和外观瑕疵进行检验，但是有相关证据足以推翻的除外。

④《民法典》第 1121 条第 2 款规定，相互有继承关系的数人在同一事件中死亡，难以确定死亡时间的，推定没有其他继承人的人先死亡。都有其他继承人的，辈份不同的，推定长辈先死亡；辈份相同的，推定同时死亡，相互不发生继承。

⑤《民法典》第 1165 条第 2 款规定，依照法律规定推定行为人有过错，其不能证明自己没有过错的，应当承担侵权责任。

⑥《民法典》第 1222 条规定，患者在诊疗活动中受到损害，有下列情形之一的，推定医疗机构有过错：（一）违反法律、行政法规、规章以及其他有关诊疗规范的规定；（二）隐匿或者拒绝提供与纠纷有关的病历资料；（三）遗失、伪造、篡改或者违法销毁病历资料。

⑦《专利法实施细则》第 4 条第 3 款规定，国务院专利行政部门邮寄的各种文件，自文件发出之日起满 15 日，推定为当事人收到文件之日。

⑧《软件著作权登记办法》第 32 条后半段规定，中国版权保护中心邮寄的各种文件，送达地是省会、自治区首府及直辖市的，自文件发出之日满 15 日，其他地区满 21 日，推定为收件人收到文件之日。

《集成电路布图保护细则》第 7 条第 3 款[①]、《反垄断法》第 24 条[②]、《保险法》第 42 条第 2 款[③]和第 246 条[④]、《破产案件规定》第 31 条第 2 款[⑤]、《人身损害赔偿解释》第 2 条第 1 款[⑥]、《电子商务法》第 48 条第 2 款[⑦]、《最高人民法院关于审理期货纠纷案件若干问题的规定》第 56 条[⑧]、《医

---

①《集成电路布图保护细则》第 7 条第 3 款规定，国家知识产权局邮寄的各种文件，自文件发出之日起满 15 日，推定为当事人收到文件之日。

②《反垄断法》第 24 条规定，有下列情形之一的，可以推定经营者具有市场支配地位：(1) 一个经营者在相关市场的市场份额达到二分之一的；(2) 两个经营者在相关市场的市场份额合计达到三分之二的；(3) 三个经营者在相关市场的市场份额合计达到四分之三的。有前款第二项、第三项规定的情形，其中有的经营者市场份额不足十分之一的，不应当推定该经营者具有市场支配地位。被推定具有市场支配地位的经营者，有证据证明不具有市场支配地位的，不应当认定其具有市场支配地位。

③《保险法》第 42 条第 2 款规定，受益人与被保险人在同一事件中死亡，且不能确定死亡先后顺序的，推定受益人死亡在先。

④《保险法》第 246 条规定，船舶发生保险事故后，认为实际全损已经不可避免，或者为避免发生实际全损所需支付的费用超过保险价值的，为推定全损。货物发生保险事故后，认为实际全损已经不可避免，或者为避免发生实际全损所需支付的费用与继续将货物运抵目的地的费用之和超过保险价值的，为推定全损。

⑤《破产案件规定》第 31 条第 2 款规定，债务人停止清偿到期债务并呈连续状态，如无相反证据，可推定为“不能清偿到期债务”。

⑥《人身损害赔偿解释》第 2 条第 1 款规定，赔偿权利人起诉部分共同侵权人的，人民法院应当追加其他共同侵权人作为共同被告。赔偿权利人在诉讼中放弃对部分共同侵权人的诉讼请求的，其他共同侵权人对被放弃诉讼请求的被告应当承担的赔偿份额不承担连带责任。责任范围难以确定的，推定各共同侵权人承担同等责任。

⑦《电子商务法》第 48 条第 2 款规定，在电子商务中推定当事人具有相应的民事行为能力。但是，有相反证据足以推翻的除外。

⑧《最高人民法院关于审理期货纠纷案件若干问题的规定》第 56 条规定，期货公司应当对客户的交易指令是否入市交易承担举证责任。确认期货公司是否将客户下达的交易指令入市交易，应当以期货交易所的交易记录、期货公司通知的交易结算结果与客户交易指令记录中的品种、买卖方向是否一致，价格、交易时间是否相符为标准，指令交易数量可以作为参考。但客户有相反证据证明其交易指令未入市交易的除外。

疗损害解释》第6条第2款[①]、《民商事审判会议纪要》第52条[②]、《环境公益诉讼解释》第13条[③]、《民诉法解释》第93条第（三）项[④]和第114条[⑤]、《民事证据规定（2019年）》第10条第3项[⑥]和第92条第2款[⑦]、《申请承认外国离婚判决规定》第11条[⑧]、《知识产权证据规定》第4条

---

①《医疗损害解释》第6条第2款规定，患者依法向人民法院申请医疗机构提交由其保管的与纠纷有关的病历资料等，医疗机构未在人民法院指定期限内提交的，人民法院可以依照民法典第一千二百二十二条第二项规定推定医疗机构有过错，但是因不可抗力等客观原因无法提交的除外。

②《民商事审判会议纪要》第52条规定，民间借贷中，出借人的资金必须是自有资金。出借人套取金融机构信贷资金又高利转贷给借款人的民间借贷行为，既增加了融资成本，又扰乱了信贷秩序，根据民间借贷司法解释第14条第1项的规定，应当认定此类民间借贷行为无效。人民法院在适用该条规定时，应当注意把握以下几点：一是要审查出借人的资金来源。借款人能够举证证明在签订借款合同时出借人尚欠银行贷款未还的，一般可以推定为出借人套取信贷资金，但出借人能够举反证予以推翻的除外；二是从宽认定"高利"转贷行为的标准，只要出借人通过转贷行为牟利的，就可以认定为是"高利"转贷行为；三是对该条规定的"借款人事先知道或者应当知道的"要件，不宜把握过苛。实践中，只要出借人在签订借款合同时存在尚欠银行贷款未还事实的，一般可以认为满足了该条规定的"借款人事先知道或者应当知道"这一要件。

③《环境公益诉讼解释》第13条规定，原告请求被告提供其排放的主要污染物名称、排放方式、排放浓度和总量、超标排放情况以及防治污染设施的建设和运行情况等环境信息，法律、法规、规章规定被告应当持有或者有证据证明被告持有而拒不提供，如果原告主张相关事实不利于被告的，人民法院可以推定该主张成立。

④《民诉法解释》第93条第（三）项规定：下列事实，当事人无须举证证明：……；（三）根据法律规定推定的事实；……前款第二项至第四项规定的事实，当事人有相反证据足以反驳的除外；第五项至第七项规定的事实，当事人有相反证据足以推翻的除外。

⑤《民诉法解释》第114条规定，国家机关或者其他依法具有社会管理职能的组织，在其职权范围内制作的文书所记载的事项推定为真实，但有相反证据足以推翻的除外。必要时，人民法院可以要求制作文书的机关或者组织对文书的真实性予以说明。

⑥《民事证据规定（2019年）》第10条第3项规定；下列事实，当事人无须举证证明：……；（三）根据法律规定推定的事实；……；前款第二项至第五项事实，当事人有相反证据足以反驳的除外；第六项、第七项事实，当事人有相反证据足以推翻的除外。

⑦《民事证据规定（2019年）》第92条第2款规定，私文书证由制作者或者其代理人签名、盖章或捺印的，推定为真实。

⑧《申请承认外国离婚判决规定》第11条规定，居住在我国境内的外国法院离婚判决的被告为申请人，提交第八条、第十条所要求的证明文件和公证、认证有困难的，如能提交外国法院的应诉通知或出庭传票的，可推定外国法院离婚判决书为真实和已经生效。

第2款[①]和第25条第1款[②]、《互联网法院规定》第17条第2款第（二）项[③]、《在线诉讼规则》第4条第2款第（四）项[④]和第31条第2款第（二）项[⑤]。

第三种用法，表示“依靠经验法则经逻辑推理从而认定”。就笔者检索，现行民事法中此类法条一共有3个，依次是：《民间借贷规定》第20条[⑥]、《民诉法解释》第93条第1款第（四）项[⑦]、《民事证据规定（2019年）》第10条第1款第（四）项[⑧]。

---

①《知识产权证据规定》第4条第2款规定，被告提供的被诉侵权产品、复制品来源证据与其合理注意义务程度相当的，可以认定其完成前款所称举证，并推定其不知道被诉侵权产品、复制品侵害知识产权。被告的经营规模、专业程度、市场交易习惯等，可以作为确定其合理注意义务的证据。

②《知识产权证据规定》第25条第1款规定，人民法院依法要求当事人提交有关证据，其无正当理由拒不提交、提交虚假证据、毁灭证据或者实施其他致使证据不能使用行为的，人民法院可以推定对方当事人就该证据所涉证明事项的主张成立。

③《互联网法院规定》第17条第2款第（二）项规定，互联网法院向受送达人常用电子地址或者能够获取的其他电子地址进行送达的，根据下列情形确定是否完成送达：……；（二）受送达人的媒介系统反馈受送达人已阅知，或者有其他证据可以证明受送达人已经收悉的，推定完成有效送达，但受送达人能够证明存在媒介系统错误、送达地址非本人所有或者使用、非本人阅知等未收悉送达内容的情形除外。

④《在线诉讼规则》第4条第2款第（四）项规定，人民法院应当根据当事人对在线诉讼的相应意思表示，作出以下处理：……；（四）当事人仅主动选择或者同意对部分诉讼环节适用在线诉讼的，人民法院不得推定其对其他诉讼环节均同意适用在线诉讼。

⑤《在线诉讼规则》第31条第2款第（二）项规定，受送达人未提供或者未确认有效电子送达地址，人民法院向能够确认为受送达人本人的电子地址送达的，根据下列情形确定送达是否生效：……；（二）受送达人的电子地址所在系统反馈受送达人已阅知，或者有其他证据可以证明受送达人已经收悉的，推定完成有效送达，但受送达人能够证明存在系统错误、送达地址非本人使用或者非本人阅知等未收悉送达内容的情形除外。

⑥《民间借贷规定》第20条规定，他人在借据、收据、欠条等债权凭证或者借款合同上签名或者盖章，但是未表明其保证人身份或者承担保证责任，或者通过其他事实不能推定其为保证人，出借人请求其承担保证责任的，人民法院不予支持。

⑦《民诉法解释》第93条第1款第（四）项规定，下列事实，当事人无须举证证明：（一）……；（四）根据已知的事实和日常生活经验法则推定出的另一事实；……。

⑧《民事证据规定（2019年）》第10条第1款第（四）项规定，下列事实，当事人无须举证证明：……；（四）根据已知的事实和日常生活经验法则推定出的另一事实；……。

二、中国诉讼法学界有关推定概念的代表性学说

关于推定的概念，在当前中国诉讼法学界有六种影响较大的学术观点，现对这六种代表性观点简要介绍如下。

观点一：

有学者认为，所谓推定，是指根据事物之间的常态联系，当某一事实存在时，推定另一不明事实存在。推定反映的是已知事实和未知事实、前提事实和推定事实之间的关系；推定发生的依据包括法律规定和经验法则，依法律规定进行的推定称为法律推定，依经验法则进行的推定称为事实推定；推定的救济方法是反证，当事人可以提出反证推翻推定事实，从而使推定规则失去效用。证据意义上的推定，与假定、法律拟制、举证责任倒置等概念有相似之处，但又有明显的区别。①

观点二：

有学者认为，推定是根据法律规定或者经验法则，从已知的前提事实推断出未知的另一事实的存在，并允许对方当事人举证推翻的一种证明规则。推定可以分为法律推定和事实推定。法律推定，是指根据法律明文规定所进行的推定。法律推定可以进一步分为法律上的事实推定和法律上的权利推定。事实推定指根据经验法则或逻辑法则等所进行的推定。证据法中的推定均是“可以反驳的推定”，又称“相对推定”，即均允许当事人提供反证予以推翻。推定不同于拟制。拟制是立法者根据客观需要，将甲事实等同于乙事实，并赋予其与乙事实同等的效果。在立法上，拟制通常借助于“视为”这一术语来表达。②

观点三：

有学者认为，推定是指根据事实 A 和事实 B 之间的伴生关系，只要事实 A 存在就可以认定事实 B。学理上一般将“事实 A”称为“基础事

---

① 陈光中主编：《证据法学》（第四版），法律出版社 2019 年版，第 35 页。

② 江伟主编：《民事证据法学》，中国人民大学出版社 2011 年版，第 138—141 页。

实”或“前提事实”，将“事实B”称为“推定事实”或“结果事实”，将两者之间的伴生关系称为联结纽带。[①] 另外，作为一个法律术语，推定和推理、推断、推论等概念的重要区别在于它是一种法律规定。也就是说，法官在没有法律规定的情况下根据经验法则对未知事实作出的推断等不属于推定。

观点四：

有学者认为推定是根据某一事实的存在而作出的与之相关的另一事实存在（或不存在）的假定，这种假定与证据问题息息相关，它可以免除主张推定的一方当事人的证明责任，并把证明不存在推定事实的证明责任转移于对方当事人。我国民事诉讼中的推定分为法律上的推定和事实上的推定。其中法律上的推定又包括直接推定和推论推定。但法律拟制（即不可推翻的推定）、有关证据效力的规定不宜归入推定。[②]

观点五：

有学者认为，推定是以规则的形式预设事实或事实关系，在不充分确信的认知状态下，以不准反驳或因异议方不能达到一定程度的反驳，而武断确认预设有效的方法。推定的武断只能从价值上判断其合理性。推定强度是对异议成立标准的规定。推定规则系为法律利益而生，其逻辑实质是人为地降低获得确信的证明难度。因此，以推理概率作为推定的理由难以服人，推定的基础是价值权衡。主张从逻辑考虑，将推定划分为绝对推定（不可反驳的推定）和相对推定（可反驳的推定），后者又可分为非常优势推定、明显优势推定、起步推定、姑且推定四种。[③]

观点六：

有学者认为，推定是标志基础事实和假定事实之间法律关系的证据

---

① 何家弘、刘品新：《证据法学》，法律出版社 2019 年版，第 80 页、83 页。

② 李浩：《民事证明责任研究》，法律出版社 2003 年版，第 195 页。

③ 张成敏：《推定与相反推理以及相互强度关系》，《政法论丛》2008 年第 1 期。

法范畴。推定包括不可反驳的推定和可反驳的推定两种形式，其中可反驳的推定又分为强制性的和允许的两类，强制性可反驳推定可以进一步分为举证责任推定和说服责任推定。从外延上看，作为证据法范畴的推定都是关于事实的“法律上”假定，反映了基础事实与假定事实之间的法律关系。从内涵上看，推定的本质特征在于，其所规制的是事实与一个假定之间的法律关系，而不是两个事实（基础事实与待证事实）之间的逻辑关系，这是推定与推论的本质区别。①

上述六种代表性观点在以下几个问题上存在分歧：

1. 推定是否仅指两个事实之间的关系？有学者认为，推定仅指两个事实之间的关系，但也有学者认为推定还包括事实与权利或法律关系之间的关系（即权利推定），还有学者认为推定甚至不一定要指两个事实之间的关系，无基础事实的直接推定也应是推定。

2. 推定是否包括事实上推定？有学者认为，推定仅指法律上推定，不应包括事实上推定。也有学者认为，推定既包括法律上推定，也包括事实上推定。

3. 推定中的假定事实是否都可被反驳？有学者认为，推定中的假定事实均应可被反驳，因此推定都是指可反驳的推定，不可反驳的推定不是推定。但也有学者认为，推定中的假定事实可以允许被反驳，也可以不允许被反驳，即推定既包括可反驳的推定，也包括不可反驳的推定，甚至有学者认为拟制也是不可反驳的推定的一种表现形式。

4. 推定的效果是否都转移客观证明责任？有学者认为推定都转移客观证明责任，还有学者认为至少一部分推定仅转移证据提供责任。

5. 推定的基础究竟是价值衡量或政策因素，还是经验法则或盖然性？有学者认为推定的基础在于价值衡量，也有学者认为推定的基础在

① 张保生主编：《证据法学》，中国政法大学出版社 2009 年版，第 389—392 页。

于经验法则。

三、本书将使用的推定概念之初步界定

（一）中国民事法上推定概念界定的三原则

原则一，逻辑自洽性。所谓逻辑自洽性，也即逻辑上的不矛盾性。逻辑自洽性是理论是否科学的形式判断标准。

原则二，解释力度尽可能大。所谓解释力度尽可能大，是指概念能够解释尽可能多的相关实证现象。解释力度的大小是判断理论是否科学的实质标准。

原则三，变动成本最小化。所谓变动成本最小化，是指在概念的使用上，尽可能使用现有概念，不创造新概念，以减少学术交流的成本。但是，如果既有概念之间逻辑不能自洽或者既有概念确实不能解释、涵盖实证现象，则应通过对既有概念进行创造性解释的基础上"挽救使用"，在无法"挽救使用"的情况下则应果断抛弃之。

（二）本书主张中国民事法上的推定分为狭义推定和广义推定

基于以上三个原则，本书主张中国民事法上的推定应有狭义推定和广义推定之分。

狭义的推定仅包括推论推定，是指规定一旦某一（组）基础事实被证明，法官必须或可以假定待证事实或事项存在，但允许异议方反驳该被假定事实或事项的法律规则。狭义的推定按其对象不同可分为事实推定、权利（含法律关系和责任）推定以及证据效力推定。

广义的推定是指一旦某一（组）条件达到或者无需任何条件，法官必须或可以假定某一待证事实或事项存在，但允许异议方反驳该被假定事实或事项的法律规定。广义推定与狭义推定的区别不在于对象而在于条件。在条件上，广义推定不仅包括狭义推定（也即以基础事实为条件的推论推定），还包括无基础条件的直接推定和以低度证明为条件的低度证明推定。关于直接推定和低度证明推定，详细论述参见本书第三章第

三节。

广义推定必须具有以下三个基本特征：首先，推定必须具有法律规范性。所谓法律规范性是指推定规则必须被法律明文规定。其次，推定必须具有预先假定性。所谓预先假定性是指推定必须预先假定某待证事实或某待证事物存在或不存在。凡不具备这一核心要素的都不是推定。凡预先假定待证事实或待证事物存在或不存在，无论其已经被法律明文规定，抑或尚未被法律明文规定，都属于推定。如果没有预先假定待证事实或待证事物存在或不存在，即使其运用了“推定”一词并被法律明文规定，其依然不是推定。再次，推定必须具有可反驳性，这里特指被预先假定的事实或事项存在或不存在必须可被反驳，不包括基础条件的可反驳性。凡规定该预先假定不可被反驳的不是推定。

狭义推定除了具备广义推定的三个特征之外，还必须具备第四个特征——事实推断性，即必须是根据基础事实才能推断待证事实或事物的存在或不存在。

狭义推定在比较法上获得广泛的承认，比较法上通常所讲的推定往往指类似于本书界定的狭义推定，详细比较见下文。本书界定的广义推定包括直接推定与低度证明推定，这比较特别。之所以这样界定，是因为侵权责任法上的过错推定和因果关系推定已经为民事理论界和实务界耳熟能详，而侵权法上的过错推定通常是指过错直接推定，侵权法上的因果关系推定通常包括低度证明推定。基于语言约定俗成的特性，中国民事法律语境中的推定不得不将直接推定和低度证明推定这两种推定形态纳入其中。质言之，本书界定的狭义推定更多体现了国际化趋势，本书界定的广义推定更多体现了中国特色，两者的共同目的在于更好地解释中国民事推定规则及其适用，更好地指导中国民事推定规则的制定。

关于推定的概念，还须说明以下三点：

1. 广义推定通常被法律明文规定。但是，法律明文规定并且采用

"推定"表述的未必是推定。以上文提及的中国民事法上"推定"三种用法及其立法例为例，该第二种用法及其立法例属于广义推定，而第三种用法及其立法例不属于推定。

2. 通常论及的事实上推定不是推定。事实上推定，又称为"事实推定"，是指法律没有规定，由法官在个案中依经验法则并综合案件具体情况进行的推理或推论。事实上推定之所以不是推定是因为其不具备推定所必备的法律规范性和预先假定性。详细论述参见本书第五章第四节。

3. 中国民事法上的推定都是法律有规定的且可反驳的推定。因此拟制、不可反驳的（法律上）推定、意思推定不是推定。

（三）本书界定的推定概念与比较法上推定概念的异同

1. 与德国法上推定概念的区别。德国著名民事诉讼法学家罗森贝克认为，推定是指根据法律规定，从非构成要件事实的存在中，即所谓的推定基础的存在中，得出要件事实的存在（这是事实推定）或者得出权利存在或不存在（这是权利推定）。无基础事实的推定不是推定；由法官根据经验法则而非法律规定进行的事实推断也不是推定；不可反驳的推定、拟制、解释规则也不是推定。[①] 本书界定的中国民事法上狭义民事推定与德国法上的推定概念内涵大致相当；本书界定的中国民事法上广义民事推定除了包括德国法上的推定（也即推论推定）外，还包括法律有规定的直接推定和低度证明推定。

2. 与日本法上推定概念的区别。日本著名民事诉讼法学家新堂幸司认为，推定是从某事实推认其他事实的行为。推定可以分为事实上的推定和法律上的推定。作为法官自由心证的一种作用，法官通过适用经验法则进行的推认，就是所谓事实上的推定。而经验法则被法规化，法官按照适用这种法规之方式进行的推认，被称为法律上的推定。法律上推

---

① [德]莱奥·罗森贝克著，庄敬华译：《证明责任论——以德国民法典和民事诉讼法典为基础撰写》，中国法制出版社2002年版，第187—250页。

定，又可进一步分为法律上事实推定和法律上权利推定。拟制不是推定，采用“推定”表述的意思推定，无条件推定不是推定 。[①] 本书界定的中国民事法上狭义民事推定与日本民事诉讼法上的法律上推定概念内涵大致相当，但不包括日本法上的事实上推定；本书界定的中国民事法上广义民事推定除了包括日本法上的法律上推定（也即推论推定）外，还包括法律有规定的直接推定和低度证明推定。

3. 与英国法上推定概念的区别。英国著名证据法学家墨菲认为，英国法上推定包括三种：不可反驳的法律推定、可反驳的法律推定、事实推定。不可反驳的推定并非真正的证据问题。可反驳的法律推定又分为仅转移提供证据责任的推定和不仅转移提供证据责任还转移说服责任的推定两种。事实推定是事实认定者可以而非必须根据已经证实的事实得出未知事实存在的结论。此外，他认为直接推定不是推定。[②] 本书界定的中国民事法上狭义民事推定大致相当于英国法上的可反驳法律推定，不包括英国法上的不可反驳法律推定和事实推定。本书界定的中国民事法上广义推定除包括英国法上的可反驳法律推定外，还包括英国法上的直接推定以及英国证据法没有提及的低度证明推定。

4. 与美国法上推定概念的区别。根据著名证据法学家罗纳德·J. 艾伦等人的观点，推定是法院和评论者用来描述规制一种证明过程诸规则的术语，这种证明过程是在一个已证明的事实 A——导致推定的事实，和在另一个推定的事实 B 之间创设一种特定法律关系。推定包括以下三种类型：结论性推定、强制性可反驳推定、许可性推定。不可反驳的或结论性的推定是一项实体法规则。强制性可反驳推定又包括两种类型：一种是强制性转移证据提供责任的推定，另一种是强制性转移说服责任的推定。美国法上的推定仅指法律有规定的推论推定，不包括法律没有

① [日] 新堂幸司著，林剑锋译：《新民事诉讼法》，法律出版社 2008 年版，第 401—402 页。

② Peter Murphy, *Murphy on Evidence*, Oxford University Press, 2003, pp685—687.

规定、由法官根据经验法则进行的事实“推论”，也不包括法律有规定但没有基础事实的直接推定。[①] 本书界定的中国民事法上狭义民事推定包括美国法上的强制性可反驳法律推定和许可性推定。本书界定的中国民事法上广义民事推定除包括美国法上的强制性可反驳法律推定和许可性法律推定外，还包括美国法上的直接推定以及美国证据法没有提及的低度证明推定。

四、推定概念界定若干争议问题解说

（一）拟制不属于推定范畴

就拟制与推定的关系问题，国内民事诉讼法学界和刑事诉讼法学界观点不尽一致。大体上，国内多数民事诉讼法学者将可反驳性作为推定的一项基本特征，因而将是否可被反驳作为区别推定和拟制的根本区别；而多数刑事诉讼法学者则不将可反驳性作为推定的一项基本特征，因而强调两者的目的不同。

由于本书主要研究民事推定，并且笔者认为将可反驳性作为推定的一项基本特征有助于推定概念的逻辑更清晰，笔者赞同多数民事诉讼法学者的观点——将可反驳性作为推定的基本特征。

关于推定的概念，前文已述，有广义和狭义之分。广义的推定是指一旦某一（组）条件达到或者无须任何条件，法官必须或可以假定某一待证事实或事项存在，但允许异议方反驳该被假定事实或事项的法律规定。狭义的推定仅包括推论推定，是指一旦某一（组）基础事实被证明，法官必须或可以假定待证事实或事项存在，但允许异议方反驳该被假定事实或事项的法律规则。拟制是指立法者根据客观需要，将甲事实等同于乙事实，并赋予其与乙事实相同的法律效果。[②]

---

① [美]罗纳德·J. 艾伦等著，张保生、王进喜、赵滢译：《证据法：文本、问题和案例》，高等教育出版社2006年版，第852—862页。

② 江伟主编：《民事诉讼法》(第8版)，中国人民大学出版社2018年版，第209页。

中国民事法上拟制与推定的区别在于以下四点：

第一，重心不同。拟制的重心在于“等同”，即明知两者不同却把两者等同视之；而推定的重心在于“假定”，即明知待证事实的存在与否或事物状态不确定，却假定其确定。

第二，能否用反证推翻不同。法律拟制的目的是使甲事实产生与乙事实相同的法律效果，甲事实的存在得到证明后，绝对不允许对方当事人再提出证据来反驳并推翻乙事实。推定则不同，法律通常都允许对方当事人提出证据推翻该待证事实或事物，并且只有在没有反驳或反驳没有达到法定程度时，推定事实才会被最终认定。

第三，对证明责任的影响不同。法律拟制不允许通过相反的证据加以反驳、推翻，因而不转移任何证明责任。而推定允许对方当事人对推定事实提出反驳直至成功推翻，因而推定通常转移证明责任，至于其究竟转移客观证明责任抑或证据提供责任，则需根据具体情况确定。

第四，指示词不同。拟制通常单纯运用“视为”这一指示词来表达；推定的指示词比较多样，有“推定”“初步证据”等多种指示词，有时候也用“视为”，但此时往往和“反面证明除外”或“反证除外”配套使用。[①] 例如，《民法典》第 18 条第 2 款单纯用“视为”，因此是拟制规则。该款规定，十六周岁以上的未成年人，以自己的劳动收入为主要生活来源的，视为完全民事行为能力人。《民用航空法》第 158 条第 4 款运用“视为 + 反面证明除外”，因此属于推定。该款规定，“民用航空器登记的所有人应当被视为经营人，并承担经营人的责任；除非在判定其责任的诉讼中，所有人证明经营人是他人，并在法律程序许可的范围内采取适当措施使该人成为诉讼当事人之一”。再如，《民用航空法》第 114 条第 3 款运用“视为 + 反证除外”，因此属于推定。该款规定，“承运人根据

---

① 详细论述参见本文第六章第三节推定表述七大基本类型及其变种论述。

托运人的请求填写航空货运单的，在没有相反证据的情况下，应当视为代托运人填写”。

（二）不可反驳的推定应当划归拟制范畴

关于不可反驳的推定应当划入推定范畴还是拟制范畴，国内有两种代表性意见。一种意见强调不可反驳的推定与拟制的法律效力相同，即适用不可反驳的推定规则或拟制规则所得出的结论都不允许反驳。[①] 据此，不可反驳的推定应划归拟制范畴，从而与允许反驳的推定相区分。另一种代表性意见强调推定与拟制的设立目的不同，即认为推定是不知其是否为 B，但是根据 A 推定为 B；而拟制是明知 A 不是 B，但是把 A 当作 B。[②] 据此，应当承认存在不可反驳的推定。以《民法典》第 638 条第 2 款[③] 所规定的“视为同意购买”为例，按照前一种意见，则该“视为同意购买”应为拟制，因其不允许反驳；按照后一种意见，则该“视为同意购买”应为推定，因不知其真实意思是否是同意购买，而推定其同意购买，并非明知其不同意购买而拟制其同意购买。

笔者原则上赞同前一种观点，认为不可反驳的推定不属于推定，因为其不符合广义推定必须具备的“可反驳性”。笔者主张应将不可反驳的推定理解为一种“新型拟制”——有意将不知两者相同与否者，等同视之的法律规则，从而与传统拟制——有意将明知为不同者，等同视之的法律规则——相区分。这样处理的理由有以下四点：

---

① 江伟主编:《民事证据法学》，中国人民大学出版社 2011 年版，第 139 页。需要注意的是该书还提到如下观点：“大陆法的通说已不承认所谓绝对推定（即不可反驳的推定）存在，而将其划归拟制的范畴。由此看来，传统准据法关于不可反驳的推定与可反驳的推定的划分，已成了历史陈迹。”笔者认为该观点值得进一步斟酌，至少德国诉讼法学家普维庭承认不可反驳的推定的存在。参见 [德] 汉斯 · 普维庭著，吴越译:《现代证明责任问题》，法律出版社 2000 年版，第 74—75 页。

② 何家弘、刘品新:《证据法学》(第 4 版)，中国人民大学出版社 2011 年版，第 267 页。

③《民法典》第 638 条第 2 款规定：试用买卖的买受人在试用期内已经支付部分价款或者对标的物实施出卖、出租、设立担保物权等行为的，视为同意购买。

第一，不可反驳的推定与拟制的性质更接近。德国著名法理学家魏德士认为：拟制与不可驳回的法律推定都是规定某种法律后果的技术手段。而可以驳回的推定则是分配陈述责任与证明责任的立法技术工具。如果想要反驳它，就要承担证明的风险。①

第二，在立法技术较为精细的德日等国，拟制规则中往往用“视为”，在推定规则（含不可反驳的推定规则）中用“推定”，因而区分拟制规则和不可反驳的推定规则较为容易。而在中国当前的立法中，立法技术比较粗糙，无论是传统拟制规则还是不可反驳的推定规则都一律使用“视为”，这造成区分中国民事法中的传统拟制规则和不可反驳的推定规则非常艰难。以《商标法实施条例》第 10 条②为例，该条两款一共用了三个“视为”，其中第一个“视为”——将送达到商标代理组织视为送达当事人，符合拟制的权威定义或典型场景——明知不是而等同看待。但是第二个“视为”和第三个“视为”，明显不符合拟制的传统定义。那么，这第二、三个拟制能否归类为“不可反驳的推定”呢？或许第二个“视为”可以，考虑到中国邮政系统的工作效率，其真的概率比较高。第三个“视为”不可以，考虑到大众的日常生活习惯，特别是看公告的概率，其为真的概率比较低。在此需要指出的是，中国现行立法实践中对“视为”的应用已与德日英美等国有较大的差别。在德日英美等国家的立法上，“视为”通常按照拟制的传统定义进行；而在当代中国的立法中，“视为”的应用远为不同。大致有五种方式，即明知不是而等同看待

① [德]魏德士著，吴越译：《法理学》，法律出版社 2005 年版，第 63—64 页。

②《商标法实施条例》第 10 条规定，商标局或者商标评审委员会的各种文件，可以通过邮寄、直接递交、数据电文或者其他方式送达当事人；以数据电文方式送达当事人的，应当经当事人同意。当事人委托商标代理机构的，文件送达商标代理机构视为送达当事人。商标局或者商标评审委员会向当事人送达各种文件的日期，邮寄的，以当事人收到的邮戳日为准；邮戳日不清晰或者没有邮戳的，自文件发出之日起满 15 日，视为送达当事人；直接递交的，以递交日为准。文件无法邮寄或者无法直接递交的，可以通过公告方式送达当事人，自公告发布之日起满 30 日，该文件视为已经送达。

的“视为”、情况不明的“视为”、作为认为的“视为”、作为限制条款的“视为”、作为可反驳推定的“视为”。其中类似于《商标法实施条例》第10条第2款这种情况不明的“视为”应用比率最高（特别是在意思不明的场合[①]），其次才是明知不是而等同看待的“视为”。

第三，两者都不允许反驳，因而区分传统拟制和不可反驳的推定的实务效果有限。有学者在对刑事法中的拟制和不可反驳的推定进行详细分析比较之后得出这样的结论：“拟制与不可推翻的推定在理论上存在重要的区别，不过，由于最终的法律效果相同，两者的区分对于实务的意义较为有限；相应地，混淆两者不至于造成太大的偏差。”[②]笔者认为，上述结论也适用于民事法中的拟制与不可反驳的推定。特别是考虑到中国当代民事立法中，明确使用了“推定”表述且不允许反驳的规则非常少见。就笔者统计，仅两条，分别是《民法典》第466条第2款和《民法典》第544条，且都可算作下文将要论述的意思推定范畴，下文将详述。

第四，比较法上也有相当比例的诉讼法或证据法学者主张将不可反驳的推定归入拟制范畴，这些学术观点可资借鉴。在德国，著名的诉讼法学家罗森贝克认为，“所谓的不可反驳的法律推定与拟制并无两样；它具有推定的形式，但具有拟制的实质，因为反面的证明在它那儿是不会被允许的”。[③]在英国，根据权威的《牛津法律大辞典》，不容反证的法律推定是指基于法律、从确定的事实中得出且不能被反证反驳的结论，因而它们并非真正的证据问题，而是实体法规则。[④]在美国，享有盛誉的

---

① 日本民事诉讼法学界将其称为“意思推定”。所谓意思推定，是指由立法对当事人的意思表示内容加以规定（推定）。因这种推定的对象不是意思表示是否存在的事实，而是意思表示的法律效果，因此，“意思推定”不是证据法上的“推定”。许可：《民事审判方法：要件事实引论》，法律出版社2009年版，第88—89页。

② 劳东燕：《推定研究中的误区》，《法律科学》2007年第2期，第120页。

③ [德]莱奥·罗森贝克著，庄敬华译：《证明责任论——以德国民法典和民事诉讼法典为基础撰写》，中国法制出版社2002年版，第220页。

④ [英]戴维·M. 沃克主编：《牛津法律大辞典》，法律出版社2003年版，第985页。

《麦考密克论证据》也主张将结论性推定排除在推定之外。[①] 在中国台湾地区，著名的民事诉讼法学家陈荣宗、林庆苗也认为，推定与拟制的根本区别在于前者可反驳，后者不可反驳。[②] 根据该观点可推知其主张将一般所谓“不可反驳的推定”归入拟制范畴。

根据以上四点理由，笔者赞同取消“不可反驳的推定”，将其定位为“新型拟制”。这样处理的好处是推定和拟制的区分更清晰、操作更方便，也更符合当代中国的立法实际。

（三）意思推定不属于证据法上的推定

比较民事诉讼法学界或证据法学界在探讨法律上事实推定时还经常提及意思推定，并认为意思推定不是证据法上的推定。所谓意思推定，也称为解释规则，是指关于意思表示法律评价标准的解释性规定。[③] 日本法上典型的立法例是《日本民法典》第136条第1款：“期限者，推定为债务人之利益。”有学者就该款指出，这种意思推定，虽然名为推定，但实际上是立法对意思表示内容的一种法定解释，也就是说，只要双方当事人就期限达成合意，那么就推定该合意之效果是为了债务人的利益所考虑。如果当事人想推翻这一推定，可以采取两种办法：一种是证明双方并不存在“期限之合意”的事实；另一种是证明双方合意时明确排除了为债务人的意思。[④]

中国民事法上也有类似的意思推定规则。根据其立法表述方式，中国民事法上的意思推定规则大致可以分成三种子类型：推定型、但书型、视为型。推定型意思推定规则仅有两条，即上文提到过的《民法典》第466条第2款和第544条。前者规定：“合同文本采用两种以上文字订立

---

① [美]约翰·W.斯特龙著，汤维建等译：《麦考密克论证据》，中国政法大学出版社2004年版，第661页。

② 陈荣宗、林庆苗：《民事诉讼法》（上）（修订四版），三民书局2005年版，第497页。

③ 李浩：《民事证明责任研究》，法律出版社2003年版，第195页。

④ 许可：《民事审判方法：要件事实引论》，法律出版社2009年版，第89页。

并约定具有同等效力的，对各文本使用的词句推定具有相同含义。各文本使用的词句不一致的，应当根据合同的相关条款、性质、目的以及诚信原则等予以解释。”后者规定：“当事人对合同变更的内容约定不明确的，推定为未变更。”但书型意思推定规则典型例证是《民法典》第 888 条第 2 款。规定：“寄存人到保管人处从事购物、就餐、住宿等活动，将物品存放在指定场所的，视为保管，但是当事人另有约定或者另有交易习惯的除外。”视为型意思推定规则在中国民事立法中有很多，暂举三例：例 1,《民法典》第 680 条第 2 款和第 3 款，借款合同对支付利息没有约定的，视为没有利息。借款合同对支付利息约定不明确，当事人不能达成补充协议的，按照当地或者当事人的交易方式、交易习惯、市场利率等因素确定利息；自然人之间借款的，视为没有利息。例 2,《民法典》第 730 条，当事人对租赁期限没有约定或者约定不明确，依据本法第五百一十条的规定仍不能确定的，视为不定期租赁；当事人可以随时解除合同，但是应当在合理期限之前通知对方。例 3,《民法典》第 638 条第 1 款：“试用买卖的买受人在试用期内可以购买标的物，也可以拒绝购买。试用期限届满，买受人对是否购买标的物未作表示的，视为购买。”本书赞同那种认为意思推定不是真正推定的观点，原因有三：

第一，“意思推定的对象不是意思表示是否存在的事实，而是意思表示的法律效果。”[①] 而事实（推论）推定的对象是事实的存在与否。以《民法典》第 544 条为例，其意思推定的对象不是当事人对合同变更是否进行了约定以及约定的内容究竟是什么，而是约定不明的法律效果——“推定为未变更”。

第二，意思推定规则一旦适用，被推定的法律效果不允许被反驳与被证伪；而适用事实（推论）推定规则之后得出的推定事实允许被反驳

① 许可：《民事审判方法：要件事实引论》，法律出版社 2009 年版，第 88—89 页。

与被证伪。同样以《民法典》第544条为例，一旦适用了该条，“推定为未变更”这一法律效果不能被反驳与被推翻。当然，该推定不利方可以通过对基础事实的反驳以排除该推定规则的适用，即可通过反驳说双方所约定的变更内容明确，或者根本没有约定变更，从而排除该意思推定规范的适用。

第三，比较法上多数诉讼法或证据法学者主张意思推定不属于（证据法上的）推定，这些学术观点可资借鉴。罗森贝克认为解释规则不是推定。[①] 新堂幸司认为法律行为上的解释规定不是推定。[②] 英国权威的《牛津法律大辞典》也指出，在解释法律的过程中，也存在所谓的推定，这种推定根本不涉及证据，仅仅是解释的规则。[③]

五、若干争议规则性质之澄清

有学者曾提到，司法实践中法官们对以下规则究竟属于推定还是拟制有争议：[④]

1.《民法典》第171条第2款，“相对人可以催告被代理人自收到通知之日起三十日内予以追认。被代理人未作表示的，视为拒绝追认。行为人实施的行为被追认前，善意相对人有撤销的权利。撤销应当以通知的方式作出。”按照本书观点，该条单纯用“视为”，没有用“视为+反证除外型”“视为+反面证明除外型”这两种推定表述形式，故应为拟制

---

① [德]莱奥·罗森贝克著，庄敬华译：《证明责任论——以德国民法典和民事诉讼法典为基础撰写》，中国法制出版社2002年版，第218页。

② [日]新堂幸司著，林剑锋译：《新民事诉讼法》，法律出版社2008年版，第402页。

③ [英]戴维·M.沃克主编：《牛津法律大辞典》，法律出版社2003年版，第985页。

④ 赵信会：《民事推定及其适用机制研究》，法律出版社2006年版，第185—186页。该书中探讨的法条主要是当时有效的《民法通则》《合同法》等，现统一改为这些法条在《民法典》中的立法表述。

规则。该学者还曾提到实践中有争议的《民法典》第638条[①]、第680条第2款和第3款[②]、第707条[③]、第730条[④]、第759条[⑤]、第889条第2款[⑥]，按照本书观点，这些也都属于拟制规则。

2.《民法典》第831条："收货人提货时应当按照约定的期限检验货物。对检验货物的期限没有约定或者约定不明确，依照本法第五百一十条的规定仍不能确定的，应当在合理期限内检验货物。收货人在约定的期限或者合理期限内对货物的数量、毁损等未提出异议的，视为承运人已经按照运输单证的记载交付的初步证据。"按照本书观点，该条用了"初步证据"，而"初步证据"意味着可反驳，属于推定规则的典型标志词，故应为推定规则。

3.《民法典》第955条第2款："行纪人高于委托人指定的价格卖出或者低于委托人指定的价格买入的，可以按照约定增加报酬；没有约定或者约定不明确，依据本法第五百一十条的规定仍不能确定的，该利益属于委托人。"按照本书观点，本条没有使用推定常用的标志词，只能根据上下文或法理进行判断。又上下文中没有类似法条采用推定标志词，

---

①《民法典》第638条规定，试用买卖的买受人在试用期内可以购买标的物，也可以拒绝购买。试用期限届满，买受人对是否购买标的物未作表示的，视为购买。试用买卖的买受人在试用期内已经支付部分价款或者对标的物实施出卖、出租、设立担保物权等行为的，视为同意购买。

②《民法典》第680条第2款规定，借款合同对支付利息没有约定的，视为没有利息。第3款规定，借款合同对支付利息约定不明确，当事人不能达成补充协议的，按照当地或者当事人的交易方式、交易习惯、市场利率等因素确定利息；自然人之间借款的，视为没有利息。

③《民法典》第707条规定，租赁期限六个月以上的，应当采用书面形式。当事人未采用书面形式，无法确定租赁期限的，视为不定期租赁。

④《民法典》第730条规定，当事人对租赁期限没有约定或者约定不明确，依照本法第五百一十条的规定仍不能确定的，视为不定期租赁；当事人可以随时解除合同，但是应当在合理期限之前通知对方。

⑤《民法典》第759条规定，当事人约定租赁期限届满，承租人仅需向出租人支付象征性价款的，视为约定的租金义务履行完毕后租赁物的所有权归承租人。

⑥《民法典》第889条第2款规定，当事人对保管费没有约定或者约定不明确，依照本法第五百一十条的规定仍不能确定的，视为保管是无偿保管。

法理上“该利益属于委托人”这一待证事实在基础事实被证明后不可被反证，故其为拟制规则。该学者没有提及但表述类似于上文引用的《民法典》第 955 条第 2 款且属于拟制规则的还有《民法典》第 757 条[①]、第 686 条第 2 款[②],《著作权法》第 19 条[③],《合伙企业法》第 33 条第 1 款[④]。

4.《民法典》第 224 条：“动产物权的设立和转让，自交付时发生效力，但是法律另有规定的除外。”按照本书观点，本条虽然有“法律另有规定的除外”这一但书规定，但是并未使用“推定”“视为”以及“但有相反证据的除外”或“但能够证明……的除外”这种“反证排除型”或“反面证明除外型”表述。换言之，单纯的但书规定并非推定的标志词，只有“推定或视为 + 但书”或者“但书 + 反证或反面证明”才是推定的标志词。与本条的表达类似、属于拟制规则的还有《民法典》第 786 条。[⑤]有单纯的但书规则的条文在《民法典》中还有很多，这里不再一一列举。

5.《民法典》第 308 条：“共有人对共有的不动产或者动产没有约定为按份共有或者共同共有，或者约定不明确的，除共有人具有家庭关系等外，视为按份共有。”按照本书观点，本条表述可以转换为“对于共有财产，推定为按份共有，除非能证明共同共有”。因此属于推定，且在推定类型上来看属于直接推定。

---

①《民法典》第 757 条规定，出租人和承租人可以约定租赁期限届满租赁物的归属；对租赁物的归属没有约定或者约定不明确，依照本法第五百一十条的规定仍不能确定的，租赁物的所有权归出租人。

②《民法典》第 686 条第 2 款规定，当事人在保证合同中对保证方式没有约定或者约定不明确的，按照一般保证承担保证责任。

③《著作权法》第 19 条规定，受委托创作的作品，著作权的归属由委托人和受托人通过合同约定。合同未作明确约定或者没有订立合同的，著作权属于受托人。

④《合伙企业法》第 33 条第 1 款规定，合伙企业的利润分配、亏损分担，按照合伙协议的约定办理；合伙协议未约定或者约定不明确的，由合伙人协商决定；协商不成的，由合伙人按照实缴出资比例分配、分担；无法确定出资比例的，由合伙人平均分配、分担。

⑤《民法典》第 786 条规定，共同承揽人对定作人承担连带责任，但当事人另有约定的除外。

第二节　证明责任概念的先行界定

鉴于推定与证明责任的关系问题已经成为推定研究中的重点和热点问题，要想研究中国民事推定必须先将中国民事诉讼法上的证明责任概念先行界定清楚。

一、我国及其他大陆法系国家的证明责任概念简介

中国民事诉讼中的举证责任概念是以日本为中介输入的德国民事诉讼术语。[①]最初我国沿用日译，使用“立证责任”的表述；如今，学界更多使用“证明责任”这一术语作为上位概念。[②]对于我国民事诉讼中证明责任的含义，理论上主要有三种学说，即行为责任说、双重含义说、危险负担说。[③]

目前，我国民事诉讼法学界已经达成共识，认为我国证明责任具有双重含义，即主观证明责任和客观证明责任。主观证明责任，又称为证据提供责任，是指在具体的诉讼中，为了避免承担败诉的风险，当事人向法院提出证据证明其主张的必要性。客观证明责任，又称为证明责任，是指在诉讼结束时，当作为裁判基础的法律要件事实处于真伪不明的状态时，一方当事人因此而承担的诉讼上不利益。[④]所谓“真伪不明”，是指在诉讼结束时，当所有能够解释事实真相的措施都已经采用过了，但是争议事实仍然不清楚（有时也称为无法证明、法官心证模糊）的最终

---

① 陈刚：《证明责任法研究》，中国人民大学出版社 2000 年版，第 49 页。

② 周翠：《〈侵权责任法〉体系下的证明责任倒置与减轻规范——与德国法的比较》，《中外法学》2010 年第 5 期，第 698—699 页。

③ 江伟主编：《民事诉讼法》（第 8 版），中国人民大学出版社 2018 年版，第 211 页。

④ 江伟主编：《民事诉讼法》（第 8 版），中国人民大学出版社 2018 年版，第 211—212 页；张卫平：《民事诉讼法》（第 4 版），法律出版社 2016 年版，第 234—235 页。

心理状态。按照德国法学家普维庭的观点，一项争议事实“真伪不明”的前提条件是：（1）原告已经提出有说服力的主张；（2）被告也已提出实质性的对立主张；（3）对争议事实主张需要证明（自认的事实、众所周知的事实、没有争议的事实不在此限）；（4）所有程序上许可的证明手段已经穷尽，法官仍不能获得心证；（5）口头辩论程序已经终结，上述（3）和（4）项状况仍然没有改变。①

上述证明责任的双重含义也在民事诉讼立法和司法解释中得到体现。《民事诉讼法》第67条第1款则确立了主观证明责任，该款规定：“当事人对自己提出的主张，有责任提供证据。”《民诉法解释》第90条第1款做了进一步的阐释，该款规定：“当事人对自己提出的诉讼请求所依据的事实或者反驳对方诉讼请求所依据的事实，应当提供证据加以证明，但法律另有规定的除外。”《民诉法解释》第90条第2款进一步明确了主观证明责任未履行或未成功履行的后果，该款规定：“在作出判决前，当事人未能提供证据或者证据不足以证明其事实主张的，由负有举证证明责任的当事人承担不利的后果。”《民诉法解释》第91条确立了中国民事诉讼法上的客观证明责任，该款规定：“人民法院应当依照下列原则确定举证证明责任的承担，但法律另有规定的除外：（一）主张法律关系存在的当事人，应当对产生该法律关系的基本事实承担举证证明责任；（二）主张法律关系变更、消灭或者权利受到妨害的当事人，应当对该法律关系变更、消灭或者权利受到妨害的基本事实承担举证证明责任。”

还需指出的是，德国民事诉讼法学界还将主观证明责任细分为抽象的主观证明责任和具体的主观证明责任。抽象的主观证明责任是指在诉讼开始前，哪一方当事人应当对某个要件事实提供证据予以证明。具体的主观证明责任，更确切地称谓应该是“具体的提供证据责任”，是指在

---

① [德]汉斯·普维庭著，吴越译，《现代证明责任问题》，法律出版社2000年版，第22页。

具体的诉讼过程中，当法官依据一定的事实信息并且形成了暂时的心证，此时应当由哪一方当事人提供证据将诉讼向前推进的责任。

这样一来，德国民事诉讼理论关于证明责任的界定，包括三种含义：客观证明责任、抽象主观证明责任、具体提供证据责任。三者之间的关系大致如下：（1）客观证明责任总是抽象的证明责任，绝不可能是具体的提供证据责任，因为它与具体的诉讼活动无关，仅当在要件事实处于真伪不明状态时，才应当借助客观证明责任对实体争议作出裁判。（2）客观证明责任决定了抽象主观证明责任。换言之，主观抽象证明责任的分配总与客观证明责任的分配相一致。（3）仅在程序之初，具体的证据提供责任的分配才与抽象主观证明责任的分配相一致；随着程序的发展，具体的提供证据责任不再取决于抽象主观证明责任而随着法官的心证或确信程度在当事人之间进行分配。①

二、英美法系证明责任概念简介

英美法系的证明责任也包括两个方面：提供证据责任和说服责任。伊曼纽尔认为，"法院经常说证明责任。但是实际上有两种截然不同的责任：提供证据的责任和说服责任"。② 麦考密克也认为，"证明责任具有两个相互冲突的含义。这个术语包括两个不同的证明责任，一个是对某一特殊争议事实提出证据令法官满意的责任；另一个是说服事实审理者相信主张事实是真实的责任。"③

证据提供责任是当事人没有提供初步证据使法官认为有理由将争点事实交给陪审团进行认定的行为责任。换言之，一旦当事人未能成功履行证据提供责任，法官无须将案件交付陪审团进行认定，而是可以直接

---

① [德]汉斯·普维庭著，吴越译：《现代证明责任问题》，法律出版社2000年版，第22页。

② [美]伊曼纽尔：《证据法》，中信出版社2003年版，第544页。

③ [美]约翰·W. 斯特龙主编：《麦考密克论证据》，中国政法大学出版社2004年版，第648—649页。

运用指令裁决（或者一些其他终止当事人继续行使权利的不利裁决）某一方当事人败诉。说服责任是当事人交付陪审团进行事实认定的案件，在审判程序的最后阶段，因争点事实不明而承担的诉讼上不利益。关于英美法上证据提供责任和说服责任的区别，有学者归纳为如下三点：第一是对象不同，前者的对象是法官，后者的对象是陪审团；第二是时间不同，前者发生在庭审调查之前，后者发生在庭审调查之后；第三是证明标准不同，前者较低，后者较高。①

关于英美法上“证据提供责任”与“说服责任”在民事诉讼中的运作情况，我们可以参考伊曼纽尔的解说②：在美国证据法上，如果我们说原告对待证事实 A 承担举证责任，我们的意思是原告有责任提出一些证据来证明待证事实 A 存在。如果原告没能满足这一责任，法院将适用法律就该待证事实 A 作出对原告不利的认定。针对争议事实 A 的举证责任能够且经常在整个审判过程中发生转移。假设原告就被告的过失这一争议事实承担提供证据责任，根据证据提交情况，会出现下列情形：（1）由于原告承担证明被告过失的初始举证责任，原告应首先出示证据，如果原告在其出示证据阶段没有提供足够的证据使得一个理性的陪审员相信被告存在过失，在案件结束时，法院将会作出对被告有利的指令判决。（2）假设原告在出示证据阶段，提出了足够的证据——一旦陪审团相信这些证据是真的，则任何一个理性的陪审员将可能会认定被告有过失。即原告满足了最初的举证责任，法官将会把争议事实交由陪审团决定。或者，在原告提供足够证据的情况下，被告不提供任何证明自己不存在过失的证据，仅仅是通过有效的交叉询问对原告的证据提出一些怀疑，法官很可能仍然会把案件交给陪审团，由陪审团决定被告过失是否存在。（3）假设原告在其出示证据阶段，提供了足够的证据，被告也没

① 何家弘：《论推定适用中的证明责任和证明标准》，《中外法学》2008 年第 6 期。

② 参见［美］美伊曼纽尔：《证据法》，中信出版社 2003 年版，第 545—547 页。

有提出有效的交叉询问，法官认为任何一个理性的陪审员必须认定被告存在过失。那么，在原告出示证据结束阶段，举证责任转移给被告——如果被告不愿提交证据也没有提出抗辩的话，被告将会失败。（4）假设原告在其出示证据阶段，提供了足够的证据，以至于法官认为任何一个理性的陪审员必须认定被告存在过失，此后，被告提供了反驳证据，反驳证据使得法官认为理性的陪审员既可能相信存在过失也可能相信不存在过失，则法官将会将案件提交陪审团决定。（5）假设原告在其出示证据阶段，提供了足够的证据，以至于法官认为任何一个理性的陪审员必须认定被告存在过失。此后，被告提供了反驳证据，但是法官认为被告提供的证据根本不具有证明力，任何理性陪审员都不会相信，在这种情况下，在被告出示证据阶段结束后，法官将会作出有利于原告的指令判决。（6）假设原告在其出示证据阶段，提供了足够的证据，以至于法官认为任何一个理性的陪审员必须认定被告存在过失。此后，被告提供了反驳证据，被告的反驳证据证明力如此强大，以至于法官认为任何理性陪审员都会相信被告无过失，在这种情况下，在被告出示证据阶段结束后，法官将会作出有利于被告的指令判决。在上述（1）（3）（5）（6）情形下，应用“证据提供责任”作出判决，（2）（4）情形可能涉及“说服责任”判决。①

三、两大法系证明责任概念的比较

两大法系证明责任概念都采取“双重含义说”，那么这两个双重含义说是否可以等同呢？笔者赞同常怡老师的下述观点：“前者（提供证据责任，笔者注）由于法律传统、政治哲学、价值观念诸方面的差异，在不

① 在美国证据法上，陪审团也并非对交给自己决定的争议事实一律运用说服责任进行判决，仅仅是在陪审团发现争议事实存在的可能性和不存在的可能性非常接近时，陪审团才根据说服责任作出不利于说服责任承担者的事实认定。如果陪审团根据证据发现某一争议事实更可能存在或不存在，则无须考虑说服责任直接作出相应的事实认定及判决。参见［美］伊曼纽尔：《证据法》，中信出版社 2003 年版，第 547 页。

同的法系，不同的国家存在着一定的区别。后者（包括美国证据法上的“说服责任”，笔者注），由于反映了诉讼共同规律，在各国则是相同的，凡是以事实为根据作出裁判的国家，在案件事实处于真伪不明状态时，几乎总是要依据证明责任的归属对案件作出裁判。”[①] 简言之，英美法系的说服责任与大陆法系的客观证明责任含义相同，都是诉讼结束时，当作为裁判基础的要素事实或要件事实处于真伪不明的状态时，一方当事人因此而承担的诉讼上不利益；英美法系的“证据提供责任”与大陆法系国家的“主观证明责任”含义不同。

英美法系的“证据提供责任”与大陆法系的“主观证明责任”的区别，可以概括为以下四点：

第一，针对对象不同。美国法上的“证据提供责任”指向法官，“说服责任”指向陪审团。在美国民事诉讼中，当事人要想获得有利的判决，在理论上必须通过两道关口。第一道关口是摆脱提供证据责任的承担，第二道关口是摆脱说服责任的承担。把持第一道关口的人是法官，把持第二道关口的人是陪审团。[②] 威格莫尔直接将“举证责任”命名为“向法官举证的责任”，将“说服责任”命名为“未说服陪审团的风险”。[③] 与此相对，德国法上，无论“证据提供责任”还是“客观证明责任”都指向法官。

或许有人反驳道：这一区别在当前已经没有多大意义了，因为当前美国民事诉讼中陪审团审判的案件比率显著缩小了。据统计，在美国所有民事案件中，只有不足 6% 的案件进入审判程序，而其中只有不足 1/3

---

① 常怡主编：《民事诉讼法学》，中国政法大学出版社 1996 年版，第 178—179 页。

② 陈刚著：《证明责任法研究》，中国人民大学出版社 2000 年版，第 23 页。

③ [美]John Henry Wigmore, *Evidence in Trials at Common Law* (volume 9), revised by James H.Chadbourn, Little, Brown and company,1981, p283 and p292.

的案件接受陪审团的审判。[①] 的确，美国当前事实上接受陪审团审判的民事案件数量较少。但是美国理论界认为，鉴于获得陪审团审判的权利一直是法律界所主张的案件审判的实质内容，而且诉讼的提起、准备及和解，都是在一种对于如果进入陪审团审判将会是什么结果的猜测的“阴影”之下进行的，因而陪审团审判对美国的程序法，包括证据法仍然有巨大的影响。

第二，证明标准不同。在美国民事诉讼中，证据提供责任与说服责任的证明标准不同：说服责任的证明标准一般是“优势证据程度（51%）”，少数案件中是“明晰可见标准（70%）”，而证据提供责任的证明标准是“表面证据（20%~30%）”。与此不同，在德国民事诉讼中，客观证明责任的一般标准是“高度盖然性（80%）”，证据提供责任的标准与此相同。

所谓表面证据（prima facie），是指一方当事人为成功履行其负担的证据提供责任，其应提交一定数量的证据让事实审理者相信其主张事实有可能存在。布莱克认为，表面证据是指“表面上看起来良好的、充分的证据。在依据法律作出判决时，该证据足以证明构成当事人主张的一个、一组或者一系列的事实。表面证据是这样的证据，即如果未经解释或反驳，足以据之作出有利于一方当事人诉讼主张的判断，但是仍然可能受到其他证据的反驳……表面证据是这样一种证据，除非其效果被其他证据超过，足以证明该系争事实。‘表面理由’是这样一种诉讼理由，如果对方当事人不提出反证，将使本方当事人赢得诉讼……直到遭到反驳或者被超过之前，表面证据是证明某一特定的事实成立的充分证据。如果独立存在或未经解释，表面证据能够支持一项诉讼主张，使其指向

① Paula L.Hannaford, B.Michael Dann, G.Thomas Munstermann, *How Judges View Civil Juries*, 48 Depaul L.Rev.247, 253(1998). 转引自［美］斯蒂文・N. 苏本等，傅郁林等译：《民事诉讼法——原理、实务与运作环境》，中国政法大学出版社 2004 年版，第 366 页。

的认定结论有根有据。表面证据是一种法律假定或者推断，在未经证明时或直到有证据推翻该推断之前，肯定或否定某一个事实”。[①]

有观点认为，英美法系上的“表面证据”标准大致相当于大陆法系的“释明”标准。[②]当事人提出证据，使法院就其主张的事实，产生薄弱的心证，相信其大概如此者，称为释明。[③]出于明确性的需要，笔者个人主张应直接将美国法上的“表面证据”理解为低度盖然性，大致处于20%~30%的概率程度，通常可以以25%表示。

第三，功能不同。在功能上，美国法上的提供证据责任和德国法上的提供证据责任有相同的一面，在抽象层面上都有预先指导哪方当事人对某个具体的要件事实提供证据证明的功能；在具体层面都有指示对方当事人应当提供反证（法院已经对某一要件事实获得一定程度的心证）的功能，并且在具体层面证据提供责任可以在双方当事人之间进行转移。也有不同的一面，即美国法上的证据提供责任的功能还在于通过对证据的审查，判断是否形成了“真正的争点”，以将该争点提交给陪审团决定。德国法上的证据提供责任无此功能。

第四，发挥作用的时点不同。美国法上法官可以在民事诉讼庭审调查的多个时点根据“证据提供责任”作出判决，甚至还可发生在庭审之前或之后。美国联邦法院民事诉讼中陪审团审判案件的大致流程如下：（1）起诉状；（2）依据规则12（b）的动议；（3）答辩状；（4）自愿或非自愿撤销案件的动议；（5）规则16的日程安排会议和命令；（6）证据开示；（7）要求补正的动议；（8）和解讨论；（9）即决判决[④]

---

① *Black's Law Dictionary*, p1071.

② 周叔厚：《证据法论》（第3版），三民书局1995年版，第285页。

③ 陈荣宗、林庆苗：《民事诉讼法》（修订四版），三民书局1996年版，第482页。

④ 即决判决是指法院根据当事人的请求，在对有关文件进行审查后，确认该案件并不存在真正的争点，因而没有进行审判的必要，直接作出判决。《联邦民事诉讼规则》56(c)。

的动议；（10）规则16的审前会议；（11）庭审[①]；（12）指示裁判[②]的动议/要求作为法律事项判决的动议；（13）陪审团审判；（14）登录判决；（15）要求进行不顾（陪审团）裁判的判决的动议；（16）重新审判的动议；（17）上诉；（18）撤销判决的动议；（19）判决的执行。[③]在美国联邦民事诉讼中，“证据提供责任”可能会发生在程序（9）[④]——即决判决的动议，也可能发生在程序（12）——指示裁判的动议，还可以发生在程序（15）——要求进行不顾（陪审团）裁判的判决的动议，其中即决判决动议发生在庭审之前，指示判决动议发生在庭审过程中，而要求不顾（陪审团）裁判的判决动议发生在庭审之后。上述即决判决和不顾（陪审团）裁判的判决都是通过书面审查程序进行，而非正式的庭审程序。

与之相对，在德国法上，“提供证据责任”尽管在证据调查阶段的多个时点发挥作用，其不会在诉讼程序的多个阶段发挥作用，法官只在证据调查最终结束时才可能依据“证据提供责任”作出判决。

四、本书所用证明责任的含义界定

（一）以英美法系证据提供责任概念替代我国当前的主观证明责任概念

鉴于我国民事诉讼法学界与实务界已经在整体上继受了大陆法系，包括大陆法系的证明责任概念，鉴于我国民事诉讼不存在类似英美法上

---

① 在美国民事诉讼庭审阶段，大致分成三个阶段：开场陈述，证据出示，最后总结。三个阶段的顺序一般都是原告先、被告后。

② 指示判决是指当案件经过审判或在审判过程中（一般是在一方当事人举证完成以后），一方当事人所主张的争点无法被证据证明存在时，对方当事人可以申请法院作出指示裁决，直接就案件的法律事项进行裁判。《联邦民事诉讼规则》56(a)。

③ 参见[美]斯蒂文·N.苏本等著，傅郁林等译：《民事诉讼法——原理、实务与动作环境》，中国政法大学出版社2004年版，第434—465页。需要注意的是，上述案件流程只是美国联邦民事案件陪审团审判的一般流程，根据案件的具体情况，有些程序、步骤可能不会出现，有些程序、步骤发生的前后顺序可能会有所变动。

④ 关于“证据提供责任”在上述三个程序、步骤中发挥作用的情形，参见[美]斯蒂文·N.苏本等著，傅郁林等译：《民事诉讼法——原理、实务与运作环境》，中国政法大学出版社2004年版，第409—457页。

的双层事实审理结构，将英美法系的证明责任概念原封不动地移植到中国民事诉讼既不可能也无必要。但是，我国民事诉讼法学界确实应该借鉴英美法系证明责任概念的合理因素，促进中国民事诉讼证明责任概念的精密化，进而促进中国民事诉讼审判程序的精细化。

英美法系证明责任双重含义说的精髓在于两种证明责任含义对应不同的证明标准，其中说服责任的原则性证明标准是“盖然性占优势（51%）”；证据提供责任的证明标准是“表面可信（25%）”。英美法系将证明责任区分为“证据提供责任”和“说服责任”的主要理由，原本在于划定法官与陪审团就“事实认定”上各自的职权范围，在相当程度上，反映法官对陪审团事实认定权限的控制。但是，这两种证明责任的划分还有进一步的积极功能：“一方面规制当事人证据提供行为，借以促使审判程序更有效率地进行；另一方面就此二责任与不同证明度基准之联结，使得争点事实之明确化责任与其不明时之风险，更为细致地分配于当事人之间。”①

大陆法系的“客观证明责任”和“主观证明责任”原则上都依“高度盖然性”标准为指引。大陆法系国家德日等国，民事诉讼的原则性证明标准是“高度盖然性”，大致可以用75%的概率表示。关于大陆法系国家民事诉讼中高度盖然性标准的效果，比较民事诉讼法学家Clermont已经明白无误地揭示：高度盖然性标准将增加总体错误判决的预期成本及不公平地使负有客观证明责任的当事人承担较多的不利益，而其并未带来任何增加正确判决或促进真实发现的正面效果。②

此外，尽管德国民事诉讼法学界将主观证明责任概念细分为抽象主观证明责任和具体证据提供责任，并认为具体证据提供责任在庭审中会

① 黄国昌：《民事诉讼理论之新开展》，北京大学出版社2008年版，第132页。

② 参见Clermont、Sherwin：《证明度——比较法下观点》，The American Journal of Comparative Law，转引自黄国昌著：《民事诉讼理论之新开展》，北京大学出版社2008年版，第75页。

根据证明情况、法官心证程度在当事人双方之间进行转移，但是鉴于具体证据提供责任本质上属于非规范性概念，因此其无法预先大致准确地揭示出究竟一方当事人提供证据证明待证事实至何种程度时，对方当事人才承担具体的证据提供责任及其承担程度。

有鉴于此，本书主张吸收英美证据法上证明责任的合理内核，适当改造我国的证明责任概念。具体来说，我国证明责任概念也包括两种含义：客观证明责任、证据提供责任。其中客观证明责任与当前民事诉讼法学界通行观点一致，不过，与之相应的证明标准应为《民诉法解释》第108条第1款所规定的“高度盖然性标准”(75%)。[①] 证据提供责任，是指在诉讼过程中，当事人双方为了将事实争点明确化而应向法院提供证据并证明争议事实存在或不存在至表面可信程度或低度盖然性(30%~40%)的责任。本书所主张的中国民事诉讼法上的“证据提供责任”源自于英美法系的“证据提供责任”，但是与英美证据法上的原本的“证据提供责任”已经有很大的不同，比方说不再与事实审理者双层结构相联系等。

对于上述界定，还需指出以下三点：

首先，中国民事诉讼法学界一般认为《民诉法解释》第108条第1款规定了我国民事诉讼原则性的证明标准。该款规定：“对负有举证证明责任的当事人提供的证据，人民法院经审查并结合相关事实，确信待证事实的存在具有高度可能性的，应当认定该事实存在。”国内民事诉讼法学界通说认为，该款确立了我国民诉普通案件本证的“高度盖然性”标

① 《民诉法解释》第108条第1款规定了适用于普通民事案件的“高度盖然性”证明标准；《民诉法解释》第109条和《民事证据规定（2019年）》第86条第1款规定了适用于欺诈、胁迫、恶意串通事实以及口头遗嘱或者赠与事实证明的“排除合理怀疑”证明标准；《民事证据规定（2019年）》第86条第2款规定了适用于诉讼保全、回避等程序事项有关事实的“盖然性占优势”标准。江伟、肖建国主编：《民事诉讼法》(第8版)，中国人民大学出版社2018年版，第20—22页。

准。[1]《民诉法解释》第108条第2款还对普通案件的反证标准作出规定。该款规定："对一方当事人为反驳负有举证证明责任的当事人所主张事实而提供的证据，人民法院经审查并结合相关事实，认为待证事实真伪不明的，应当认定该事实不存在。"

其次，客观证明责任是抽象且固定不变的，证据提供责任在诉讼程序的开始阶段总与客观证明责任的分配相符，但此后则随时根据法官的临时心证程度在当事人双方之间来回转移。

再次，证据提供责任在裁判上具有独立的意义。针对某一要件事实，如果负最初证据提供责任的原告没能成功履行该责任，也即原告没能提供证据证明其负客观证明责任的要件事实至表面可信程度，法官可以根据被告的请求直接判令原告承担败诉责任。针对某一要件事实，如果最初证据提供责任的原告不仅成功履行该责任，其履行程度还远远超过了"高度盖然性标准"，与之相对，被告没能对该要件事实的不存在成功履行证据提供责任，也即被告没能提供证据证明其要件事实不存在至表面可信程度，法官可以根据原告的请求直接判令被告承担败诉责任。

（二）英美法系证据提供责任概念引进之论证

1. 必要性

首先，不引入类似英美法上的证据提供责任，无法圆满解决不负客观证明责任一方当事人案情说明义务。有法官曾举了这样一个案例。维康公司的车发生交通事故，司机、维康公司的法律顾问、两名搭车人均死亡。交警部门的报告认为，维康公司的司机负主要责任，死者的继承人起诉维康公司赔偿损失。维康公司抗辩车辆是无偿借用，司机是义务帮工，被告不承担责任。终审判决认为，三原告不能证明司机等人是因

---

① 江伟、肖建国主编：《民事诉讼法》（第8版），中国人民大学出版社2018年版，第20—22页；张卫平：《民事诉讼法》（第4版），中国人民大学出版社2019年版，第189页；李浩：《民事诉讼法学》（第3版），法律出版社2016年版，第187页。

公出车，故判决驳回三原告的诉讼请求。[①] 按照当前民事诉讼法相关规定，本案处理是正确的。因为按照“当事人对自己有利的法律规范的要件事实承担证明责任”的证明责任一般分配原则，三原告应对“因公出车”这一要件事实承担证明责任，被告对该要件不承担证明责任。由于客观证明责任决定了初期主观证明责任，相应地，在诉讼过程中，原告应首先提供证据证明“因公出车”这一要件事实至“高度盖然性程度”，否则，被告无须承担该系争要件事实的反驳责任。鉴于本案三原告不能证明该要件事实，则其承担败诉后果理所当然。但是，考虑到本案的特殊情况——受害人已经死亡，其继承人主张侵权关系的存在却都没有经历业务联系过程和交通事故的发生过程。换言之，继承人因不可归责的原因无法顺利举证因而导致败诉，这样的结果让我们内心觉得不公平。之所以出现这样不公平的结果，原因在于传统上主观证明责任不独立。倘若按照英美证据法，由于证据提供责任独立于“说服责任”，本案的处理应为：被告方首先负担有关争议事实——是否“因公出车”的证据提供责任，但“说服责任”仍由三原告承担。一旦被告首先说明“非因公出差”的前因后果并提交相关证据，被告可以有明确具体的证据线索并利用强制开示程序搜集相关证据予以反驳。这样的处理结果较为公平。

其次，引入类似于英美法上的“证据提供责任”概念在中国民事诉讼上具有必要性。必要性首先体现在没有这类概念无法解释中国民事推定中的低度证明推定，无法清晰解释中国民事推定中反证程度立法的措辞差别，对此本书第三章将详述。

2. 可能性

引入英美法上的证据提供责任概念在中国民事诉讼上具有可能性。可能性首先体现在我国已经有部分法律实质上已经接受了证据提供责任

① 葛文：《非举证责任人案情说明义务的类型化思考——以民事诉讼中当事人真实义务为脉络》，《民事审判指导与参考》（总第 36 辑），第 60 页。

这一概念精髓。例如，《期货规定二》第 6 条规定："有证据证明保证金账户中有超过上述第三条、第四条、第五条规定的资金或者有价证券部分权益的，期货交易所、期货公司或者期货交易所结算会员在人民法院指定的合理期限内不能提出相反证据的，人民法院可以依法冻结、划拨超出部分的资金或者有价证券。有证据证明期货交易所、期货公司、期货交易所结算会员自有资金与保证金发生混同，期货交易所、期货公司或者期货交易所结算会员在人民法院指定的合理期限内不能提出相反证据的，人民法院可以依法冻结、划拨相关账户内的资金或者有价证券。"显然，上述条文中的"有证据证明"和"相反证据"都是指相当于本书提出的证据提供责任，即双方都需要证明争议权利的存在或不存在至"表面可信程度"。

3. 好处

首先，引入英美法上的证据提供责任概念有利于规范当事人证据提供行为，有利于中国民事诉讼程序的进一步精密化，从而促进审判程序更有效率地进行。例如，《民事证据规定（2019 年）》第 1 条规定："原告向人民法院起诉或被告提出反诉，应当附有符合起诉条件的相应的证据。"根据这一规定，法院可以在受理民事案件时对起诉时的证据材料做一些法律上和形式上的初步审查，从而排除一些明显缺乏证据的案件。但是，实务界对于"相应证据材料"的数量或程度难以把握，其实可以借鉴美国民事诉讼中的"即决判决"制度，将证据提供责任及其证明标准作为审查基准，从而排除一些明显缺乏证据的案件，避免浪费审判资源。进一步，中国还可以在民事一审程序中引入类似美国联邦民事诉讼中的指示裁判、不顾（陪审团）裁判的判决等诉讼阶段，在庭审中、庭审后等阶段直接根据一方当事人未能成功履行证据提供责任判决其败诉。法官可以根据一方当事人提供的证据过于薄弱作快速裁判，从而开辟民事诉讼审判繁简分流的新通道，促进民事诉讼程序的精密化。

其次，更重要的是将两种证明责任更加细致地分配于当事人之间，促进证明责任的公平负担、促进实质正义的实现。

其实，中国民事立法中已经有所体现。试仔细分析下引法条：

《存单规定》第五条　对一般存单纠纷案件的认定和处理

（一）认定

当事人以存单或进账单、对账单、存款合同等凭证为主要证据向人民法院提起诉讼的存单纠纷案件和金融机构向人民法院提起的确认存单或进账单、对账单、存款合同等凭证无效的存单纠纷案件，为一般存单纠纷案件。

（二）处理

人民法院在审理一般存单纠纷案件中，除应审查存单、进账单、对账单、存款合同等凭证的真实性外，还应审查持有人与金融机构间存款关系的真实性，并以存单、进账单、对账单、存款合同等凭证的真实性以及存款关系的真实性为依据，作出正确处理。

1. 持有人以上述真实凭证为证据提起诉讼的，金融机构应当对持有人与金融机构间是否存在存款关系负举证责任。如金融机构有充分证据证明持有人未向金融机构交付上述凭证所记载的款项的，人民法院应当认定持有人与金融机构间不存在存款关系，并判决驳回原告的诉讼请求。

2. 持有人以上述真实凭证为证据提起诉讼的，如金融机构不能提供证明存款关系不真实的证据，或仅以金融机构底单的记载内容与上述凭证记载内容不符为由进行抗辩的，人民法院应认定持有人与金融机构间存款关系成立，金融机构应当承担兑付款项的义务。

3. 持有人以在样式、印鉴、记载事项上有别于真实凭证，但无充分证据证明系伪造或变造的瑕疵凭证提起诉讼的，持有人应对瑕疵凭证的取得提供合理的陈述。如持有人对瑕疵凭证的取得提供了合理陈述，而金融机构否认存款关系存在的，金融机构应当对持有人与金融机构间是否存在存款关系负举证责任。如金融机构有充分证据证明持有人未向金融机构交付上述凭证所记载的款项的，人民法院应当认定持有人与金融机构间不存在存款关系，判决驳回原告的诉讼请求；如金融机构不能提供证明存款关系不真实的证据，或仅以金融机构底单的记载内容与上述凭证记载内容不符为由进行抗辩的，人民法院应认定持有人与金融机构间存款关系成立，金融机构应当承担兑付款项的义务。

4. 存单纠纷案件的审理中，如有充足证据证明存单、进账单、对账单、存款合同等凭证系伪造、变造，人民法院应在查明案件事实的基础上，依法确认上述凭证无效，并可驳回持上述凭证起诉的原告的诉讼请求或根据实际存款数额进行判决。如有本规定第三条中止审理情形的，人民法院应当中止审理。

上引法条的特色在于其将存单纠纷的证明责任作了更为细致的分配，即原告（存款人）负担最初的证据提供责任责任，被告（金融机构）承担客观证明责任。

再如，《反不正当竞争法》

第 32 条第 1 款 在侵犯商业秘密的民事审判程序中，商业秘密权利人提供初步证据，证明其已经对所主张的商业秘密采取保密措施，且合理表明商业秘密被侵犯，涉嫌侵权人应当证明权利人所主张的商业秘密不属于本法规定的商业秘密。

第 2 款 商业秘密权利人提供初步证据合理表明商业秘密被侵犯，且提供以下证据之一的，涉嫌侵权人应当证明其不存在侵犯商业秘密的行为：

（一）有证据表明涉嫌侵权人有渠道或者机会获取商业秘密，且其使用的信息与该商业秘密实质上相同；

（二）有证据表明商业秘密已经被涉嫌侵权人披露、使用或者有被披露、使用的风险；

（三）有其他证据表明商业秘密被涉嫌侵权人侵犯。[①]

上引法条的特色在于其将商业秘密侵权纠纷的证明责任作了更为细致的分配，即原告（权利人）负担最初的证据提供责任，被告（涉嫌侵权人）承担客观证明责任。

① 本条是《美国政府与中华人民共和国政府之间的经贸协定》（2020年1月15日）第1.5条的国内法版本。第1.5条 民事程序中的举证责任转移。

一、双方应规定，在侵犯商业秘密的民事司法程序中，如商业秘密权利人已提供包括间接证据在内的初步证据，合理指向被告方侵犯商业秘密，则举证责任或提供证据的责任（在各自法律体系下使用适当的用词）转移至被告方。

二、中国应规定：（一）当商业秘密权利人提供以下证据，未侵犯商业秘密的举证责任或提供证据的责任（在各自法律体系下使用适当的用词）转移至被告方：1. 被告方曾有渠道或机会获取商业秘密的证据，且被告方使用的信息在实质上与该商业秘密相同；2. 商业秘密已被或存在遭被告方披露或使用的风险的证据；3. 商业秘密遭到被告方侵犯的其他证据；以及（二）在权利人提供初步证据，证明其已对其主张的商业秘密采取保密措施的情形下，举证责任或提供证据的责任（在各自法律体系下使用适当的用词）转移至被告方，以证明权利人确认的商业秘密为通常处理所涉信息范围内的人所普遍知道或容易获得，因而不是商业秘密。

三、美国确认，美国现行措施给予与本条款规定内容同等的待遇。

第三章
法律上推定的类型

本章的研究主题是中国民事法律上推定（下文除非特别说明，否则本章所提到的推定都是指法律有规定的推定），与之相对的中国民事事实上推定放到第五章进行专题研究。研究方法是比较法和实证法，即在借鉴比较证据法学界研究成果的同时，展开对中国民事推定制度与规则的系统考查，并在两者之间来回流转以实现新的理论飞跃。研究框架大致分成三部分：一、现有的理论及其缺陷；二、本文提出的理论模型与解决方案；三、潜在重大理论争议及其解决办法。

第一节　我国诉讼法学界有关法律上推定的代表性学说及其缺陷

一、民事诉讼法学界有关法律上推定的代表性学说

关于法律上推定的分类，在当前中国民事诉讼法学界有五种影响较大的学术观点，现对这五种代表性观点简要介绍如下：

1. 江伟、邵明等认为，法律推定可以分为有关事实的法律推定和有关权利的法律推定。其中，法律上（事实）推定是指法律明确规定，应当基于某一已知事实的存在进而认定另一事实存在（或不存在）的一种证据规则。他们还主张，证据法中的推定（即法律上的事实推定，笔者注）均是“可以反驳的推定”，又称“相对推定”，即均允许当事人提供

反证予以推翻，也因此，主张将所谓“不可反驳的推定”划归拟制的范畴。同时，还主张直接推定不是推定，而是以推定形式表现出来的确定证明责任由谁负担的实体法规范。[①]

2. 谭兵、李浩等认为，法律上的推定是由法律明文规定的推定，它是事实上推定的对称。法律上的推定可以分为推论推定和直接推定。法律上的推论推定是指应当从某一已知事实的存在作出与之相关的未知事实存在（或不存在）的假定。法律上的直接推定是指法律不依赖于任何基础事实便直接假定某一法律要件事实存在。他们还认为，法律上的推论推定是各类推定中最具有典型性的，在提及推定时，一般是指这种推定。法律上推定与拟制不同，推定结论允许推翻，而拟制的结论则否。[②]此外，李浩等还介绍了德日民事诉讼法学界关于法律上推定的理论，认为广义的法律上推定包括法律上的事实推定、法律上的权利推定、意思推定、暂定真实、法定证据规则。[③]

3. 张卫平认为，法律上推定分为法律上的事实推定和法律上的权利推定。法律上的事实推定，是指以某一事实的存在为基础，并直接根据该事实认定待证事实的存在与否。所谓法律上的权利推定，是指法律对某种权利或法律关系是否存在直接加以推论的情形。[④]

4. 毕玉谦较为全面地介绍了比较诉讼法学关于法律上推定的技术分类，诸如可反驳的推定和不可反驳的推定，普通推定与强力推定及混合

---

① 江伟主编:《民事证据法学》，中国人民大学出版社 2011 年版，第 138—141 页。

② 参见谭兵、李浩主编:《民事诉讼法学》，法律出版社 2009 年版，第 208 页。李浩还明确指出，狭义的法律上推定包括法律上的事实推定、权利推定以及直接推定（暂定真实），参见李浩著:《民事证明责任研究》，法律出版社 2003 年版，第 195 页。

③ 参见李浩著:《民事证明责任研究》，法律出版社 2003 年版，第 196 页。另，许可也引介了日本法上的广义推定观点，参见许可著:《民事审判方法：要件事实引论》，法律出版社 2009 年版，第 87—89 页。

④ 张卫平:《民事诉讼法》（第 4 版），法律出版社 2016 年版，第 30 页。

推定，基本推定和技术推定，确推定和假推定等。[①] 其个人似主张法律上的推定是指立法者按照特定的立法意图依据立法程序在成文法条文当中所设置的推定规范。法律上的推定可分为法律上的事实推定和法律上的权利推定。[②]

5. 陈界融认为，法律上的推定是指法律所推想、假定或拟制的事实或法律关系，而且在该事实或法律关系未被反证推翻以前，使之发生一定的法律效果。法律上推定可以能否被反证分为不能以反证推翻的推定和可以反证推翻的推定，可以效力等标准分为强力推定、普通推定和既判力推定，可依对象分为法律上的权利推定和法律上的事实推定。[③]

总结起来，我国多数民事诉讼法学者主张：（1）推定既包括法律上推定也包括“事实上推定”，其中法律上推定可分为法律上事实推定和法律上权利推定。（2）将拟制作扩大理解，除包括明知其非而规定其是的规则外，还包括不可反驳的推定；进而将可反驳性作为推定的一项基本特征。（3）狭义的推定都由基础事实推知待证事实，因而无条件的直接推定不是推定。（4）法律上推定为转移客观证明责任的强制性推定。

从知识的谱系传承来讲，与证明责任概念类似，中国民事诉讼中的推定概念也是以日本为中介输入的德国民事诉讼术语。不过，有意思的是，中国民事诉讼中关于推定的通行界定更多地体现了日本法的影响而非德国法的影响。德日两国民事推定界定的核心区别在于两点：一是德国民事诉讼法学界在要件事实的基础上界定推定，而日本民事诉讼法在系争事实的基础上界定推定。德国著名民事诉讼法学家罗森贝克认为推定是指根据法律规定，从非构成要件事实的存在中，即所谓的推定基础的存在中，得出要件事实的存在（这是事实推定）或者得出权利存在或

① 毕玉谦：《民事证明责任研究》，法律出版社 2007 年版，第 420—424 页。

② 毕玉谦：《民事证明责任研究》，法律出版社 2007 年版，第 430—461 页。

③ 陈界融：《证据法学概论》，中国人民大学出版社 2007 年版，第 248 页。

不存在（这是权利推定）。[①] 日本著名民事诉讼法学家新堂幸司则认为，推定是从某事实推认出其他事实（指系争事实，笔者注）的行为。[②] 二是德国民事诉讼法学界主流观点认为法律上推定（包括法律上事实推定和法律上权利推定）才是推定，事实上推定不是推定；而日本民事诉讼法学界主流观点认为不仅法律上推定（包括法律上事实推定和法律上权利推定）是推定，事实上推定也是推定。德国著名法学家罗森贝克、普维庭都坚持认为事实上推定不是推定，日本著名法学家新堂幸司、高桥宏志等则主张事实上推定也是推定。[③]

二、我国刑事诉讼法学界有关法律上推定的代表性学说

关于法律上推定的分类，在当前中国刑事诉讼法学界有五种影响较大的学术观点，现对这五种代表性观点简要介绍如下：

1. 樊崇义等主张法律上推定可依不同标准划分为四组，分别是不可反驳的推定和可反驳的推定、直接推定与推论推定、因果关系推定和过错推定及责任推定、有基础事实的推定和无基础事实的法律上推定。[④]

2. 何家弘、刘品新主张推定仅指法律上推定，根据其是由立法部门创设还是司法机关创设分为立法推定和司法推定。又可根据推定事项主题的不同，可以把推定分为事态推定、权利推定、行为推定、原因推定、过错推定、意思推定、明知推定和目的推定等八类。[⑤]

3. 张保生等认为，推定是标志基础事实和假定事实之间法律关系的证据法范畴。推定包括不可反驳的推定和可反驳的推定两种形式，其中

---

① ［德］莱奥·罗森贝克著：《证明责任论》（4 版），中国法制出版社 2002 年版，第 210 页。

② ［日］新堂幸司著，林剑锋译：《新民事诉讼法》，法律出版社 2008 年版，第 401 页。

③ 刘英明：《证明责任倒置与推定的关系刍议——兼论推定的类型化》，载《第二届证据理论与科学国际研讨会论文集》，中国政法大学出版社 2009 年版，第 180—181 页。

④ 樊崇义主编：《证据法学》（第 3 版），法律出版社 2004 年版，第 348—349 页。需要指出的是，这四组分类中第二组和第四组含义相同；第三组中的所谓“责任推定”无确切含义。

⑤ 何家弘、刘品新：《证据法学》，法律出版社 2019 年版，第 83—89 页。

可反驳的推定又分为强制性的和允许的两类，强制性可反驳推定可以进一步分为举证责任推定和说服责任推定。[①]

4. 张成敏认为，推定是以规则的形式预设事实或事实关系，在不充分确信的认知状态下，以不准反驳或因异议方不能达到一定程度的反驳，而武断确认预设有效的方法。他个人主张将推定划分为绝对推定（不可反驳的推定）和相对推定（可反驳的推定），后者又可分为非常优势推定、明显优势推定、起步推定、姑且推定四种。[②]

5. 劳东燕则借鉴英美法，将我国刑事推定分为以下四种类型：转移提出证据责任的强制性推定，转移说服责任的强制性推定，允许裁判者将形成推定的基础事实视为待证事实存在的充分证据的允许性推定，作为一项实体法规则的不可反驳性的强制性推定。[③]

总结起来，我国刑事诉讼法学界关于刑事推定已经大致达成了以下若干共识：（1）严格区分推定与推论，认为推定都是法律上推定，事实上推定不是推定而是推论。（2）将拟制理解为明知其非而规定其是的规则，因而推定既包括可反驳的推定，也包括不可反驳的推定。（3）推定都由基础事实推知待证事实，因而无条件的直接推定不是推定。（4）多数都提及仅转移证据提供责任的强制性推定。

从知识的谱系传承来讲，我们可以比较清楚地感觉到我国刑事诉讼法学界关于刑事推定的界定受英美法系证据法特别是美国证据法的强烈影响，而且越是晚近，影响越深。若干刑事诉讼法学者以美国证据法关于推定的四分法为范本，直接将我国刑事推定规则分为类似的四类即为该影响的典型例证。

---

① 张保生主编：《证据法学》，中国政法大学出版社 2009 年版，第 389—392 页。
② 张成敏：《推定与相反推理以及相互强度关系》，《政法论丛》2008 年第 1 期。
③ 劳东燕：《认真对待刑事推定》，《法学研究》2007 年第 2 期，第 22 页。

三、中国诉讼法学界有关推定界定的代表性观点之异同

上述中国民事诉讼法学界及刑事诉讼法学界有关推定的十种代表性观点的异同，可以参考下图：

图 3.1　中国诉讼法学十家有关“法律上推定”的界定比较图

代表性学者	项目								
	法律上推定是否应排除不可反驳的推定	法律上推定是否应包括法律上的事实推定	法律上的事实推定是否包括推论推定	法律上的事实推定是否都转移客观证明责任	法律上的事实推定是否包括直接推定	法律上的事实推定是否有许可性推定这一类型	法律上推定是否应包括法律上的权利推定	广义法律上推定是否包括意思推定、法定证据规则	推定是否应排除事实上推定
江伟 邵明	是	是	是	是	否	未论述	是	未论述	否
谭兵 李浩	是	是	是	是	是	未论述	是	是	否
张卫平	未明确	是	是	是	否	未论述	是	未论述	否
毕玉谦	是	是	是	是	否	未论述	是	未明确	否
陈界融	否	是	是	未明确	否	未论述	是	未论述	否
民诉界小统计	是 3/5，未明确 1/5，否 1/5	是 5/5	是 5/5	是 4/5，未明确 1/5	是 1/5，否 4/5	未论述 5/5	是 5/5	是 1/5，未论述 3/5，未明确 1/5	否 5/5
樊崇义	否	是	是	未明确	是	未论述	未论述	未论述	是

续表

代表性学者	项目								
	法律上推定是否应排除不可反驳的推定	法律上推定是否应包括法律上的事实推定	法律上的事实推定是否包括推论推定	法律上的事实推定是否都转移客观证明责任	法律上的事实推定是否包括直接推定	法律上的事实推定是否有许可性推定这一类型	法律上推定是否应包括法律上的权利推定	广义法律上推定是否包括意思推定、法定证据规则	推定是否应排除事实上推定
何家弘 刘品新	否	是	是	未明确	否	未论述	未论述	未论述	是
张保生	否	是	是	否	否	否	未论述	未论述	是
张成敏	否	是	是	否	否	未论述	未论述	未论述	是
劳东燕	否	是	是	否	否	是	未论述	未论述	是
刑诉界小统计	否 5/5	是 5/5	是 5/5	未明确 2/5，否 3/5	是 1/5，否 4/5	是 1/5，未论述 3/5，否 1/5	未论述 5/5	未论述 5/5	是 5/5
全部统计	是 3/10，未明确 1/10，否 6/10	是 10/10	是 10/10	是 4/10，未明确 3/10，否 3/10	是 2/10，否 8/10	是 1/10，未论述 8/10，否 1/10	是 5/10，未论述 5/10	是 1/10，未论述 8/10，未明确 1/10	是 5/5，否 5/5

四、民事诉讼法学界的代表性观点无法圆满解释现行民事推定规则

需要指出的是，上述通行观点无法解释某些中国现行民事推定规则。

兹举以下 14 个疑似推定规则为“试金石”。

规则 1,《民法典》第 1253 条，建筑物、构筑物或者其他设施及其搁置物、悬挂物发生脱落、坠落造成他人损害，所有人、管理人或者使用人不能证明自己没有过错的，应当承担侵权责任。所有人、管理人或者使用人赔偿后，有其他责任人的，有权向其他责任人追偿。

试析：本条属于学术界与实务界经常论及的直接（事实）推定。通行观点认为，其不属于推定。根据前文所论及的民事诉讼法五家代表性学说，仅谭兵、李浩认为本条属于法律上事实推定的一种。

规则 2,《期货规定》第 59 条第 2 款，有证据证明该保证金账户中有超出期货公司、客户权益资金的部分，期货交易所、期货公司在人民法院指定的合理期限内不能提出相反证据的，人民法院可以依法冻结、划拨该账户中属于期货交易所、期货公司的自有资金。

试析：根据前引民事诉讼法学界五家观点，无一认为本条属于法律上事实推定。但是本条中的待证事实确实在一定条件下具有暂定真实性和可反驳性。

规则 3,《公司法解释三》第 21 条，当事人之间对是否已履行出资义务发生争议，原告提供对股东履行出资义务产生合理怀疑证据的，被告股东应当就其已履行出资义务承担举证责任。

试析：根据前引民事诉讼法学界五家观点，无一认为本条属于法律上事实推定。但是本条中的待证事实确实在一定条件下具有暂定真实性和可反驳性。

规则 4,《民法典》第 831 条第 2 款，收货人在约定的期限或者合理期限内对货物的数量、毁损等未提出异议的，视为承运人已经按照运输单证的记载交付的初步证据。

试析：根据前引民事诉讼法学界五家观点，无一明确认为本款属于法律上事实推定。但是本条中的待证事实确实在一定条件下具有暂定真实性和可反驳性。

规则5,《民法典》第1222条，患者在诊疗活动中受到损害，有下列情形之一的，推定医疗机构有过错：(一)违反法律、行政法规、规章以及其他有关诊疗规范的规定；(二)隐匿或者拒绝提供与纠纷有关的病历资料；(三)遗失、伪造、篡改或者违法销毁病历资料。

试析：本条属于推论事实推定。根据前引民事诉讼法学界五家观点，都认为本条属于法律上事实推定。

规则6,《反垄断法》第24条第1款：有下列情形之一的，可以推定经营者具有市场支配地位：(一)一个经营者在相关市场的市场份额达到二分之一的；(二)两个经营者在相关市场的市场份额合计达到三分之二的；(三)三个经营者在相关市场的市场份额合计达到四分之三的。

试析：本条属于许可性事实推定。根据前引民事诉讼法学界五家观点，无一认为本条属于法律上事实推定。

规则7,《民法典》第308条，共有人对共有的不动产或者动产没有约定为按份共有或者共同共有，或者约定不明确的，除共有人具有家庭关系等外，视为按份共有。

试析：本条属于直接权利推定。根据前引民事诉讼法学界五家观点，似仅谭兵、李浩认为其属于法律上权利推定。

规则8,《民法典》第352条，建设用地使用权人建造的建筑物、构筑物及其附属设施的所有权属于建设用地使用权人，但有相反证据证明的除外。

试析：本条属于推论权利推定。根据前引民事诉讼法学界五家观点，四家肯定认为本条属于法律上权利推定，谭兵、李浩很可能认为其是法律上权利推定。

规则9,《民法典》第1064条第2款，夫妻一方在婚姻关系存续期间以个人名义超出家庭日常生活需要所负的债务，不属于夫妻共同债务；但是，债权人能够证明该债务用于夫妻共同生活、共同生产经营或者基于夫妻双方共同意思表示的除外。①

试析：根据前引民事诉讼法学界五家观点，无一认为本条属于法律上推定。但是本条具有推论推定的结构，被推定事项还具暂定性和可反驳性，仅仅因为其对象属于责任，其不属于法律上推定不合理。

规则10,《民事诉讼法》第72条，经过法定程序公证证明的法律行为、法律事实和文书，人民法院应当作为认定事实的根据。但有相反证据足以推翻公证证明的除外。

试析：本条属于证据效力推定。根据前引民事诉讼法学界五家观点，仅李浩、许可明确认为其属于广义上的法律上推定。

规则11,《民法典》第18条第2款，十六周岁以上的未成年人，以自己的劳动收入为主要生活来源的，视为完全民事行为能力人。

---

① 本款没有明显的推定标志词，但是本款可以转换为如下表述：夫妻一方在婚姻关系存续期间以个人名义超出家庭日常生活需要所负的债务，推定为举债方的个人债务；但是，债权人能够证明该债务用于夫妻共同生活、共同生产经营或者基于夫妻双方共同意思表示的除外。

试析：本条属于事实拟制规则。根据前引民事诉讼法学界五家观点，四家都认为属于拟制规则，不是推定规则。

规则 12，《技术合同解释》第 16 条第 3 款，当事人对技术成果的使用权约定有比例的，人民法院可以视为当事人对实施该项技术成果所获收益的分配比例，但当事人另有约定的，从其约定。

试析：本条属于权利拟制规则。根据前引民事诉讼法学界五家观点，五家似都认为属于拟制规则，不是法律上推定规则。

规则 13，《民法典》第 171 条第 2 款，相对人可以催告被代理人自收到通知之日起三十日内予以追认。被代理人未作表示的，视为拒绝追认。行为人实施的行为被追认前，善意相对人有撤销的权利。撤销应当以通知的方式作出。

试析：本条属于通常所谓的不可反驳的推定规则。根据前引民事诉讼法学界五家观点，四家都认为属于拟制规则，仅陈界融认为其是法律上推定规则。

规则 14，《民法典》第 686 条第 2 款，当事人在保证合同中对保证方式没有约定或者约定不明确的，按照一般保证承担保证责任。

试析：本条属于大陆法系民事诉讼法学界所说的“意思推定”规则。根据前引民事诉讼法学界五家观点，仅李浩、许可明确认为其属于广义的法律上推定。

总结起来，上述 14 条规则，五家都认为属于法律上推定的规则的是规则 5 和规则 8，其中前者为法律上事实推论推定，后者为法律上权利推论推定。四家认为不是法律上推定，仅谭兵、李浩一家坚持认为属于法律上推定的是规则 1 和规则 7。四家认为不是法律上推定，仅李浩、许可明确认为属于广义上法律推定的是规则 10 和规则 14。五家都认为不是法律上推定的是规则 2、3、4、6、9，但这五条规则具有暂定真实性，属于没有被正视的“潜在推定类型”。五家都认为不是法律上推定且为拟制规则的是规则 11 和 12。四家都认为属于拟制，仅陈界融认为其属于不可反驳推定的是规则 13。简而言之，现有的民事诉讼法学界代表性五家的观点存在共识、存在分歧，还存在盲点。

第二节　法律上推定类型划分新论

一、法律上推定类型坐标模型及其说明

鉴于已有的部分民事推定界定存在逻辑矛盾、已有的全部民事推定界定存在或多或少的解释盲点，本书尝试在借鉴已有理论的基础上、构建一个更有解释力的推定类型理论模型，即法律上推定类型坐标图（见图 3.2）。这个理论模型涉及四个指标，分别是条件指标（即推定是否需具备条件、具备何种条件）、强制性指标（即推定的适用是否具有强制性）、效果指标（即推定是否转移证明责任、转移何种证明责任）、对象指标（即推定的对象究竟是什么）。其中前三个指标已经形成了如下七组固定性搭配关系：直接推定—强制性—转移客观证明责任；低度证明推定—许可性—可能转移证据提供责任；低度证明推定—强制性—仅转移证据提供责任；低度证明推定—强制性—转移客观证明责任；推论推定—许可性—可能转移证据提供责任；推论推定—强制性—仅转移证据提供责任；推论推定—强制性—转移客观证明责任。这样，可以以推定的对象为“经”、以推定的条件—强制性—效果为“纬”将推定的 21 个子类型画在一张平面图上，即下文的法律上推定类型坐标图（图 3.2）。法律上推定类型坐标图一共有 21 个小方格，每个方格代表法律上推定的

一种子类型，每个方格所代表的推定子类型依其“经度”和“纬度”界定其自身特性。

需要说明的是，为了清晰地显示出拟制与推定的相同点和不同点，下文中的法律上推定类型坐标图（图 3.2）也将拟制细分类型一并放入，这样下图共有 27 个小方格，即 27 个子类型。但是，真正属于推定的只有 21 个小方格，即只有 21 个子类型。

图 3.2　法律上推定类型坐标（附拟制类型）

<table>
<tr><th colspan="2" rowspan="2">条件：强制性—效果</th><th colspan="3">对象</th></tr>
<tr><th>事实推定</th><th>权利（责任）推定</th><th>证据效力推定</th></tr>
<tr><td>直接推定</td><td>强制性—转移客观证明责任</td><td></td><td></td><td></td></tr>
<tr><td rowspan="3">低度证明推定</td><td>强制性—转移客观证明责任</td><td></td><td></td><td></td></tr>
<tr><td>强制性—仅转移证据提供责任</td><td></td><td></td><td></td></tr>
<tr><td>许可性—可能转移证据提供责任</td><td></td><td></td><td></td></tr>
<tr><td rowspan="3">推论推定</td><td>强制性—转移客观证明责任</td><td></td><td></td><td></td></tr>
<tr><td>强制性—仅转移证据提供责任</td><td></td><td></td><td></td></tr>
<tr><td>许可性—可能转移证据提供责任</td><td></td><td></td><td></td></tr>
<tr><td>新型拟制</td><td>不转移任何证明责任</td><td></td><td></td><td></td></tr>
<tr><td>传统拟制</td><td>不转移任何证明责任</td><td></td><td></td><td></td></tr>
</table>

关于上述法律上推定坐标图所使用的专业术语，兹界定如下：

1. 推定。广义的推定是指一旦某一（组）条件达到或者无须任何条件法官必须或可以假定某一待证事实或事项存在，但允许异议方反驳该被假定事实或事项的法律规则。狭义的推定仅包括推论推定，是指一旦基础事实被证明，法官必须或可以假定待证事实或事项存在，但允许异议方反驳该被假定事实或事项的法律规则。广义的推定必须具备两个特性：特性一——法律规范性（简称“规范性”）和特性二——待证事实或事项暂定真实性和可反驳性（简称“可反驳性”）。狭义的推定除了具有广义推定所必须具备的规范性和可反驳性之外，还必须具备特性三——根据基础事实推断待证事实或事项的推断性（简称“依据基础事实进行的推断性”）。最狭义的推定特指事实推论推定。

2. 直接推定。直接是指无须任何条件法官必须假定某一待证事实或事项存在，但允许异议方反驳被假定事实或事项的法律规则。简言之，是指无须任何条件的推定。

3. 低度证明推定。低度证明推定是指一旦一方当事人证明某一待证事实至较低盖然程度，法官必须或可以假定该待证事实或事项存在，但允许异议方反驳被假定事实或事项的法律规则。简言之，是指以低度证明为条件的推定。

4. 推论推定。推论推定是指一旦一方当事人证明某一个（组）基础事实，法官就必须或可以假定该待证事实或事项存在，但允许异议方反驳被假定事实或事项的法律规则。简言之，是指以基础事实为条件的推定。

5. 事实推定。事实推定是指根据某种条件或者无须条件，法官必须或可以假定某一待证事实存在，但允许异议方反驳被假定事实的法律规则。

6. 权利（或法律关系）推定。权利推定是指根据某种条件或者无须条件，法官必须或可以假定某一权利或法律关系或责任存在，但允许异议方反驳被假定权利或法律关系或责任的法律规则。

7. 证据效力推定。证据效力推定是指根据某种条件或者无须条件，法官必须或可以假定某一证据效力存在，但允许异议方反驳被假定证据效力的法律规则。

8. 强制性推定。强制性推定是指法官必须在某一（组）条件满足后假定某一待证事实或事项存在，并允许异议方反驳被假定事实或事项的法律规则。简言之，是指法院必须强制适用的推定。强制性推定至少转移证据提供责任。

9. 许可性推定。许可性推定是指在一方当事人证明某一个（组）基础事实时，法官可以而不是必须假定该待证事实或事项存在，并允许异议方反驳被假定事实或事项的法律规则。简言之，是指法院可以而不是必须适用的推定。许可性推定至多转移证据提供责任。

10. 新型拟制。新型拟制是指将不知两者相同与否者，等同视之的法律规则。①

11. 传统拟制。传统拟制是指有意将明知为不同者，等同视之的法律规则。

二、基于法律上推定坐标图得出的初步结论

1. 在条件类型上，广义的推定包括直接推定、低度证明推定、推论推定；狭义的推定仅包括推论推定。在对象类型上，广义的推定包括事实推定、权利（法律关系 / 责任）推定、证据效力推定；狭义的推定仅包括事实推定。最狭义的推定是指推论事实推定，即一旦某一（组）基础事实被证明，法官必须或可以假定某一待证事实存在，且允许异议方反驳该被假定事实的法律规则。

2. 广义的推定不包括拟制。拟制不允许反驳，不转移任何类型的证明责任。广义的推定创设了特殊证明责任（包括证据提供责任和 / 或客观证明责任）规则。

3. 直接推定（经常提及的是直接事实推定）都是强制适用的。在效果上，直接推定转移客观证明责任，同时转移证据提供责任。

---

① 大致相当于中国刑事证据学界普遍论及的“不可反驳的推定”。

4. 低度证明推定（将来可能经常提及的是低度证明之事实推定）可细分为三种子类型：可能转移证据提供责任的许可性低度证明推定、仅转移证据提供责任的强制性低度证明推定和转移客观证明责任（含证据提供责任）的强制性低度证明推定。

5. 推论推定（经常提及的是推论事实推定）也可细分为三种子类型：可能转移证据提供责任的许可性推论推定、仅转移证据提供责任的强制性推论推定和转移客观证明责任（含证据提供责任）的强制性推论推定。

6. 广义的事实推定在条件类型上包括直接事实推定、低度证明事实推定、推论事实推定，后两者又各自可分为三种子类型，一共七种子类型。狭义的事实推定仅包括推论事实推定，是指一旦某一（组）基础事实被证明，法官必须假定待证事实存在，但允许异议方反驳该被假定事实的法律规则。狭义的事实推定包括三种子类型，分别是可能转移证据提供责任的许可性事实推论推定、转移证据提供责任的强制性事实推论推定、转移客观证明责任的强制性事实推论推定。狭义的事实推定和最狭义的推定含义相同。

7. 广义的权利推定在对象上可以细分为权利推定、法律关系推定和责任推定。广义的权利推定在条件类型上包括直接权利推定、低度证明权利推定、推论权利推定，后两者又各自可分为三种子类型，一共七种子类型。狭义的权利推定仅包括推论权利推定，是指一旦某一（组）基础事实被证明，法官必须假定该待证权利存在，但允许异议方反驳该被假定权利的法律规则。狭义的权利推定包括三种子类型，分别是可能转移证据提供责任的许可性推论权利推定、仅转移证据提供责任的强制性推论权利推定、转移客观证明责任（和证据提供责任）的强制性推论权利推定。

8. 广义的证据效力推定在条件类型上包括直接证据效力推定、低度证明效力推定、推论证明效力推定，后两者又各自可分为三种子类型，一共七种子类型。狭义的证明效力推定仅包括推论证明效力推定，是指一旦某一（组）基础事实被证明，法官必须假定该待证证据效力存在，但允许异议方反驳该被假定证据效力的法律规则。狭义的证据效力推定包括三种子类型，分别是可能转移证据提供责任的许可性推论证据效力推定、仅转移证据提供责任的强制性推论证据效力推定、转移客观证明责任（和证据提供责任）的强制性推论证据效力推定。

9. 中国民事诉讼法学界通常所论及的民事法律上推定是指在对象上包括事实和权利（法律关系）且强制性转移客观证明责任的推论推定。① 理论上，这种理解大致占据了推定坐标模型中的两小格（分别是转移客观证明责任的强制性推论事实推定和转移客观证明责任的强制性推论权利推定）。还需指出的是，这种理解与当代大陆法系国家民事诉讼理论界的主流学说高度吻合。②

10. 中国刑事诉讼法学界通常所论及的刑事法律上推定包括狭义的推论事实推定和新型拟制（也即刑事诉讼法学界通常所谓的不可反驳的事实推定）。理论上，这种理解也大致占据了推定坐标模型中的四小格（分别是可能转移证据提供责任的许可性推论事实推定、强制性转移证据提供责任的推论事实推定、强制性转移客观证明责任的推论事实推定、不可反驳的新型拟制）。还需指出的是，这种理解与当代英美法系证据法学

---

① 包括中国在内的大陆法系国家诉讼法学界一直秉承大陆法系国家的“证明责任”理论，没有产生与客观证明责任相区分的具有较低证明度、类似英美法上证据提供责任的“证据提供责任”，因而一直在理论上坚持所有法律上事实推定都转移客观证明责任，尽管这种理论早已无法解释推定立法中的若干新型推定规则。参见本书第三章。

② 德国著名诉讼法学家罗森贝克等认为，“推定的事实也不需要证明，确切地说，法定事实推定中的特定事实、权利推定中推定所论及的权利状态（即该权利存在或不存在）不需要证明。但允许提供相反的证明，相反的证明在事实推定中以阐明推定事实不真实为目的，在权利推定中以证明显示推定权利状态不存在或者别样存在的事实为目的”。[德]罗森贝克、施瓦布、戈特瓦尔德著，李大雪译:《德国民事诉讼法》(下)(第16版)，中国法制出版社2007年版，第833页。

界的主流学说高度吻合。[①]

11. 中国民事诉讼法学界通常所论及的民事法律上推定与中国刑事诉讼法学界通常所论及的刑事法律上推定的交集是强制性转移客观证明责任的推论事实推定，占据了推定坐标模型中的一小格——强制性转移客观证明责任的推论事实推定。

12. 在推定界定与分类上，中国民事诉讼法学界应借鉴中国刑事诉讼法学界将事实上推定排除在推定范畴之外的做法（参阅本书第五章第四节事实上推定与法律上推定之比较部分）和将许可性推论推定、强制性转移证据提供责任的推论推定纳入推定范畴的做法。中国刑事诉讼法学界应借鉴中国民事诉讼法学界将不可反驳的推定排除在推定范畴之外的做法（参阅本章下节）。这样，中国诉讼法学界将逐步形成一个统一的推定概念，而不是像现在这样呈现两大阵营各执一词的状态。

三、法律上推定坐标图各子类型在中国民事法中的典型立法例

笔者将所搜集的法律上推定与拟制各子类型的典型立法例填入推定坐标图中，形成如下推定坐标图之典型民事立法例图。

① 美国当代著名证据法学家艾伦指出，“推定是法院和评论者用来描述规制一种证明过程诸规则的术语，这种证明过程是在一个已证明的事实 A——导致推定的事实，和另一个推定的事实之间创设一种特定法律关系”。随后论述中，艾伦将推定分为不可反驳或结论性推定、强制性举证责任推定、强制性说服责任推定、许可性或“虚弱”推定四类。[美]罗纳德·J. 艾伦等著，张保生、王进喜、赵滢译：《证据法：文本、问题和案例》，高等教育出版社 2006 年版，第 852 页。

图 3.3　法律上推定类型坐标图（附拟制类型）之典型中国民事立法例

条件—强制性—效果		对象		
		事实推定	权利（责任）推定	证据效力推定
直接推定	强制性—转移客观证明责任	《民法典》第 1253 条 /《专利法》第 66 条第 1 款	《民法典》第 308 条	《民法典》第 217 条
低度证明推定	强制性—转移客观证明责任	《反不正当竞争法》第 32 条第 1 款 /《公司法解释三》第 21 条	《存单规定》第 5 条（二）1	
	强制性—仅转移证据提供责任	《民法典》第 831 条第 2 款	《民间借贷规定》第 16 条	
	许可性—可能转移证据提供责任	《知识产权证据规定》第 3 条	《期货规定》第 59 条第 2 款	
推论推定	强制性—转移客观证明责任	《民法典》第 1222 条	《民法典》第 352 条	《民事诉讼法》第 72 条
	强制性—仅转移证据提供责任	《民用航空法》第 114 条第 3 款	《民法典婚姻家庭编解释一》第 22 条	《著作权解释》第 8 条第 2 款
	许可性—可能转移证据提供责任	《反垄断法》第 24 条	《民法典婚姻家庭编解释一》第 39 条第 1 款	《民事证据规定（2019 年）》第 94 条第 1 款

续表

条件—强制性—效果		对象		
		事实推定	权利（责任）推定	证据效力推定
新型拟制	不转移任何证明责任	《民法典》第171条第2款		
传统拟制	不转移任何证明责任	《民法典》第18条第2款	《民法典》第309条	

关于该表，需说明以下两点：

1. 广义推定共有21个子类型，其中8个子类型在中国现行民事立法中有典型立法例，约占全部广义推定子类型的85.7%。其中3个类型在中国现行民事立法中没有典型立法例，约占全部广义推定子类型的14.3%。

2. 空格中所填的代表性立法例凡在本章第一节相关部分中已列明者，笔者不再重复；本章第一节相关部分未列明者，补列如下。

（1）《专利法》第66条第1款，专利侵权纠纷涉及新产品制造方法的发明专利的，制造同样产品的单位或者个人应当提供其产品制造方法不同于专利方法的证明。

（2）《知识产权证据规定》第3条，专利方法制造的产品不属于新产品的，侵害专利权纠纷的原告应当举证证明下列事实：

① 被告制造的产品与使用专利方法制造的产品属于相同产品；

② 被告制造的产品经由专利方法制造的可能性较大；

③ 原告为证明被告使用了专利方法尽到合理努力。

原告完成前款举证后，人民法院可以要求被告举证证明其产品制造方法不同于专利方法。

（3）《反不正当竞争法》第32条第1款，在侵犯商业秘密的民事审判程序中，商业秘密权利人提供初步证据，证明其已经对所主张的商业秘密采取保密措施，且合理表明商业秘密被侵犯，涉嫌侵权人应当证明权利人所主张的商业秘密不属于本法规定的商业秘密。

（4）《民用航空法》第114条第3款规定，承运人根据托运人的请求填写航空货运单的，在没有相反证据的情况下，应当视为代托运人填写。

（5）《最高人民法院关于审理民间借贷案件适用法律若干问题的规定》第16条，原告仅依据金融机构的转账凭证提起民间借贷诉讼，被告抗辩转账系偿还双方之前借款或者其他债务的，被告应当对其主张提供证据证明。被告提供相应证据证明其主张后，原告仍应就借贷关系的成立承担举证责任。

（6）《存单规定》第5条，对一般存单纠纷案件的认定和处理……

②处理。人民法院在审理一般存单纠纷案件中，除应审查存单、进账单、对账单、存款合同等凭证的真实性外，还应审查持有人与金融机构间存款关系的真实性，并以存单、进账单、对账单、存款合同等凭证的真实性以及存款关系的真实性为依据，作出正确处理。

a. 持有人以上述真实凭证为证据提起诉讼的，金融机构应当对持有人与金融机构间是否存在存款关系负举证责任。如金融机构有充分证据证明持有人未向金融机构交付上述凭证所记载的款项的，人民法院应当认定持有人与金融机构间不存在存款关系，并判决驳回原告的诉讼请求。……

（7）《民法典婚姻家庭编解释一》第39条第1款，父或者母向人民法院起诉请求否认亲子关系，并已提供必要证据予以证明，另一方没有相反证据又拒绝做亲子鉴定的，人民法院可以认定否认亲子关系一方的主张成立。

（8）《民法典婚姻家庭编解释一》第22条，被确认无效或者被撤销的婚姻，当事人同居期间所得的财产，除有证据证明为当事人一方所有的以外，按共同共有处理。

（9）《民法典》第217条，不动产权属证书是权利人享有该不动产物权的证明。不动产权属证书记载的事项，应当与不动产登记簿一致；记载不一致的，除有证据证明不动产登记簿确有错误外，以不动产登记簿为准。

（10）《民事证据规定（2019年）》第94条第1款，电子数据存在下列情形的，人民法院可以确认其真实性，但有足以反驳的相反证据的除外：

①由当事人提交或者保管的于己不利的电子数据；

②由记录和保存电子数据的中立第三方平台提供或者确认的；

③在正常业务活动中形成的；

④以档案管理方式保管的；

⑤以当事人约定的方式保存、传输、提取的。

（11）《著作权解释》第8条第2款，公证人员在未向涉嫌侵权的一方当事人表明身份的情况下，如实对另一方当事人按照前款规定的方式取得的证据和取证过程出具的公证书，应当作为证据使用，但有相反证据的除外。

四、中国民事推定规则在推定坐标图中的分布统计

根据笔者的搜集整理，中国现行民事法中广义的推定规则共有201个（这201个推定规则条文参见本书附录1），去掉一个原则性规定①，具体的推定规则共有200个。这200个具体民事推定规则在推定坐标图中的分布情况大致如下：

---

①即《民诉法解释》第93条第1款第3项，"下列事实当事人无需举证证明……（三）根据法律规定推定的事实；"第2款规定："前款第二项至第四项规定的事实，当事人有相反证据足以反驳的除外；"《民事证据规定（2019年）》第10条第1款第（三）项和第2款也作了同样规定。

图 3.4　中国民事推定规则在推定类型坐标图中的分布统计

（截至 2022 年 12 月）

<table>
<tr><th colspan="2">数量
（百分比）
条件—强制性—效果</th><th>事实推定</th><th>权利（责任）推定</th><th>证据效力推定</th><th colspan="2">横轴统计</th></tr>
<tr><td>直接推定</td><td>强制性—转移客观证明责任</td><td>40
（20%）</td><td>9
（4.5%）</td><td>5
（2.5%）</td><td colspan="2">54
（27%）</td></tr>
<tr><td rowspan="3">低度证明推定</td><td>强制性—转移客观证明责任</td><td>9
（4.5%）</td><td>3
（1.5%）</td><td></td><td>12
（6%）</td><td rowspan="3">36
（18%）</td></tr>
<tr><td>强制性—仅转移证据提供责任</td><td>15
（7.5%）</td><td>2
（1%）</td><td></td><td>17
（8.5%）</td></tr>
<tr><td>许可性—可能转移证据提供责任</td><td>3
（1.5%）</td><td>4
（2%）</td><td></td><td>7
（3.5%）</td></tr>
<tr><td rowspan="3">推论推定</td><td>强制性—转移客观证明责任</td><td>56
（28%）</td><td>3
（1.5%）</td><td>8
（4%）</td><td>67
（33.5%）</td><td rowspan="3">110
（55%）</td></tr>
<tr><td>强制性—仅转移证据提供责任</td><td>20
（10%）</td><td>2
（1%）</td><td>2
（1%）</td><td>24
（12%）</td></tr>
<tr><td>许可性—可能转移证据提供责任</td><td>14
（7%）</td><td>2
（1%）</td><td>3
（1.5%）</td><td>19
（9.5%）</td></tr>
<tr><td colspan="2">纵轴统计</td><td>157
（78.5%）</td><td>25
（12.5%）</td><td>18
（9%）</td><td colspan="2">200
（100%）</td></tr>
</table>

有关上述统计数据的四点解说：

1. 从广义推定的条件类型来看，中国现行民事法中，直接推定有 54 条，占 27%，低度证明推定有 36 条，约占 18%，推论推定 110 条，占 55%。这说明推论推定在中国民事推定类型中的绝对数量最多，占比也最高，超过全部具体推定规则的 50%。

2. 从广义推定的对象类型来看，中国民事法中，事实推定有 157 条，占 78.5%；权利推定有 25 条，占 12.5%，证据效力推定有 18 条，占 9%。这说明事实推定在所有民事推定对象类型中占据绝对主导地位。

3. 从广义推定的效力类型来看，中国民事法中，强制性转移客观证明责任的推定总计 133 条，占 66.5%。其中，直接推定 54 条，占全部推定的 27%；强制性转移客观证明责任的低度证明推定 12 条，约占 6%，强制性转移客观证明责任的推论推定 67 条，占 33.5%。强制性仅转移证据提供责任的推定一共 41 条，约占 20.5%。其中，强制性仅转移证据提供责任的低度证明推定 17 条，占 8.5%；强制性仅转移证据提供责任的推论推定 24 条，占 12%。许可性推定 26 条，约占 13%。其中，许可性低度证明推定 7 条，约占 3.5%；许可性推论推定 19 条，约占 9.5%。这说明在中国民事推定中，强制性推定占了绝大多数，强制性转移客观证明责任（含证据提供责任）占据了高度优势地位，许可性推定（至多转移证据提供责任）则相对较少。

4. 最狭义的推定——推论事实推定（包含图 3.4 所示的三种子类型）共有 90 条，占所有广义具体推定规则的 45%，约占全部具体事实推定规则的约 57.3%，这说明推论事实推定确实是广义推定和事实推定的第一大子类型，在广义推定中、事实推定中地位最重要。

第三节　若干潜在理论争议及其分析

上文基于推定二维坐标模型所得出的数条初步结论，这些初步结论中隐含着一些理论争议。其中潜在重大理论争议有七个，依次阐述如下。

一、强制性推论事实推定并非一概转移客观证明责任

当前中国民事诉讼法学界一般将推论事实推定等同于强制性事实推论，进一步将强制性推论事实推定等同于强制性转移客观证明责任的推论事实推论，完全没有考虑过许可性推论推定的存在和强制性仅转移证据提供责任（不转移客观证明责任）推论事实推定的存在。图 3.1 列举的当前中国民事诉讼法学五家代表中，无一例外都未提及许可性推定（包括许可性推论事实推定）的存在；四家都认为法律上事实推论都转移客观证明责任，一家未明确表态。换言之，至少四家都未承认中国现行民事法中存在强制性转移证据提供责任的推论事实推定。

强制性转移客观证明责任的推论事实推定在中国民事立法中数量较多，其典型立法如《民法典》第 1121 条第 2 款。该条规定："相互有继承关系的数人在同一事件中死亡，难以确定死亡时间的，推定没有其他继承人的人先死亡。都有其他继承人，辈份不同的，推定长辈先死亡；辈份相同的，推定同时死亡，彼此不发生继承。"该条文中隐含三个推定子规则，并且三个推定子规则都是强制性转移客观证明责任的推论事实推定。这里所谓的"强制性转移客观证明责任"是指一旦主张推定人证明了基础事实，则法官必须适用该推定规则并得出推定事实存在（或不存在）的结论，但是对方当事人可以主张与推定事实相反的事实主张并提供证据予以证明，最后如果与推定事实相反的事实主张处于真伪不明的状态，法官应当认定与推定事实相反的事实不存在。以《民法典》第 1121 条第 2 款前段为例，推定主张人一旦证明"相互有继承关系的几个

人在同一事件中死亡并且不能确定死亡先后时间”，法官必须推定“没有继承人的人先死亡”；对方当事人此时可以主张“没有继承人的人后死亡”这一与推定事实相反的事实主张并提供证据予以证明，如果最后“没有继承人的人后死亡”这一事实处于真伪不明状态，则法官应认定“没有继承人的人后死亡”这一事实为伪。

现在的疑问是中国民事立法中究竟有没有强制性仅转移证据提供责任的推论事实推定。先看三组立法例。

第一组是《民诉法解释》第 93 条。该条第 1 款规定，“下列事实，当事人无须举证证明：（一）自然规律以及定理、定律；（二）众所周知的事实；（三）根据法律规定推定的事实；（四）根据已知的事实和日常生活经验法则推定出的另一事实；（五）已为人民法院发生法律效力的裁判所确认的事实；（六）已为仲裁机构生效裁决所确认的事实；（七）已为有效公证文书所证明的事实。”该条第 2 款规定，“前款第二项至第四项规定的事实，当事人有相反证据足以反驳的除外；第五项至第七项规定的事实，当事人有相反证据足以推翻的除外。”该条第 2 款将第 1 款规定的七种情形分为三类，第一类即前款第一项不能被反驳；第二类即前款第二项至第四项规定的事实，当事人有相反证据足以反驳的除外；第三类即前款第五项至第七项规定的事实，当事人有相反证据足以推翻的除外。值得探讨的是，第二类和第三类在证据效力上究竟有何区别？特别是“当事人有相反证据足以反驳的除外”和“当事人有相反证据足以推翻的除外”这两种表述的区别是什么？笔者认为，前者对反对推定方的证明标准要求相对较低，后者对反对推定方的证明标准要求相对较高。要想推翻前者，只要反对方有初步证据证明该推定事实不存在至“表面可信程度”即可；要想推翻后者，反对方得有充分证据证明该推定事实不存在至“高度盖然性程度”才可。

第二组是中国证券监督委员会《上市公司收购管理办法》第 78 条第

3 款[①]和第 83 条第 2 款[②]。我们比较这两个条文的措辞，发现前者运用了“没有充分证据”的措辞，后者运用了“如无相反证据”的措辞。同一个法规内的不同条款措辞明显不同，前者对反对推定方的证明标准要求相对较高，后者对反对方的证明标准要求相对较低。如果适用了上述第 78 条第 2 款，则只有反对方有充分证据证明该推定事实不存在至“优势程度”时，该推定事实才消失。如果适用了上述第 83 条第 2 款，只要反对方有初步证据证明该推定事实不存在，此时，该推定事实就消失。[③]

第三组是《证券法》(2019 年)第 163 条[④]和《虚假陈述引发赔偿规定》第 24 条。[⑤]这两个条文都规定了证券市场上虚假陈述推定中介服务机构存在过错这种强制性推论事实推定。但是，两者关于反驳要求的规范表述存在差异。前者规定“能够证明自己没有过错的除外”，后者规定“有证据证明无过错的，应予免责”。与前一组类似，同一主题的立法和高法解释的不同条款措辞明显不同，前者对反对推定方的证明标准要求相对较高，后者对反对方的证明标准要求相对较低。如果适用了《证券

---

①《上市公司收购管理办法》第 78 条第 3 款：存在前二款规定情形，收购人涉嫌虚假披露、操纵证券市场的，中国证监会对收购人进行立案稽查，依法追究其法律责任；收购人聘请的财务顾问没有充分证据表明其勤勉尽责的，自收购人违规事实发生之日起 1 年内，中国证监会不受理该财务顾问提交的上市公司并购重组申报文件，情节严重的，依法追究法律责任。

②《上市公司收购管理办法》第 83 条第 2 款：在上市公司的收购及相关股份权益变动活动中有一致行动情形的投资者，互为一致行动人。如无相反证据，投资者有下列情形之一的，为一致行动人：(一)投资者之间有股权控制关系；……

③ 刘英明：《也论推定规则适用中的证明责任和证明标准——兼与何家弘教授商榷》，《证据科学》2009 年第 5 期，第 612—613 页。

④《证券法》第 163 条：证券服务机构为证券的发行、上市、交易等证券业务活动制作、出具审计报告及其他鉴证报告、资产评估报告、财务顾问报告、资信评级报告或者法律意见书等文件，应当勤勉尽责，对所依据的文件资料内容的真实性、准确性、完整性进行核查和验证。其制作、出具的文件有虚假记载、误导性陈述或者重大遗漏，给他人造成损失的，应当与委托人承担连带赔偿责任，但是能够证明自己没有过错的除外。

⑤《虚假陈述引发赔偿规定》第 24 条：专业中介服务机构及其直接责任人违反《证券法》第一百六十一条和第二百零二条的规定虚假陈述，给投资人造成损失的，就其负有责任的部分承担赔偿责任。但有证据证明无过错的，应予免责。

法》第 163 条，则只有反对方有充分证据证明该推定事实不存在至“优势程度”时，该推定事实才消失。如果适用了《虚假陈述引发赔偿规定》第 24 条，只要反对方有初步证据证明该推定事实不存在，此时，该推定事实就消失了。

上述两组推定中的第一个推定规则显然是强制性转移客观证明责任的推论事实推定，但是第二个推定规则是什么？属于强制性推论事实推定规则没有问题，但是其又不转移客观证明责任。其实，它们是中国民事法上强制性转移证据提供责任的推论事实推定。

中国民事法上强制性转移证据提供责任的推论事实推定在德日等大陆法系国家目前尚找不到类似的制度和做法，但与英美证据法上强制性转移证据提供责任推定极为接近。在美国证据法上，强制性的仅转移“证据提供责任”的推定的运作是这样的：一旦一方当事人证明了事实 A，那就必须认定事实 B，除非该推定所反对的当事人提出了非 B 的事实。换言之，如果反对该推定的当事人在操作上未能提出非推定事实的证据，那么该当事人在事实上将会败诉。如果反对该推定的当事人满足了证据提供责任，那么推定对案件就没有进一步的影响。这一般意味着，法官将会把案件送交陪审团，向陪审团指示，如果原告想胜诉，原告必须以优势证据让陪审团确信事实 B。[①] 简言之，在存在一个强制性转移“证据提供责任”的推定的情况下，一旦主张方证明了前提事实，反对方仅仅需要承担提供证据证明推定事实不存在至“表面可信”的“举证责任”，不需要承担证明推定事实不存在至优势证明程度的“说服责任”。在案件审理结束时，如果推定事实处于真伪不明状态时，推定主张方必须承担败诉后果。

中国民事法中强制性仅转移证据提供责任的推论事实推定除上述的

---

① [美] 罗纳德·J. 艾伦等著，张保生、王进喜、赵滢译：《证据法：文本、问题和案例》，高等教育出版社 2006 年版，第 855—856 页。

《民诉法解释》第 93 条第 1 款、《上市公司收购管理办法》第 83 条第 2 款和《虚假陈述引发赔偿规定》第 24 条之外，还有其他 17 条，详见附录 1。与强制性转移客观证明责任的推论事实推定经常采用“推定”“如无相反证明”“能够证明……的除外”“除非提出反证”等立法表述不同，强制性转移证据提供责任的推论事实推定常用“有证据证明……的除外”“在没有相反证据的情况下”等立法表述。

简言之，谈论中国民事法上的强制性推论事实推定不应理解为强制性转移客观证明责任的推论事实推定这一种类型，应理解为包括强制性转移客观证明责任的推论事实推定和强制性转移证据提供责任的推论事实推定的集合。

二、直接（事实）推定[①]的准确定位

前文曾指出，直接推定是指无需任何条件即某一待证事实或事项存在，但允许异议方反驳被假定事实或事项的法律规则。简言之，是指无需任何条件的推定。笔者前引国内民事诉讼法学界有关推定界定五家观点，仅谭兵、李浩一家主张将直接推定纳入推定范畴，其余四家均主张将直接推定排除于推定之外。还需要指出的是，比较诉讼法学界的看法相当一致，都将直接推定排除在推定之外。在日本，民事诉讼法学界将这种不存在前提事实的无条件推定称为“暂定真实”。通说认为，暂定真实不属于法律上的推定。[②]在美国，著名证据法学家麦考密克以“无罪推

① 中国民事诉讼法学界谈论直接推定时，一般是指被推定对象是事实，特别是实体法要件事实的“直接事实推定”，其实中国民事法中还有“直接权利推定”。例如，《民法典》第 352 条规定：建设用地使用权人建造的建筑物、构筑物及其附属设施的所有权属于建设用地使用权人，但有相反证据证明的除外。

② [日]高桥宏志著，林剑锋译：《民事诉讼法——制度与理论的深层分析》，法律出版社 2003 年版，第 459 页；[日]新堂幸司著，林剑锋译：《新民事诉讼法》，法律出版社 2008 年版，第 402 页。

定”为例，指出这类无基础事实的“假定”被看作推定是错误的。[①] 在英国，著名证据法学家墨菲也认为直接推定不是推定。[②]

本书主张，谭兵、李浩相关论述中所使用的“推定”是本书所说的广义推定——具备规范性和可反驳性这两种属性的推定；国内大多数民事诉讼法学家和比较诉讼法学家通常所说的“推定”是本书所界定的狭义推定——具备规范性、可反驳性及依据基础事实推断性这三种属性。上述有关直接推定性质的两种观点貌似对立，其实并不对立。正确且准确的说法是，直接推定属于广义推定，但不属于狭义推定。

关于直接推定，还需指出的是，被假定事项是要件事实的直接推定属于证明责任分配规范，并且其与证明责任倒置规范等价。[③] 换言之，直接推定规则可以转换为证明责任倒置[④] 规则，反之亦然。中国民事法中典型的例证有两组。一组是《民法典》第 1253 条和《民事证据规定（2001 年）》第 4 条第（四）项。前者规定：“建筑物、构筑物或者其他设施及其搁置物、悬挂物发生脱落、坠落造成他人损害，所有人、管理人或者使用人不能证明自己没有过错的，应当承担侵权责任。所有人、管理人或者使用人赔偿后，有其他责任人的，有权向其他责任人追偿。”后者规定：“下列侵权诉讼、按照以下规定承担举证责任：……（四）建筑物或者其他设施以及建筑物上的搁置物、悬挂物发生倒塌、脱落、坠落致人损害的侵权诉讼，由所有人或者管理人对其无过错承担举证责任；……”

---

① [美] 约翰·W. 斯特龙著，汤维建等译：《麦考密克论证据》，中国政法大学出版社 2004 年版，第 662 页。

② Peter Murphy: *Murphy on Evidence*, Oxford University Press, 2003, pp.685—687.

③ 刘英明：《证明责任倒置与推定的关系刍议——兼论推定的类型化》，载《第二届证据理论与科学国际研讨会论文集》，中国政法大学出版社 2009 年版，第 180—186 页。

④ 国内民事诉讼法学界对“证明责任倒置”的概念界定不一，笔者赞同谭兵、李浩教授的如下界定：证明责任倒置是指将依据法律要件分类说应当由主张权利的一方当事人负担的证明责任，改由否认权利的另一方当事人就法律要件事实的不存在负证明责任。谭兵、李浩主编：《民事诉讼法学》，法律出版社 2009 年版，第 208 页。

另一组是《民法典》第1170条和《民事证据规定（2001年）》第4条第（七）项。前者规定："二人以上实施危及他人人身、财产安全的行为，其中一人或者数人的行为造成他人损害，能够确定具体侵权人的，由侵权人承担责任；不能确定具体侵权人的，行为人承担连带责任。"后者规定："下列侵权诉讼，按照以下规定承担举证责任：……（七）因共同危险行为致人损害的侵权诉讼，由实施危险行为的人就其行为与损害结果之间不存在因果关系承担举证责任；……"

三、低度证明推定的发现与定位

笔者在整理中国现行民事法中的推定规则时，还发现一类可命名为"低度证明推定"的推定规则。低度证明推定，是指一旦一方当事人证明某一待证事实或事项至较低盖然程度，法官就必须或可以假定该待证事实或事项存在，但允许对方当事人反驳该待证事实或事项存在的推定。低度证明推定（将来可能经常提及是低度证明之事实推定）可细分为三种子类型：可能转移证据提供责任的许可性低度证明推定、仅转移证据提供责任的强制性低度证明推定和转移客观证明责任（含证据提供责任）的强制性低度证明推定。在中国现行民事法中，许可性低度证明（事实）推定的典型立法例是《知识产权证据规定》第3条[①]；仅转移证据提供责任的强制性低度证明（事实）推定的典型立法例是《民间借贷案件规定》第15条第1款[②]；转移客观证明责任（且转移证据提供责任）的强制性低

---

①《知识产权证据规定》第3条规定，专利方法制造的产品不属于新产品的，侵害专利权纠纷的原告应当举证证明下列事实：（一）被告制造的产品与使用专利方法制造的产品属于相同产品；（二）被告制造的产品经由专利方法制造的可能性较大；（三）原告为证明被告使用了专利方法尽到合理努力。原告完成前款举证后，人民法院可以要求被告举证证明其产品制造方法不同于专利方法。

②《民间借贷案件规定》第15条第1款规定，原告仅依据借据、收据、欠条等债权凭证提起民间借贷诉讼，被告抗辩已经偿还借款，被告应当对其主张提供证据证明。被告提供相应证据证明其主张后，原告仍应就借贷关系的成立承担举证责任。

度证明（事实）推定的典型立法例是《公司法解释三》第21条[①]。如果进行细致分类，我们还可以根据对象和效力组合分成九个具体类型，详细参见图3.4。

诉讼证明的一般运作过程如下：是要件事实主张者（通常是原告）先提供证据证明该待证的要件事实，如果其提供的证据达不到法定证明标准（75%），则对方当事人（通常是被告）可以无须提供证据即申请法院认定该要件事实不存在；如果其提供的证据超过了法定证明标准，则证据提供责任转移至被告，此时对方当事人（通常是被告）必须提供证据证明该要件事实不存在。如果被告成功反证——使得法官认为要件事实不存在，则证据提供责任又转移至要件事实主张者（通常是原告）……如此循环往复。最后，当双方举证完毕，法官根据心证程度认定案件事实，或者认定要件事实为真，或者认定要件事实为伪，或者依据客观证据责任规则判决要件事实不存在。

低度证明推定的作用过程与一般证明过程不同，其作用过程大致如下：首先，由要件事实主张者（通常是原告）先提供证据证明待证要件事实至较低程度的盖然率（通常是30%~40%），然后由法官依据法律规定推定待证的要件事实存在。接下来，如果对方当事人不提供反证或者提供的反证达不到规定程度，法官就最终认定待证事实存在；如果对方当事人提供的反证达到了规定程度——或者是对等证明要求（即30%~40%）或者是法定证明标准要求（75%），则法官最终认定待证的要件事实不存在。

对此作用过程，我们可以以《公司法解释三》第21条来演示。根据该条，在诉讼中，对于争议事实——被告股东是否已履行出资义务，原告只需提供证据低度的证明——合理怀疑程度的证明（5%~10%），法官

①《公司法解释三》第21条：当事人之间对是否已履行出资义务发生争议，原告提供对股东履行出资义务产生合理怀疑证据的，被告股东应当就其已履行出资义务承担举证责任。

即应根据规则推定待证的要件事实——被告股东没有履行出资义务为真实。此后，如果被告成功证明（至法定证明标准约 75%）其已履行出资义务，则法官最终认定被告已履行出资义务；如果被告不能成功证明其已履行出资义务，则法官最终认定该被告未履行出资义务；如果争议事实真伪不明，则法官根据该规定拟制被告未履行出资义务。

关于法律上低度证明推定规则，需要说明以下三点：

首先，中国民事诉讼法上的低度证明推定类似于美国民事诉讼法上的证据提供责任与说服责任交错配置规范。在美国，民事诉讼法上的证明责任，明确地区分为“证据提供责任”与“说服责任”。这两种证明责任分别与不同的证明度标准相联结，就说服责任而言，在民事诉讼中一般证明度标准为“优势证据”（可以 51% 为代表），就证据提出责任而言，为“表面可信证据”（可以 25% 为代表）。美国民事诉讼法上的“证据提供责任”并非“说服责任”的投影（大陆法系国家往往这样认为），而是具有独立的意义。这样，“证据提供责任”与“说服责任”之间的分配可能会出现不一致，再加上两者本身对应的证明度标准不同，从而在规范上可以这两种证明责任的区别就争议事实的明确化责任与其真伪不明时的败诉责任负担进行更为细致的分配。[①]

理论上，美国民事诉讼法上的两种证明责任可能出现以下四种分配方式：[②] 方式一——说服责任与证据提供责任之分配及证明度均一致，并且都由事实主张者承担。方式二——说服责任与证据提供责任之分配及证明度均一致，并且都由事实反对者承担。方式三——不负说服责任的当事人先以“表面可信程度的证据”证明事实不存在后，说服责任即转由负说服责任的当事人负担，必须以一般的证明度标准证明事实存在。

① 黄国昌：《民事诉讼理论之新开展》，北京大学出版社 2008 年版，第 132 页。

② 这四种分配方式借鉴了中国台湾地区黄国昌先生的研究成果，但做了局部修正，参见黄国昌著：《民事诉讼理论之新开展》，北京大学出版社 2008 年版，第 152—153 页。

方式四——负说服责任的当事人先以“表面可信证据”证明事实存在后，对方当事人即负证据提供责任，在其尽此责任后，则接下来的证据提供责任及最终的证据提供责任，仍由原当事人承担。中国民事法上的直接（事实）推定大致相当于上述方式二，中国民事法上的低度证明推定大致相当于上述证明责任分配方式三（对应于转移客观证明责任的低度证明推定）和方式四（对应于转移证据提供责任的低度证明推定）。

其次，中国民事法上的低度证明推定规则在德日等大陆法系其他国家也能找到类似的规则或做法。[①] 德国民事法上类似的规则主要有 1991 年 1 月 1 日施行的《德国环境责任法》第 6 条第 1 款。该款规定：根据特定案件之状况，如果某设备可以引起相应损害，应推定损害是由该设备造成。在个案中该设备能否引发损害，应根据其操作流程、所使用的装置和设施、所使用和排放物质的种类及浓度、气象状况、损害发生的时间与地点、损害的性质与范围以及与损害发生相关的其他所有因素来确定。有研究指出，根据该款，德国环境侵权的受害人必须对“肇因适合引发损害”进行证明，不过这一证明标准远远低于完全确信的程度，只需高于表见证明的证明度即可。[②] 换言之，在德国受害者只需对排污行为与损害后果之间的因果关系进行低度证明，然后依法推定存在因果关系，除非排污者证明不具有因果关系。[③] 日本民事法上类似的理论和制度，其理论是“盖然性理论”，其制度是日本于 1970 年 12 月 16 日颁布的《关于危害人体健康的公害犯罪惩治法》第 5 条。盖然性理论的具

---

① 受制于大陆法系国家一元化的证明责任理论，这些低度证明推定规则尚未得到民事诉讼理论上的清晰阐明。

② 周翠：《〈侵权责任法〉体系下的证明责任倒置与减轻规范——与德国法的比较》，《中外法学》2010 年第 5 期，第 704 页。

③ 德国《环境责任法》第 2 款规定，如果某种设备经营人在证明设备是按照规定运行的，则前款规定的因果关系推定不适用。此外，该法第 7 条就“因果关系推定的推翻”也作了规定，如果设备经营人能够证明是他本人设备以外的另外一个因素引起了损害，那么他就可以推翻第 6 条第 1 款规定的因果关系推定。

体要点如下：[①] 第一，因果关系的证明责任，形式上仍然要由原告受害人承担。第二，为实质上转换举证责任，应采用《德国矿害赔偿法》中的Prima-facie-Beweis（表面可信证明）的法理，只要被告不能证明因果关系不存在，因果关系就应该被认定。第三，在盖然性说中虽然要求"表示相当程度的盖然性的证明"，但那是指"虽然超越了大致明确的领域，但尚未到达证明程度的举证"。简言之，根据盖然性说，原告受害者只需对排污行为与损害后果之间的因果关系进行低度证明，然后依法推定存在因果关系，除非排污者证明不具有因果关系。《关于危害人体健康的公害犯罪惩治法》第5条规定："工厂或事业所因其事业活动所附带排出有害国民健康的物质，已经达到足以危害公众生命或健康时，推定其危害为上述排出的物质所造成。"

最后，低度证明推定属于广义上的推定，与直接推定和推论推定共同构成广义推定的三大类型，但是其不属于狭义推定。低度证明推定与直接推定的区别在于：（1）前者有条件，后者无条件；（2）前者可根据其作用效果细分为可能转移证据提供责任的许可性低度证明推定、转移证据提供责任的强制性低度证明推定、转移客观证明责任的强制性低度证明推定这三种子类型，后者仅转移客观证明责任这一种。低度证明推定与推论推定都是有条件推定，并且都可根据作用效果细分为可能转移证据提供责任的许可性推定、转移证据提供责任的强制性推定、转移客观证明责任的强制性推定这三种子类型。两者的区别在于：前者的推定条件是针对待证事实或事项的低度证明，后者的推定条件是针对异于待证事实或事项的基础事实的完全证明。

四、许可性推定的发现与定位

许可性推定这个概念最初来源于英美证据法，大陆法系国家诉讼法

---

① 于敏：《日本侵权行为法》(第2版)，法律出版社2006年版，第193页。

学文献鲜见提及。在英美证据法上，许可性推定是指在某一（组）基础事实被证明时，事实认定者可以而不是必须去认定待证事实，即使对方当事人没有作出任何努力来反驳该待证事实的规则。英美证据法上最常见的许可性推定是事情不言自明。[①] 事情不言自明的常见表述是这样的：如果原告证明，导致其伤害的行为在没有过失的情况下通常不会发生（基础事实 1），而被告绝对控制了导致该项行为产生的手段（基础事实 2），以及原告没有共同过失（基础事实 3），那么，事实认定者可以（而不是被要求）认定被告的过失导致了原告的伤害（待证事实）。

劳东燕博士已经指出，中国刑事立法中存在许可性推定规则。[②] 笔者在整理中国民事法上的推定规则时，也发现了一批许可性推定规则。兹举两个代表性立法例如下：例 1,《破产案件规定》第 31 条第 2 款，债务人停止清偿到期债务并呈连续状态，如无相反证据，可推定为“不能清偿到期债务”。例 2,《知识产权证据规定》第 3 条（前文已列）。这两个代表性立法例说明许可性推定已经成为中国民事立法的现实规则，需要民事诉讼法学理论界予以正视并提供恰当的理论解释。

关于中国民事法中的许可性推定，需要指出以下三点：

首先，许可性推定属于推定。前文曾指出，国内刑事证据法学界已经形成共识，认为推定都具有法律规范性，过去经常提及的“事实上推定”不应划入推定范畴，而应归入推论范畴。由于许可性推定具有法律规范性，因此其属于推定范畴本应是顺理成章的事。美国著名证据法学家罗纳德 · J. 艾伦等著的《证据法：文本、问题与案例》（第 3 版）大概是许可性推定的权威中文文献，该书在推定的概念界定上坚持推定的规

---

① [美] 罗纳德 · J. 艾伦等著，张保生、王进喜、赵滢译：《证据法：文本、问题和案例》，高等教育出版社 2006 年版，第 861 页。

② 劳东燕：《认真对待刑事推定》，《法学研究》2007 年第 2 期，第 23 页。

范性和推论性，[①] 并且将许可性推定作为推定的一种。不过，国内有学者却认为许可性推定不是法律推定，而与事实推定（presumption of fact）有相似之处。笔者则认为，尽管许可性推定与事实上推定具有相似之处，但是其属于法律上推定。除非该观点的提出者所理解的推定概念除了具备法律规范性、预先假定性、可反驳性之外，还增加一个强制适用性。否则，按照形式逻辑，许可性推定确属推定无疑。

其次，许可性推定的适用效果是可能转移证据提供责任。对此可以分以下两个层次予以解说：第一，许可性推定不可能转移客观证明责任。许可性推定是规则化的事实推论，而事实推论的基础是经验法则，单纯以经验法则为基础，不含任何倾向政策的事实推论不可能转移客观证明责任。也正因为这个原因，所有的直接推定、强制性转移客观证明责任的低度证明推定、强制性转移客观证明责任的推论推定都是强制性的。第二，许可性推定可能会转移证据提供责任，也可能不转移证据提供责任，具体转移与否由法官根据个案情况自由心证。在个案中，如果法官认为基础事实确凿、许可性推定所内含的经验法则之盖然性程度超过了证明标准，则会认定待证事实存在，此时对方当事人为避免败诉，必须负担将待证事实的存在反驳至证明标准以下（从而待证事实仍然属于争点）的责任，也即转移证据提供责任。在个案中，如果法官认为基础事实确凿、许可性推定所内含的经验法则之盖然性程度没有超过证明标准，则会认定待证事实不存在，此时对方当事人无须负担将待证事实之存在反驳至证明标准以下（从而待证事实仍然属于争点）的责任，也即不转移证据提供责任。简言之，许可性推定的适用效果是至多转移证据提供

① 艾伦等对“推定”的界定如下：推定是法院和评论者用来描述规制一种证明过程诸规则的术语，这种证明过程是在一个已证明的事实 A——导致推定的事实，和在另一个推定的事实 B 之间创设一种特定法律关系。[美] 罗纳德·J. 艾伦等著，张保生、王进喜、赵滢译：《证据法：文本、问题和案例》，高等教育出版社 2006 年版，第 852 页。

责任。

再次，英美证据法上坚持推定为推论事实推定，因而英美证据法上的许可性推定仅有许可性（推论）事实推定一种类型。

五、权利推定的广义和狭义

根据本书观点，权利推定是指根据某种条件或者无须条件，法官必须或可以假定某一权利或法律关系存在（或不存在），但允许异议方反驳被假定权利或法律关系存在（或不存在）的法律规则。广义的权利推定包括三种类型，即直接权利推定、低度证明权利推定、推论权利推定。狭义的权利推定仅指推论权利推定。

权利推定区别于事实推定之处在于“这种推定的对象不是事实，尤其不是权利（法律关系）产生（取得）或者丧失的事实构成，而是直接推定权利（法律关系）存在或不存在”。[①] 因此，推定主张者（得利人）对权利（法律关系）产生（取得）或者丧失的事实构成既不需要提出主张也不需要提供证据予以证明。与此相适应，法官也既不认定权利产生（取得）或者丧失的事实构成也不进行法律适用。

关于权利推定，需要指出以下四点：

首先，法律上的权利推定是大陆法系国家如德日等国的民事法中的概念，在德日等国民事诉讼法教科书中经常论及。在英美法系似无对等概念，在英美证据法教科书中鲜见提及。

其次，大陆法系国家民事诉讼法上的权利推定理论不可直接适用于我国民事法中的权利推定。大陆法系国家如德日等国只承认强制性转移客观证明责任的推论权利推定，因此，其民事诉讼法上的权利理论仅依据强制性转移客观证明责任的推论权利推定归纳而出。在德国民事诉讼理论界，一般认为，法律上的权利推定与法律上的事实推定在结构与功

① [德] 罗森贝克、施瓦布、戈特瓦尔德著，李大雪译：《德国民事诉讼法》(下)(第16版)，中国法制出版社2007年版，第834页。

能上是相同的。[①] 这一结论原本仅适用于强制性转移客观证明责任的推论权利推定和强制性转移客观证明责任的推论事实推定之间。因此，其含义是指，在结构上，两者都包括两个事实（物），并且根据前一个事实的存在可推定另一个事实（物）的存在，并且被推定事实（物）允许反驳；在功能上，两者的效果都是推定有利方都只需就前提事实负担主张证明责任、推定不利方则应就该被推定的事实或权利（法律关系）的相反状态加以主张并负担证明责任。

与德国法上所提及的权利推定仅指强制性转移客观证明责任的推论权利推定不同，中国民事法上的权利推定除推论权利推定外，还包括直接权利推定和低度证明权利推定。考虑到中国民事法上广义权利推定与广义事实推定结构效果上的大致一一对应性，德国民事诉讼法学界有关权利推定的上述一般结论也适用于中国民事推定，但是其内涵已经远为扩张。

再次，中国法上的权利推定与证明责任的关系较为复杂，与德日等国不同。在中国民事法上，直接权利推定、强制性转移客观证明责任的低度证明权利推定、强制性转移客观证明责任的推论权利推定转移客观证明责任（也转移证据提供责任）。许可性低度证明权利推定可能转移证据提供责任。强制性转移证据提供责任的低度证明权利推定仅转移证据提供责任，不转移客观证明责任。

最后，大陆法系如德日等国一些重要的民事权利推定规则在中国民事法中仍付诸阙如，这说明中国民事权利推定规则还有较大的发展或完善空间。以德国法为例，《德国民法典》规定了如下六条权利推定规则：[②]

---

① [德]汉斯·普维庭著，吴越译：《现代证明责任问题》，法律出版社 2000 年版，第 74 页。

② [德]罗森贝克、施瓦布、戈特瓦尔德著，李大雪译：《德国民事诉讼法》(下)(第 16 版)，中国法制出版社 2007 年版，第 834 页。

第 891 条（1138、1155 参照适用）[①] 所规定的不动产权利推定、第 921 条[②] 规定的地界设施的共同使用权推定、第 1006 条（1065、1227）[③] 规定的有利于占有人的所有权推定、第 1362 条[④] 规定的夫妻一方所有权推定、第 1964 条[⑤] 规定的通过确认而作出有利于国库的继承人推定、第 2365 条（1507、2368 条第 3 款准用）[⑥] 规定的继承权推定。除第一个权利推定规则[⑦] 在中国能找到模糊的影子外，其他五个权利推定规则在中国都没有相应的规则，尽管这五个权利推定规则对中国民事权利的确定和保护也十分重要。

---

①《德国民法典》第 891 条规定，法定推定：（1）在土地登记簿中，某项权利为某人而被登记的，即推定此人享有该项权利。（2）在土地登记簿中，某项已登记的权利被涂销的，即推定该项权利不存在。

②《德国民法典》第 921 条规定，共同使用地界设施：由于中间地、地埂、地角、沟渠、墙、灌木篱、板壁或者其他有利于两块土地的设施，这两块土地被分隔的，即推定这两块土地的所有人有权共同使用该设施，但外部标志指明该设施只属于相邻人之一人的除外。

③《德国民法典》第 1006 条规定，有利于占有人的所有权推定 (1065 条、1227 条准用)：（1）为动产占有人的利益，推定其为物的占有人。但物从前占有人那里被盗、遗失或者以其他方式丧失的，对前占有人不适用前句的规定，但物为金钱或者无记名证券的除外。（2）为前占有人的利益，推定其在占有存续期间曾经是物的所有人。（3）在间接占有的情况下，这一推定适用于间接占有人。

④《德国民法典》第 1362 条规定，所有权推定：（1）为夫的债权人利益和妻的债权人利益，推定被配偶一方或者双方占有的动产属于债务人。双方分居并且动产被非债务人的一方占有的，不适用这一推定。无记名证券和附空白背书的指定证券，与动产相同。（2）就专供配偶一方使用的动产而言，推定在双方的相互关系中或者在与债权人的关系中，它们属于专用的一方。

⑤《德国民法典》第 1964 条规定，通过确认而做出有利于国库的继承人推定：（1）继承人不在与情况适当的期间以内被查明的，遗产法院必须确认：不存在除国库以外的继承人。（2）前款所规定的确认，构成国库就是法定继承人的推定的理由。

⑥《德国民法典》第 2365 条规定，继承证书正确性的推定：推定在继承证书中被称为继承人的人享有在继承证书中记载的继承权，并且不受被记载的指示以外的限制。

⑦《民法典》第 217 条规定，不动产权属证书是权利人享有该不动产物权的证明。不动产权属证书记载的事项，应当与不动产登记簿一致；记载不一致的，除有证据证明不动产登记簿确有错误外，以不动产登记簿为准。与《德国民法典》第 891 条推定的对象是权利存在和不存在不同，《民法典》第 217 条推定的对象是不动产登记簿上登记的正确性，故两者着眼点不同，尽管两者的实施效果大致接近。

六、责任推定规则及其类型归属处理

笔者在整理中国现行民事法中的推定规则时，还发现一类可命名为“责任推定”的推定规则。所谓责任推定，是指根据某种条件或者无需条件，法官必须或可以假定某一责任存在（或不存在）及其份额，但允许异议方反驳被假定责任存在（或不存在）的法律规则。中国民事法上的责任推定规则的典型立法例是《民法典》第1064条第2款和《民法典婚姻家庭编解释一》第33条。前者规定：“夫妻一方在婚姻关系存续期间以个人名义超出家庭日常生活需要所负的债务，不属于夫妻共同债务；但是，债权人能够证明该债务用于夫妻共同生活、共同生产经营或者基于夫妻双方共同意思表示的除外。”后者规定：“债权人就一方婚前所负个人债务向债务人的配偶主张权利的，人民法院不予支持。但债权人能够证明所负债务用于婚后家庭共同生活的除外。”这两条之所以称为推定，是因为债务人可以主张争议债务的性质为夫妻一方个人债务且无须证明该债务为个人债务，债权人如果想主张该债务为夫妻共同债务则必须证明该债务为夫妻共同债务的法定情形承担证明责任。依条件效果划分，这两条都属于转移客观证明责任的推论责任推定。

与权利推定类似，责任推定区别于事实推定之处在于这种推定的对象不是事实，尤其不是责任产生或者消灭的事实构成，而是直接推定责任存在或不存在。因此，推定主张者（得利人）对责任产生或者消灭的事实构成既不需要提出主张也不需要提供证据予以证明。与此相适应，法官也既不认定责任产生或者消灭的事实构成也不进行法律适用。

很清楚，中国民事法上存在责任推定规则，并且责任推定规则既不属于事实推定也不属于权利推定，而属于对象上的广义推定。

不过，鉴于中国民事法上的责任推定规则的特征与权利（法律关系）推定完全一致，故可将其放入权利推定中，作为广义权利推定的一种。这样，本文所提及的权利推定不仅包括通常所说的狭义权利推定、法律关系推定，还包括责任推定。

七、证据效力推定规则属于广义推定范畴

国内民事诉讼法学者李浩、许可在论及民事推定时，还曾提及法定证据规则，并认为法定证据规则不是法律上的事实推定。[①] 法定证据规则是法律关于某种证据效力的规定。德日等国民事诉讼法上均有这样的证据规则，例如，《德意志联邦民事诉讼法》第 437 条第 1 款规定："从形式和内容两方面都可以认为是由官署或由具有公信权限的人所制作的证书，推定其本身是真实的。"第 440 条第 2 款规定："证书上署名的真实性已被确定，或者证书上的手印也得到公证时，具有该项署名或手印的文字记载，也推定其本身是真实的。"再如，《日本民事诉讼法》第 228 条第 2 款规定："由本人或其代理人署名或盖章之私文书，推定为真实成立。"

根据本书的观点，证据效力推定就是推定对象为证据效力的推定。详言之，即根据某种条件或者无须条件，法官必须或可以假定某一证据具有证据能力和证明力，但允许异议方反驳被假定证据不具有证据能力和证明力的法律规则。从理论上说，广义的证据效力推定包括三种类型，即直接证据效力推定、低度证明证据效力推理推定、推论证据效力推定。但根据中国民事法，证据效力推定仅有两大类型，即直接证据效力推定和推论证据效力推定；后者又分三小类，分别是许可性推论证据效力推定、强制性转移证据提供责任的推论证据效力推定、强制性转移客观证明责任的推论证据效力推定，典型立法例已在前文图 3.4 列明，详细立法例可参见附录 1。

证据效力推定区别于法律上的事实推定之处在于这种推定的对象不是事实，尤其不是权利（法律关系）产生（取得）或者丧失的要件事实，

---

① 李浩：《民事证明责任研究》，法律出版社 2003 年版，第 209 页；许可：《民事审判方法：要件事实引论》，法律出版社 2009 年版，第 88—89 页。

而是某一证据的证据效力。在证据法上，要件事实与证据效力显然属于不同层次的问题。试比较《民法典》第1222条和《铁路运输人身损害赔偿解释》第14条。前条规定："患者在诊疗活动中受到损害，因下列情形之一的，推定医疗机构有过错：（一）违反法律、行政法规、规章以及其他有关诊疗规范的规定；（二）隐匿或者拒绝提供与纠纷有关的病历资料；（三）遗失、伪造、篡改或者违法销毁病历资料。"后条规定："有权作出事故认定的组织依照《铁路交通事故应急救援和调查处理条例》等有关规定制作的事故认定书，经庭审质证，对于事故认定书所认定的事实，当事人没有相反证据和理由足以推翻的，人民法院应当作为认定事实的根据。"两个推定规则都是推论推定，都转移客观证明责任，唯一的区别在于前者的推定对象是一般侵权责任成立的要件事实之一——过错，后者的推定对象是铁路事故认定书的证据效力。

有学者认为，法定证据效力规则不是法律上的事实推定，原因有二：第一，法定证据效力规则的"基础事实"——法定证据本身无须证明，而法律上事实推定的基础事实需要证明；第二，法定证据规则并不转移证明责任，而法律上的事实推定转移证明责任。①

笔者认为，上述观点并不严谨。首先，法定证据效力规则和法律上事实推定都具有多种类型，未必都有基础事实。就以典型的推论推定来论，推论证据效力推定和推论事实推定的基础事实都需要证明，不会出现推论证据效力规则的基础事实无须证明的情况。根据以上《铁路运输人身损害赔偿解释》第14条，推定主张者要想让法官适用该推定得出对其有利的推定结论——铁路事故认定书具有证据效力，必须先证明以下基础事实：（1）该事故认定书是有权组织作出的；（2）该事故认定书是依照《铁路交通事故应急救援和调查处理条例》等有关规定制作的；

① 李浩：《民事证明责任研究》，法律出版社2003年版，第209—210页。

（3）该事故认定书经过了庭审质证并且对于事故认定书所认定的事实，对方当事人没有相反证据和理由足以推翻的。

其次，尽管我们经常提及的证明责任是相对于实体要件事实而言的，但是证明责任并非只是相对于实体要件事实而言的。实际上，程序法事实、证据效力事实也会存在证明责任。典型的例证是刑事诉讼中的被告人口供自愿性事实或者说刑讯逼供是否存在的事实，这是一个证据效力事实或程序法事实，不是实体法要件事实。但是《刑事诉讼法》第58条第2款、第59条、第60条[①]共同规定了主张刑讯逼供方的证据提供责任（至引起合理怀疑程度）、反对方（检控方）的最终证明责任（至确实充分程度）。因此，“法定证据规则并不转移证明责任，而法律上的事实推定转移证明责任”的观点是错误的。正确的观点是，法定证据规则可能或必须（根据具体子类型确定）转移针对证据效力的证据提供责任或客观证明责任，法律上的事实推定可能或必须（根据具体子类型确定）转移针对事实（要件）的证据提供责任或客观证明责任。这样一来，在是否转移证明责任上，两者没有实质性区别。

还需指出的是，随着诉讼法特别是证据法的发展，专门针对证据效力争议的“审判中审判”将越来越多，与之相应，证据效力推定规则也很可能将越来越多，特别是在比较法上证据效力推定比较集中的书证规则部分。2012年以来，我国民事推定立法的发展证实了这一预测。

---

①《刑事诉讼法》第58条第2款：当事人及其辩护人、诉讼代理人有权申请人民法院对以非法方法收集的证据依法予以排除。申请排除以非法方法收集的证据的，应当提供相关线索或者材料。第59条：在对证据收集的合法性进行法庭调查的过程中，人民检察院应当对证据收集的合法性加以证明。现有证据材料不能证明证据收集的合法性的，人民检察院可以提请人民法院通知有关侦查人员或者其他人员出庭说明情况；人民法院可以通知有关侦查人员或者其他人员出庭说明情况。有关侦查人员或者其他人员也可以要求出庭说明情况。经人民法院通知，有关人员应当出庭。第60条：对于经过法庭审理，确认或者不能排除存在本法第五十四条规定的以非法方法收集证据情形的，对有关证据应当予以排除。

第四章
法律上推定的效果及其排除

第一节　民事法律上推定的效果

一、中国民事诉讼理论界相关通说之介绍

尽管民事法律上推定的效果可以从多个角度进行分析，但是其重点在于民事法律上推定是否转移证明责任、转移何种证明责任。因此，本书重点讨论民事法律上推定与证明责任的关系。同时，鉴于民事法律上事实推定规则占据民事法律上推定的绝大多数，且其他三类法律上推定的效果与法律上事实推定基本一致，故本节有关推定效果部分主要就法律上事实推定进行论述。

法律上推定效果问题在推定相对人提出针对推定事实不存在的证据时才会出现。如果推定相对人根本不提交证据或者仅对推定的基础事实进行反证，根本不会触及法律上推定的效果问题。以《著作权法》第 12 条第 1 款[①]规定的作者推定为例。如果原告能证明他在某作品上有署名，法院即应依法推定其为作者。如果被告对这个问题没有提出任何证据或者仅表明该作品上没有署原告的姓名并且没能成功反驳这一点，则法院

①《著作权法》第 12 条第 1 款：在作品上署名的自然人、法人或者非法人组织为作者，且该作品上存在相应权利，但有相反证明的除外。

将认定原告确实是作者。到此为止，根本没有涉及作者推定规则的效力问题。但是，倘若在法院依法推定原告为作者之后，被告提供了原告不是作者的证据，比方说提供了有关原告根本没有参与该作品的创作，仅为被告的创作提供了记录工作的证据，此时则会涉及推定效果问题。在上述案例中，在诉讼结束时，如果原告没有提供其他证据，被告还是原告获得胜诉？

推定的效果问题与反证程度问题是一个问题的两面。推定的效果问题是从推定主张者的角度讲的，推定的反证程度问题是从推定相对方反驳推定事实不存在的角度讲的，两者是等价的。我们说某一推定规则效力强，就意味着推定相对方推翻该推定事实的难度就相对大；我们说某一推定规则的效力弱，就意味着推定相对方推翻该推定事实的难度就相对小。这里的“强弱”“大小”是一个大概的感觉，并不精确。为了比较精确地表达推定效力的大小程度或推定相对方反驳推定事实的难易程度，民事诉讼法学界往往借助于客观证明责任或证据提供责任（这里指具体的证据提供责任）来表示，这样一来，推定的效果问题就转化为其是否转移证明责任、转移何种证明责任的问题。

中国民事诉讼法学界通行观点认为，民事法律上推定（这里指狭义推定，也即推论推定，包括法律上事实推定和法律上权利推定）一律强制性转移客观证明责任。[①] 所谓转移客观证明责任，是指一旦基础事实被证明，法律将不存在推定事实的证明责任转移于对方当事人，推定相对人如果希望推翻该推定事实，必须提供证据证明推定事实不存在。此时推定相对人针对推定事实不存在这一事实所负担的是本证而非反证。换言之，该推定相对人必须提供充分的证据（概率在 75% 以上）证明推定

① 谭兵、李浩主编：《民事诉讼法学》，法律出版社 2009 年版，第 208 页。也有学者主张法律上事实推定仅转移证明的必要性（证据提供责任）。许可：《民事审判方法：要件事实引论》，法律出版社 2009 年版，第 98 页。

事实不存在。仅仅提供一些证据，使推定事实处于真伪不明状态（概率在 70% ~ 80%）是不足以完成其证明责任的。

上述民事法律上推定（这里指狭义推定，也即推论推定）转移客观证明责任的观点曾在《民事证据规定（2001 年）》第 9 条体现。该《民事证据规定（2001 年）》第 9 条第 1 款第 3 项规定："下列事实，当事人无须举证证明：……（三）根据法律规定……能推定出的另一事实……"第 2 款规定："前款（一）、（三）、（四）、（五）、（六）项，当事人有相反证据足以推翻的除外。"这里的"当事人有相反证据足以推翻的除外"要求推定相对人只有在提供充分的相反证据（概率在 75% 以上）证明推定事实不存在之后，该被推定事实的存在才能被证伪。该司法解释表明中国现行司法解释明确规定，中国所有民事法律上推定都一律转移客观证明责任。

但是，最高人民法院于 2014 年发布的《民诉法解释》第 93 条[①] 和于 2019 年发布新修改的《民事证据规定》第 10 条[②] 对中国民事法律上推定的反证要求调整为"当事人有相反证据足以反驳的除外"，该司法解释表明中国现行司法解释明确规定中国所有民事法律上推定都一律仅转移证据提供责任，不转移客观证明责任。当然，这一转变的合理性和实践效

---

①《民诉法解释》第 93 条：下列事实，当事人无须举证证明：（一）自然规律以及定理、定律；（二）众所周知的事实；（三）根据法律规定推定的事实；（四）根据已知的事实和日常生活经验法则推定出的另一事实；（五）已为人民法院发生法律效力的裁判所确认的事实；（六）已为仲裁机构生效裁决所确认的事实；（七）已为有效公证文书所证明的事实。前款第二项至第四项规定的事实，当事人有相反证据足以反驳的除外；第五项至第七项规定的事实，当事人有相反证据足以推翻的除外。

②《民事证据规定（2019 年）》第 10 条：下列事实，当事人无须举证证明：（一）自然规律以及定理、定律；（二）众所周知的事实；（三）根据法律规定推定的事实；（四）根据已知的事实和日常生活经验法则推定出的另一事实；（五）已为仲裁机构的生效裁决所确认的事实；（六）已为人民法院发生法律效力的裁判所确认的基本事实；（七）已为有效公证文书所证明的事实。前款第二项至第五项事实，当事人有相反证据足以反驳的除外；第六项、第七项事实，当事人有相反证据足以推翻的除外。

果还有待批判性检讨。

有意思且值得关注的是，在知识谱系上，中国民事诉讼法界关于民事法律上推定效果的观点都源于日德两国。日德两国民事诉讼法学界的通行观点都认为法律上推定转移客观证明责任。日本著名民事诉讼法学家新堂幸司认为，“法律上推定之规定，一方面赋予主张其效果的当事人选择证明主题的权利，与此同时，对对方当事人课以反对事实之证明责任的负担（属于证明责任转换的一例）”。[①] 德国著名民事诉讼法学家罗森贝克等认为，“事实推定（这里指法律上事实推定）不是证据规则，而是一种证明负担规范，证明其对立面也不是反证，而是本证”。[②]

二、中国民事推定效果通行学说之缺陷

上述中国民事诉讼法学界关于民事推定的通行观点与相应立法存在严重的缺陷。这些缺陷可以大致归纳为以下三方面：

首先，通行观点及其相应立法的适用范围有限。根据本书第一章的界定，中国民事推定有广义、狭义和最狭义的区分。通行观点仅规范推论事实推定和推论权利推定，并不规范直接推定和低度证明推定，也不规范推论责任推定和推论证据推定。

其次，通行观点及其相应立法与具体规定不尽一致。中国现在的民事推论事实推定规则的立法表述，既有与通行观点及其相应立法表述相一致，采用“但能够证明推定事实不存在”或“如无相反证明”的，如《证券法》第 85 条[③]中所规定的发行人的控股股东、实际控制人、董事、

---

① ［日］新堂幸司著，林剑锋译：《新民事诉讼法》，法律出版社 2008 年版，第 401—402 页。

② ［德］罗森贝克、施瓦布、戈特瓦尔德著，李大雪译：《德国民事诉讼法》（下）（第 16 版），中国法制出版社 2007 年版，第 833 页。

③《证券法》第 85 条规定，信息披露义务人未按照规定披露信息，或者公告的证券发行文件、定期报告、临时报告及其他信息披露资料存在虚假记载、误导性陈述或者重大遗漏，致使投资者在证券交易中遭受损失的，信息披露义务人应当承担赔偿责任；发行人的控股股东、实际控制人、董事、监事、高级管理人员和其他直接责任人员以及保荐人、承销的证券公司及其直接责任人员，应当与发行人承担连带赔偿责任，但是能够证明自己没有过错的除外。

监事、高级管理人员和其他直接责任人员以及保荐人、承销的证券公司的过错推定责任，再如《计算机软件保护条例》第 9 条[①]，也有与通行观点及其相应立法表述不一致，采用“有证据证明推定事实不存在”或“如无相反证明”的，如《反垄断法》第 24 条[②]和《民用航空法》第 125 条第 7 款。[③]后一类推论事实推定规则的措辞表明其不期望转移客观证明责任。

再次，通行观点及其相应立法不符合中国民事推定规则的适用实际。典型的例证是《民事证据规定（2001 年）》第 75 条所确立的证据妨碍推定。该条规定：“有证据证明一方当事人持有证据无正当理由拒不提供，如果对方当事人主张该证据的内容不利于证据持有人，可以推定该主张成立。”本条规定是一个推定规则。前提事实是：（1）一方当事人持有证据；（2）有证据证明该方当事人持有证据；（3）持有证据的一方当事人拒不提供该证据；（4）该方当事人拒绝提供证据没有正当理由。推定事实是：该证据的内容不利于证据持有人。在民事诉讼中，一旦对方当事人证明了四个基础事实，则法院就应该适用本规则，认定该证据的内容不利于证据持有人。证据持有人要想推翻该推定事实，他只需将其持有的证据提交到法庭即可，一旦证据持有人提交并出示该证据，则法

---

①《计算机软件保护条例》第 9 条规定，软件著作权属于软件开发者，本条例另有规定的除外。如无相反证明，在软件上署名的自然人、法人或者其他组织为开发者。

②《反垄断法》第 24 条规定，有下列情形之一的，可以推定经营者具有市场支配地位：（一）一个经营者在相关市场的市场份额达到二分之一的；（二）两个经营者在相关市场的市场份额合计达到三分之二的；（三）三个经营者在相关市场的市场份额合计达到四分之三的。有前款第二项、第三项规定的情形，其中有的经营者市场份额不足十分之一的，不应当推定该经营者具有市场支配地位。被推定具有市场支配地位的经营者，有证据证明不具有市场支配地位的，不应当认定其具有市场支配地位。

③《民用航空法》第 125 条第 7 款规定，航空运输期间，不包括机场外的任何陆路运输、海上运输、内河运输过程；但是，此种陆路运输、海上运输、内河运输是为了履行航空运输合同而装载、交付或者转运，在没有相反证据的情况下，所发生的损失视为在航空运输期间发生的损失。

官先前作出的不利推定自动消失。简而言之，这一推定的直接后果是转移了提供证据责任，而非通行观点所说的转移客观证明责任。

笔者认为，中国民事诉讼法学界关于民事推定的通行观点与相应立法之所以存在严重的缺陷，原因是中国民事法律上推定的理论继受的是大陆法系国家理论，但是中国民事法律上推定规则的创设早已不再局限于借鉴大陆法系国家的民事推定规则，而是有相当数量的民事推定规则取材于英美法。典型的例证是中国民事法上的许可性推定规则和初步证据规则（参见附录 1），这两类规则特别显著地体现了英美推定规则的特色，为大陆法系国家传统民事推定规则所无。

学术研究的目的在于解释客观现象进而指导相关实践。为了最大限度地解释中国民事推定规则，笔者主张中国民事法律上推定理论应与时俱进，借鉴英美证据法特别是美国证据法上的推定理论。

三、美国证据法上推定效果理论简介

关于推定的效果，美国证据法学界曾有两大基本学说，分别由赛耶、摩尔根创立。赛耶认为，推定仅仅反映了一个司法上的认定，即当初步事实存在时，同样的决定性事实也经常存在；一旦初步事实得到确认，决定性事实也可被证明，除非实际存在相反证据。就推定相对人应当提交多大分量的相反证据才能抵消推定的效果，赛耶认为，尽管司法实践中存在着排除合理怀疑、优势证据等证明标准可资利用，但并不需要就此作出特别的规定，更无须达到那么高的证明程度。从推理的一般情况来看，相反的证据只要使人感到与推定事实相对立的观点是“合理可能的”（rationally probable），推定的效果就不应存在了。[①] 简言之，赛耶主张推定仅转移证据提供责任。根据赛耶提出的理论，一旦对方当事人提出了相反证据，推定的效果很容易归入消灭。由于这种极易消逝的程序

① James B.Thayer, *A Preliminary Treatise on Evidence at the Common Law*, 1898, p.336. 转引自秦策:《美国证据法上推定的学说与规则的发展》,《法学家》2004 年第 4 期。

效果，赛耶的理论被后人称为“爆泡理论”。

摩尔根认为推定不仅仅是一种证明上的便利，它往往还体现了多方面的诉讼价值。因此，不应该将推定仅仅看作一种转移证据提供责任的机制，而应增强它的效力，即一旦基础事实得以确立，不仅要求对方当事人承担关于推定事实不存在的证据提供责任，还应要求他就此承担说服责任。如果案件审理终结时，他不能提供充分证据促使陪审团确信推定事实的不存在，他将就此问题承担不利的诉讼后果。简言之，摩尔根主张推定既转移证据提供责任又转移说服责任。

关于上述两种推定效果的区别，可以用美国普遍存在的邮件送达推定予以解说。[①] 该推定规定：如果寄信人证明已经将邮件交付邮局，并在邮件上载明退回的地址，而未见到该邮件被退回，依法律规定推定收件人已经收到该邮件。在某诉讼中，如果原告（寄信人）证明了该推定前提事实，如果被告（收件人）主张该邮件没有交付邮局但没有提交任何证据或者提交了一些薄弱的证据，法官应向陪审团说明：（1）如果陪审团认为原告主张已交付邮局的事实存在时，陪审团就应认定该邮件已经送达被告收受。这是被告仅就基础事实——投寄邮件之事提出的攻击，未就推定事实——推定收受邮件之事提出攻击时，法官所应当进行的处理。（2）如果被告攻击推定事实，并以自己为证人陈述事实上未收到邮件，而原告没有其他证据补充时，法官应当如何处理？①按照上述赛耶的意见，推定相对方仅负担提出反证的证据提供责任，不负担证明与推定事实相反的事实的说服责任。本案中，推定相对人已经提出了攻击推定事实的相反证据（自己作为证人的陈述），因此原推定事实当然消失。原推定事实消失后，剩下的基础事实并不会因为曾经作为推定之用而增强效力，此时，原告提出的旨在证明已将邮件交付邮局，未见退回

① 周叔厚：《证据法论》(第3版)，台北三民书局1995年版，第276—279页。

（基础事实）的证据与被告自己关于“未收到邮件”证据陈述，处于对等平衡的地位。法官如果认为反证成立，就无需向陪审团说明推定的规定；如果被告申请指示判决，法官可以准许。②按照上述摩尔根的意见，推定相对方须负担证明与推定事实相反的事实的说服责任。本案中，尽管推定相对人已经提出了攻击推定事实的相反证据（自己作为证人的陈述），但是原推定事实并不当然消失。此时，法官应向陪审团说明：如果陪审团相信基础事实——原告已将邮件交付邮局、未见退回，就应推定该邮件已送达被告收受，除非被告以充分的证据说服陪审团相信其未收到该邮件。

除了上述赛耶和摩尔根提出的两大经典学说外，美国证据法学界还有另外三种学说，即波伦教授的“效力区分说”、艾伦教授的“取消推定说”、布荣教授的“个别对待说”等。[①] 目前美国证据法学界的主流观点认为：不同的推定有不同的效果，有的转移客观证明责任，有的仅转移证据提供责任。决定其效果的决定性因素是政策理由。试图为所有推定规则规定一个统一的效果规则的行为是徒劳的。[②]

在美国制定法上，《统一证据规则》（1953 年版本）和《联邦证据规则》草案相关条款采纳的是摩尔根的理论，但是最终通过的文本采纳的是赛耶的理论。[③] 取代《统一证据规则》（1953 年版本）的《统一证据规则》（1974 年版本）采纳了摩尔根的理论。大多数州的证据法典采纳了

---

① 秦策：《美国证据法上推定的学说与规则的发展》，《法学家》2004 年第 4 期，第 118—120 页。

② [美]约翰·W. 斯特龙主编，汤维建等译：《麦考密克论证据》（第 5 版），中国政法大学出版社 2004 年版，第 672 页。

③ John Henry Wigmore, *Evidence in Trials at Common Law*(volume9),revised by James H.Chadbourn, Little, Brown and company, 1981, pp.340-341. 立法中辩论的相关资料详见该书的第 325—341 页。

《联邦证据规则》的做法，即采纳了赛耶的理论。少数州[①]采纳了《统一证据规则》(1974年版本)的做法，即采纳了摩尔根理论。个别州，如加利福尼亚州的《加州证据法典》相关条文兼采赛耶理论和摩尔根理论。

《加州证据法典》的做法特别值得介绍。《加州证据法典》第603条和第604条依次规定了转移证据提供责任的推定的定义和效果。第603条规定，转移证据提供责任的推定的确立目的不是为了实施公共政策，而是为了促进将要运用该推定的特定诉讼裁决的作出。第604条规定，转移证据提供责任推定的效果是要求：除非并且直到有证明该事实不存在的证据引入，否则事实审理者应该作出被推定事实存在的假定；一旦相反证据被引入，事实审理者必须依据证据认定该推定事实存在或不存在，不再考虑该推定。本条的规定不应被解释为阻止事实审理者作出任何可能适当的推论。《加州证据法典》第605条和第606条依次规定了转移说服责任的推定的定义和效果。第605条规定，转移说服责任的推定的确立目的不是促进将要运用该推定的特定诉讼裁决的作出，而是为了实施公共政策，比如保护父母子女关系、婚姻有效、财产所有权的稳定以及将自己或其财产委托给他人经营的安全方面的政策。第606条规定，转移说服责任推定的效果是让推定向对方承担推定事实不存在的说服责任。随后《加州证据法典》还运用两节分别列举了16个转移证据提供责任的推定和11个影响说服责任的推定。[②]

四、民事法律上推定效果二元论及其确定方法

笔者主张借鉴美国证据法上推定效果二元论，将中国民事法律上推定的效果也根据情况区分为两大类：一大类转移客观证明责任；另一大类转移证据提供责任。参照美国《加州证据法典》第606条和第604条，

---

① 主要有堪萨斯州、新泽西州、犹他州、弗吉尼亚州。John Henry Wigmore, *Evidence in Trials at Common Law*(volume9), revised by James H.Chadbourn, Little, Brown and company, 1981, p352。

② 何家弘、张卫平主编：《外国证据法选译(下)》，人民法院出版社2000年版，第970页。

转移客观证明责任推定的效果是让推定相对方承担推定事实不存在的客观证明责任。转移证据提供责任推定的效果是——除非并且直到有证明该事实不存在的证据引入，否则事实审理者应该作出被推定事实存在的假定；一旦相反证据被引入，事实审理者必须依据证据认定该推定事实存在或不存在，不再考虑该推定。

推定效果二元论已经明确，剩下的疑难问题是：依据什么标准或程序识别出某个具体的中国现行民事法律上推定的效果？就笔者第二章所检索的 200 个广义上推定规则而言，笔者主张运用如下“四步检测法”依次进行。

第一步，分析推定规则的结构。民事法律上推定规则从结构上可以明确区分为两大类，即直接推定和有条件推定（可以进一步区分为低度证明推定和推论推定）。如果某一推定规则在结构上属于直接推定，则其效果是转移客观证明责任。因为直接推定都是强制性的且都转移客观证明责任。如果某一推定规则在结构上属于有条件推定，则接着步入第二步。

第二步，分析其强制性或许可性。有条件推定按照其是否是强制性规则可以分为两大类，即许可性推定和强制性推定。如果某一有条件推定规则属于许可性推定，则其至多转移证据提供责任。因为许可性推定只有比较薄弱的推定效力，可能转移证据提供责任，也可能根本不转移证据提供责任，仅相当于普通的间接证据，根本不可能转移客观证明责任。如果某一有条件推定规则属于强制性推定规则，则接着步入第三步。

第三步，分析有条件强制性推定规则的反证程度表述。如果有条件推定的反证表述里采用了“能够证明……的外”“如无相反证明”“有相反证明的除外”“除非有充分证据证明……”“证明例外情形的除外”等强调反面证明的表述，基于推定效力与反证程度的等价性，可以反推其为转移客观证明责任的推定。如果有条件推定的反证表述里采用了“有证据证明……的”“如无相反证据”等强调相反证据的，同样基于推定效力与反证程度的等价性，可以反推其为转移证据提供责任的推定。需要注意的是，鉴于中国民事推定立法中对上述反证程度表述的使用比较随意，因此，这一分析步骤的可靠性程度不太高。如果有条件推定表述里没有反证部分，或者反证陈述没有采用上述可以明确归入相反证明或反证的表述的，或者有反证程度表述且该反证程度表述可以明确归入其中一类但觉得不可靠的，则接着进入第四步。

第四步，利用推定规则背后的政策理由来确定该有条件强制性推定规则的效果。在此，可以参照上述美国《加州证据法典》的做法，将确立目的为实施公共政策的有条件强制性推定规则的效果解释为转移客观证明责任；将确立目的仅为促进将要运用该推定的特定诉讼裁决作出的有条件强制性推定规则的效果解释为仅转移证据提供责任。至于推定规则的确立目的，主要根据立法资料也可参考比较法资料等予以确定。

还需指出的是，如果制定法规定某个（组）事实是另一事实的“初步证据”或“表面证据”，则该制定法条文确立了一个有条件强制性推定规则，至于该类推定的效果可依据上述第四步所倡导的区分标准确定。

为了检验上述“四步检测法”是否可行，试举以下七个推定规则为例。

规则 1，《民法典》第 1255 条：堆放物倒塌、滚落或者滑落造成他人损害，堆放人不能证明自己没有过错的，应当承担侵权责任。

民法学界公认该条文中包含一个过错直接推定规则——堆放物倒塌造成他人损害，直接推定堆放人有过错。运用“四步检测法”的第一步，即可确定该推定规则的效果是转移客观证明责任。当然，运用“四步检测法”的第三步也可得出同样的结论。

规则 2,《申请承认外国离婚判决规定》第 11 条：居住在我国境内的外国法院离婚判决的被告为申请人，提交第八条、第十条所要求的证明文件和公证、认证有困难的，如能提交外国法院的应诉通知或出庭传票的，可推定外国法院离婚判决书为真实和已经生效。

根据“可推定”这一表述，可以确定本推定规则属于许可性推定。运用“四步检测法”，行至第二步，即可确定该推定规则至多转移证据提供责任。

规则 3,《民用航空法》第 114 条第 3 款：承运人根据托运人的请求填写航空货运单的，在没有相反证据的情况下，应当视为代托运人填写。

本款所确立的承运人代托运人填写推定规则是强制性推论推定。运用“四步检测法”行至第三步，根据“在没有相反证据的情况下”这一反证程度表述，可以确定该推定规则的效果是转移证据提供责任。

规则 4,《著作权法》第 12 条第 1 款：在作品上署名的自然人、法人或者非法人组织为作者，且该作品上存在相应权利，但有相反证明的除外。

本条所确定的推定规则是强制性推论推定规则。运用“四步检测法”行至第三步，根据“如无相反证明”这一反证程度表述，可以确定该推定规则的效果是转移客观证明责任。这一效果在相关立法解释书里得到验证。相关立法解释书写道：“在实际生活中，通常以署名来认定作者，即在作品上署名的公民、法人或者其他组织就是作者，这是识别作者较为简便的方法。当然，如有确凿证据足以证明作品的署名人并非作者的除外。这个举证责任一般要由主张著作权的人承担。”[①]

规则 5,《民法典》第 1222 条，患者在诊疗活动中受到损害，有下列情形之一的，推定医疗机构有过错：(一)违反法律、行政法规、规章以及其他有关诊疗规范的规定；(二)隐匿或者拒绝提供与纠纷有关的病历资料；(三)遗失、伪造、篡改或者违法销毁病历资料。

关于如何理解本条“推定”的类型与效果，国内民法学界存在诸多分歧。有学者认为，本条属于不允许被告以反证予以推翻的推定，而与通常所谓允许被告予以反证的“过错推定”不同。本条规定的“过错推定”不是真正的推定，实际上是立法者预先作出的“直接认定”而非“假定”，其法律效力等同于另一个技术性概念“视为”。所谓“视为”，是法律的直接认定，不允许被告推翻此项认定。人民法院一经审理查明，案件存在《民法典》第 1222 条规定的 3 种法定情形之一的，即应认定被告医疗机构有过错，并驳回被告医疗机构关于不存在过错的主张（或抗辩）。[②] 有学者认为，本条规定三种情况下推定医疗机构存在过错。按照推定过错的法理，一般都允许当事人以反证推翻。但由于上述三种情况都是法律规定和日常生活经验的客观事实的描述，只要事实存在，医疗机构就被推定有过错，除非医疗机构提出证据抗辩上述事实不成立，否则都将被确定具有过错。[③] 有学者认为，按照一般的法律上推定和事实上推定的理论，本条是一种法律上的推定，即根据法律的规定，当基础事

---

① 参见北大法宝该条立法解释部分。

② 梁慧星:《〈中华人民共和国侵权责任法〉的理解与适用》,《法商研究》2010 年第 6 期。

③ 王利明、周友军、高圣平:《中国侵权责任法教程》，人民法院出版社 2010 年版，第 603 页。刘智慧主编:《中国侵权责任法释解与适用》，人民法院出版社 2010 年版，第 190—191 页。

实存在时，必须假定推定事实存在；同时允许推定不利方对推定事实进行反驳。不过，他还指出，本条第 1 项规定的情形，究竟是推定，还是直接认定，值得讨论。说得更明白一些，这个问题就是：违反医疗法律规范，是需要依靠经验法则加以推定过错的存在，还是可以直接认定过错的存在。[①] 也有学者认为，这里的推定既然属于法律推定，应当允许医疗机构提起反面证明（Beweis des Genteiles）予以反驳。[②]

概而言之，上述四种解释观点存在显著差异，第一种解释将本条规定的三种情形都理解为不可反驳的推定；第二种解释将本条规定的三种情形都理解为可以反驳的推定，但对推定效果或反证强度未予明示；第三种解释主张将本条规定的第一种情形理解为“直接认定”，第二、三种情形理解为可以反驳的推定（也未明确推定效果）；第四种观点认为其为可反驳推定，并且明确指出其为转移客观证明责任的推定。

笔者大体同意上述第四种观点。[③] 本条确立了医疗损害赔偿中的过错强制性推论推定规则。运用“四步检测法”的前三步都无法确定该推定规则的效果。众所周知，医疗侵权诉讼中，鉴于医院和患者在资金、知识等资源上的差距，医院举证较易、患者举证艰难，因此立法目的在于提升受害人的攻击防御能力、有效预防医院及其医务人员实施证明妨碍行为。简言之，本条的目的在于实施公共政策，根据第四步，该推定规则的效果是转移客观证明责任。

---

① 王成：《医疗侵权行为法律规制的实证分析——兼评〈侵权责任法〉第七章》，《中国法学》2010 年第 5 期，第 119 页以下。

② 周翠：《〈侵权责任法〉体系下的证明责任倒置与减轻规范——与德国法的比较》，《中外法学》2010 年第 5 期，第 706—707 页。

③ 笔者不同意该观点中的论证前提——“法律推定都应当允许推定不利方提起反面证据（即本文所称的反面证明）予以推翻”。换言之，其主张法律上推定都转移客观证明责任，即一旦法律上推定被适用，推定相对方只能通过证明被推定事实不存在才能排除该推定效果。而依本文之观点，中国法律上推定效果多样，既有转移客观证明责任的，也有仅转移证据提供责任的。

规则 6，《海商法》第 77 条：除依照本法第七十五条的规定作出保留外，承运人或者代其签发提单的人签发的提单，是承运人已经按照提单所载状况收到货物或者货物已经装船的初步证据；承运人向善意受让提单的包括收货人在内的第三人提出的与提单所载状况不同的证据，不予承认。

本推定规则采用了“初步证据”的表述。其推定效果只能借助于“四步检测法”的第四步，即借助于立法目的来解决。相关立法解释书写道：“提单的证据效力是指提单对承运人收到货物的状况或者已装船事实的证明力。包括初步证据效力和绝对证据效力。前者是指除承运人作出保留外，提单是承运人已经按照提单所载状况收到货物或者货物已经装船的初步证据。既然仅是初步证据则允许反证，即可以提出其他充分的证据来推翻提单就货物的表面状况或已装船事实的记载……”[①] 根据上述立法解释，显然本推定规则的效力是转移客观证明责任。

规则 7，《专利法实施细则》第 4 条第 3 款：国务院专利行政部门邮寄的各种文件，自文件发出之日起满 15 日，推定为当事人收到文件之日。

本款确立了有关当事人收到专利文件日期的强制性推论推定规则。运用“四步检测法”的前三步都无法确定该推定规则的效果，只能运用第四步。笔者没能找到立法资料，不能根据立法目的来确定其效果。但是，鉴于美国《加州证据法典》第 641 条[②] 规定了类似的推定规则，并将

① 参见北大法宝该条立法解释部分。

②《加州证据法典》第 641 条规定，在通常交邮期收到的信件：正确写明地址和投邮的信件被推定为已在通常的交邮期内收到。

其明确规定为转移证据提供责任的推定，笔者认为本推定规则的效果也应为仅转移证据提供责任。

第二节　民事法律上推定效果的排除

为了降低权利人的证明难度，保障权利救济的顺利实现，立法者设置了法律上推定规则。与之相对，为了实现法律的公平原则和平等保护当事人合法权益的原则，立法者也赋予了推定相对方排除推定效果的途径。此外，鉴于反证及其相关概念对于论述法律上推定效果的排除具有基础性意义，故先将其先行论述。

一、严格区分反证与反面证明

中国现行民事推定规则有关排除推定效果的立法表述比较混乱，有“能够证明……的外”“如无相反证明”“有相反证明的除外”“除非有充分证据证明……”“有证据证明……的”“如无相反证据”“如无反证”等多种表述。这涉及反证和反面证明的区别。

在中国诉讼法理论界，“反证”的概念是清楚的。通说认为，反证是指对待证事实不负证明责任的一方当事人，为证明该事实不存在或不真实而提出的证据。反证与本证相对，本证是指对待证事实负有证明责任的一方当事人提出的、用于证明该事实的证据。[①] 本证的作用在于使法院对待证事实的存在或不存在予以确信（至少达到证明标准），并加以认定，而反证的作用则是使法院对本证证明的事实的确信发生动摇（至少处于真伪不明状态），以致不能加以认定。

民事推定立法中的“相反证明”应该如何理解呢？笔者认为，应该解释为德国法上的反面证明。德国法上，反面证明（Beweis des

① 江伟主编：《民事证据法学》（第8版），中国人民大学出版社2018年版，第179页。

Genteiles）与反证不同。反证（Gegenbeweis）与本证（Hauptbeweis）相对，指不负证明责任的当事人为了证明对方当事人的本证不真实而提出的证据，其只需撼动法官的现有确信即可。而反面证明属于本证，其应使法官确信法律推定的要件事实不存在，对此法官必须达到完全确信，单纯撼动他的确信还不够。①

简言之，反证是指反驳证据，只需撼动法官的现有确信即可；反面证明是指证明反面事实，属于本证，必须让法官达到完全确信。中国现行民事推定规则有关排除推定效果的立法表述中，“有证据证明……的”“如无相反证据”“如无反证”等表述应该理解为反证，因为这些表述意味着仅需较少的证据；“能够证明……的外”“如无相反证明”“有相反证明的除外”“除非有充分证据证明……”等表述应该理解为反面证明，因为这些表述意味着对推定事实的不存在承担本证或需要充分的证据才能成功反驳该已被推定事实。

二、法律上事实推定的效果排除

就法律上推论事实推定的效果排除而言，中国诉讼法学界通说认为，推定相对方要想反驳被推定事实，可以采取两种办法：第一种办法，对该基础事实提出争议，并提出证据证明基础事实不存在。就基础事实而言，该推定相对方只负担提供反证的责任，因此只需提出证据使基础事实处于真伪不明的状态即可。第二种办法，对推定事实提出争议，并提出证据证明推定事实不存在。就不存在推定事实而言，该推定相对方负担证明责任，其必须提出充分证据证明该推定事实不存在。仅仅是提

---

① 周翠：《〈侵权责任法〉体系下的证明责任倒置与减轻规范——与德国法的比较》，《中外法学》2010 年第 5 期。需要指出的是，周翠原译文用的是“反面证据”。另外，庄敬华在翻译罗森贝克著作时采用了“反面证明”，参见 [德] 莱奥 · 罗森贝克著，庄敬华译：《证明责任论》(第 4 版)，中国法制出版社 2002 年版，第 229 页。李大雪在翻译罗森贝克相关著作时采用了“相反的证明”，参见 [德] 罗森贝克、施瓦布、戈特瓦尔德著，李大雪译：《德国民事诉讼法》(下)(第 16 版)，中国法制出版社 2007 年版，第 823 页。

出一些证据，使推定事实处于真伪不明的状态是不足以推翻该推定事实的。①

对于上述通说观点，笔者有三点看法：

首先，上述观点是针对狭义事实推定，即推论事实推定而言的。因此，上述观点不能适用于直接事实推定和低度证明事实推定。

其次，就推论事实推定而言，上述通说中关于第二种办法的观点也过于绝对。通行观点认为，一旦推定相对人采取了反驳推定事实的方式，其必须提出充分证据证明该推定事实不存在。换句话说，推定相对方必须就推定事实不存在承担本证。基于本书主张的推定效果二元论立场，笔者认为上述观点过于绝对，应该根据推定效力进行区分。具体来说，如果该推论事实推定是许可性推定，与许可性推定的效果相称，一旦推定相对方选择了攻击推定事实，其应就推定事实不存在至多承担证据提供责任。如果该推论事实推定是强制性推定，则根据其效果作进一步细分：凡转移客观证明责任的推定，一旦推定相对方选择了攻击推定事实，其应就推定事实不存在承担客观证明责任；凡仅转移证据提供责任的推定，一旦推定相对方选择了攻击推定事实，其仍就推定事实不存在承担证据提供责任。换言之，一旦其提供了初步反证，原先的推定就消失不见，此时法官应根据当事人双方提交的指向争议事实的证据进行权衡认定，如果争议事实处于真伪不明，则应责令原告承担相应的不利后果。

最后，上述两种方法只是通用的两种方法，在特定情况下，还有其

① 谭兵、李浩主编：《民事诉讼法学》，法律出版社2009年版，第208页。陈光中主编：《证据法学》，法律出版社2011年版，第450页。也有学者对上述第二种办法的具体细节有不同意见，认为推定相对方就推定事实提出的相反证据依然属于反证，即只要使法官对推定事实陷入真伪不明的状态即可。许可：《民事审判方法：要件事实引论》，法律出版社2009年版，第101页。

他排除方法。例如，对于《民法典》第 40 条[①]和第 46 条第 1 款[②]分别规定的失踪推定和死亡推定，相关利害关系人除了可以在审理宣告公民失踪和死亡案件期间运用前述两种常见方法反驳外，还可以在此后根据《民事诉讼法》第 1186 条[③]申请法院作出新判决、撤销公民失踪或死亡宣告的方式来排除其效果。

上述通说没有涉及广义事实推定的另两种类型，即直接事实推定和低度证明事实推定的反驳途径。

笔者认为，直接事实推定本质上是客观证明责任分配条款，故其推定相对方仅有攻击推定事实不存在这一种途径，且欲成功攻击，其需证明该推定事实不存在至高度盖然性程度（75%）。

低度证明事实推定规则也只有攻击推定事实不存在这一途径，但是其欲成功攻击所应承担的证明程度则与推论事实推定类似，应区分许可性低度证明事实推定、强制性转移证据提供责任的低度证明事实推定、强制性转移客观证明责任的低度证明事实推定。

三、法律上权利推定的效果排除

就法律上权利（法律关系）推定的效果排除而言，国内民事诉讼学界有两种观点，一种观点认为，推定相对人欲阻止推定或排除推定的效果，须就以下事实负主张和证明责任：（1）主张与基础事实不相容的事实，以推定动产占有人为动产所有人的推定规则为例，一旦该推定被主张并被适用，推定相对人可以主张推定主张者的占有系他主占有，因而不能从占有这一事实推定享有所有权；（2）主张与推定权利不相容的权利状态。如

---

①《民法典》第 40 条规定，自然人下落不明满二年的，利害关系人可以向人民法院申请宣告他为失踪人。

②《民法典》第 46 条第 1 款规定，自然人有下列情形之一的，利害关系人可以向人民法院申请宣告该自然人死亡：（一）下落不明满四年；（二）因意外事件，下落不明满二年。

③《民事诉讼法》第 193 条规定，被宣告失踪、宣告死亡的公民重新出现，经本人或者利害关系人申请，人民法院应当作出新判决，撤销原判决。

主张自己通过买卖、继承等方式取得了物的所有权，因此该物不可能属目前占有者所有。[①]另一种观点认为，对方当事人要想推翻推定的权利状态可以有三种办法：（1）对前提事实提出反证；（2）对消灭推定的权利状态的要件事实提出本证；（3）对其他不可并存的权利状态的原因事实提出本证，通过间接证明的方式达到否定推定权利状态的目的。[②]

上述两种观点相较，笔者赞同后一观点，因为后一种观点更为准确全面。所谓“准确”，是指后一种观点认为推定相对人对基础事实的反驳属于反证，而非反面证明。所谓“全面”，是指后一种观点增加了一种推翻途径——可以对消灭推定的权利状态的要件事实提出本证。换言之，推定相对人可以先承认该被推定权利状态曾经存在，但是现在已经消灭了。

但即使相对更正确的上述后一种观点，也主要是对大陆法系国家如德日等国相关理论的简单拿来，并非是基于对中国民事法律上权利推定规则的系统考察所作的理论总结。考虑到权利推定类型和效果的多样性，在遇到具体权利上推定规则效果排除问题时，应该一方面参考上引理论；另一方面考虑权利推定规则所属的条件效力类型。

为说明上述观点，笔者试举五例。

例1，《人身损害赔偿解释》第2条第1款：赔偿权利人起诉部分共同侵权人的，人民法院应当追加其他共同侵权人作为共同被告。赔偿权利人在诉讼中放弃对部分共同侵权人的诉讼请求的，其他共同侵权人对被放弃诉讼请求的被告应当承担的赔偿份额不承担连带责任。责任范围难以确定的，推定各共同侵权人承担同等责任。

本条规定了共同侵权人同等责任推定，从类型上看属于直接权利

---

① 李浩：《民事证明责任研究》，法律出版社2003年版，第206页。毕玉谦：《民事证明责任研究》，法律出版社2007年版，第420—424页。

② 许可：《民事审判方法：要件事实引论》，法律出版社2009年版，第103页。

（责任）推定。就该推定规则，推定不利方只有一种反驳途径，即证明在该共同侵权责任中其个人应当承担的范围。该途径属于“对其他不可并存的权利（责任）状态的原因事实提出本证”这一推翻途径。

例 2,《期货规定》第 59 条第 2 款规定：有证据证明该保证金账户中有超出期货公司、客户权益资金的部分，期货交易所、期货公司在人民法院指定的合理期限内不能提出相反证据的，人民法院可以依法冻结、划拨该账户中属于期货交易所、期货公司的自有资金。

本条规定了期货交易所、期货公司自有资金推定，从类型上看属于低度证明权利推定。该推定相对人有三种办法可以推翻该推定：（1）对基础事实提出反证，在这里指攻击推定主张方提供的证据过于薄弱以致达不到表面可信程度，而非通常所言的反证（目的是使基础事实真伪不明）；（2）对该部分资金的所有权变更为他人的要件事实承担证明责任；（3）该争议资金的所有权属于推定主张者还未了解的其他人。

例 3,《买卖合同解释》第 1 条第 2 款：对账确认函、债权确认书等函件、凭证没有记载债权人名称，买卖合同当事人一方以此证明存在买卖合同关系的，人民法院应予支持，但有相反证据足以推翻的除外。

本款确立了买卖合同关系推定，从类型上看属于强制性转移客观证明责任的低度证明推定。推定相对人为了排除该推定效果，可以通过如下两种途径：（1）对基础事实提出反证，例如这里的对账确认函、债权确认书等函件、凭证实际已经记载了债权人名称，只是因为打印时油墨不足等原因导致模糊不清；（2）证明双方买卖合同关系不存在至高度盖然性程度。

例 4,《民法典婚姻家庭编解释一》第 39 条第 1 款：父或母以向人民法院起诉请求确认亲子关系不存在，并已提供必要证据予以证明，另一方没有相反证据又拒绝做亲子鉴定的，人民法院可以认定否认亲子关系一方的主张成立。

本款确立了亲子关系存在推定规则，从类型上看属于许可性法律关系推定。推定相对人为了排除该推定效果，可以通过如下三种途径：（1）对基础事实提出反证，在这里指对推定主张方所提交的旨在证明亲子关系不存在的必要证据提出相反证据也即提出亲子关系存在的证据；（2）同意并接受亲子鉴定；（3）通过亲子鉴定的有利结果来排除该推定效果。

例 5，《民法典》第 1064 条第 2 款：夫妻一方在婚姻关系存续期间以个人名义超出家庭日常生活需要所负的债务，不属于夫妻共同债务；但是，债权人能够证明该债务用于夫妻共同生活、共同生产经营或者基于夫妻双方共同意思表示的除外。

准确地说，本条确立了夫妻个人债务推定规则，依本书第二章的观点，也属于广义的权利推定规则。从类型上看，本条属于推论推定，其效果排除途径，与一般的权利推定效果排除途径相似，也分为三种：（1）对前提事实提出反证；（2）对责任已履行的要件事实提出本证；（3）对其他不可并存的责任状态的原因事实提出本证。

总之，对于中国法律上权利（法律关系 / 责任）推定的效果排除，必须参考常见的三种途径并结合具体推定规则所属条件类型进行具体分析。

四、证据效力推定的效果排除

鉴于证据效力推定与法律上事实推定结构和效力雷同，原则上，证据效力推定的效果排除也与事实上推定效果排除一样，得根据其条件效力类型确定。不过，证据效力的证明标准法律没有明文规定，并且不存在调高证据效力证明标准的法理基础，因此证据效力的证明标准应为“优势证据程度”（51%）。又鉴于中国民事诉讼的法定原则证明标准是“高度盖然性程度”（75%），证据效力推定的效果排除与法律上事实推定的效果排除在反证程度上稍稍有点儿区别。

具体言之，对于直接证据效力推定，其推定相对方仅有攻击推定事实不存在这一种途径，且欲成功攻击，其须证明该推定事实不存在至优势证据程度（51%）。

低度证明证据效力推定在中国现行民事法中不存在，无须分析。

对于推论证据推定的效果排除，推定相对方通常可以采取两种办法：第一种办法，对该基础事实提出争议，并提出证据证明基础事实不存在。就基础事实而言，该推定相对方只负担提供反证的责任，因此只需提出证据使基础事实处于真伪不明的状态即可。第二种办法，对已被推定的证据效力事实提出争议，并提出证据证明已被推定的证据效力事实不存在（也即“不具备证据效力”）。就“不具备证据效力”而言，该推定相对方究竟应负担证明责任还是反驳责任，依该证据效力推定的效果而定。如果该证据效力推定是许可性推定，与许可性推定的效果相称，一旦推定相对方选择了攻击推定事实，其应就“不具备证据效力”至多承担证据提供责任。如果该证据效力推定是强制性推定，则根据其效果作进一步细分：凡转移客观证明责任的推定，一旦推定相对方选择了攻击推定事实，其应就“不具备证据效力”承担客观证明责任，其必须提供证据证明“不具备证据效力”至优势证据程度（51%）才能成功推翻该证据效力推定；凡仅转移证据提供责任的推定，一旦推定相对方选择了攻击推定事实，其仍就推定事实不存在承担证据提供责任。换言之，一旦其提供了初步反证，原先的推定就消失不见，此时法官应根据当事人双方提交的指向证据效力有无的证据进行权衡认定，如果最终有无证据效力处于真伪不明，则应责令证据效力推定主张者也即该争议证据提供者承担相应的不利后果。还须说明的是，上述两种方法只是通用的两种方法，在特定情况下，还有其他排除方法。例如比较法上经常有的对证书证伪可以单独提起确认之诉，如德国、日本等国民事诉讼法设立了针对处分性法律文书的确认证书真伪之诉。

第三节　疑难推定效果的澄清——以《民间借贷规定》第16条[①]为例

一、理解争议

《民间借贷规定》第16条规定："原告仅依据金融机构的转账凭证提起民间借贷诉讼，被告抗辩转账系偿还双方之前借款或其他债务的，被告应当对其主张提供证据证明。被告提供相应证据证明其主张后，原告仍应就借贷关系的成立承担举证责任。"

关于《民间借贷规定》第16条，实务界与理论界有不同认识。在原告仅提供金融机构的汇款凭证作为初步证据，被告未提出该转账系还款或基于其他法律关系的抗辩或被告虽提出上述抗辩但未提供证据，多数法院依据本条直接认定原告主张的借贷关系成立。也有部分法院依据本条却没有直接认定借贷成立，而是结合庭审陈述，当事人的经济能力，当地或者当事人之间的交易方式、交易习惯、双方已往经济往来等情况最终认定借贷成立。还有个别法院甚至认为："原告的汇款行为并不当然产生借款法律关系，汇款的事实具有产生多种法律关系的可能性，如产生买卖关系、委托关系等。对原告而言，除非其有证据证明被告的接受款项行为系出于借贷的真实意思，否则就无法推定被告的接受款项行为就是被告借贷的真实意思表示。"[②]简言之，多数法院认为该条所包含的"依据金融机构的汇款凭证推断借贷关系成立"这一推断具有转移证据提供责任的法律效力，也有部分法院认为这一推断只是一个普通的经验法

① 最高人民法院于2015年6月23日发布了《关于审理民间借贷案件适用法律若干问题的规定》，该规定经过2020年8月19日和12月19日两次修正。在修正过程中，条文序号有所修正。本节所引该司法解释相关条文序号为2020年12月19日修正版本序号。

②（2015）大民一终字第01410号判决书。

则，不具有转移证据提供责任的法律效力，还有个别法院认为这一推断过于武断，因而应该被忽略。

在理论界，有学者认为该条的法律效果属于举证责任转移，这里的“举证责任”是指行为意义上的举证责任。[①] 这种看法正确指出了该条的法律效果，但是没能准确界定该条所属的概念及其法理。有学者进一步指出，《民间借贷规定》第16条规定中的“抗辩”明显是“积极否认”，因为被告不仅否认了原告所主张的借贷事实，并且提出了与借贷事实不能并存的其他事实。[②] 这一看法的积极意义在于其尝试运用民事诉讼法学上的概念及其法理来解释该条，但是正如后文将要揭示的——这一理解也存在显著的不足。正因为实务界对本条的理解不一致，理论界对本条的探讨较少且不够深入，结合民事诉讼法学理论与典型案例判决意见对本条作深入解读才显得尤为迫切。

二、立法背景

（一）《民间借贷规定》第16条发布前地方法院的争论及其体现

在原告仅能提供金融机构的转账凭证，不能提供借款合同、借据等表明当事人双方之间借贷合意的书面证据时，可否认为原告已经尽到了初步举证责任的问题，《民间借贷规定》公布之前，实践中出现了针锋相对的两种观点。[③] 一种观点认为，借款合同关系的基础事实不仅包括款项的实际支付，更应包括双方存在借款合意，除被告认可双方之间借贷关系的情形外，原告应当进一步举证证明双方存在借款关系。另一种观点认为，金融机构的转账凭证是出借人已经将借款支付给借款人的证据，

① 杨立新主编：《〈最高人民法院关于审理民间借贷案件适用法律若干问题的规定〉理解与运用》，中国法制出版社2015年版，第107页。

② 杜万华主编：《最高人民法院民间借贷审判实务指导与疑难解答》，中国法制出版社2015年版，第206—207页。

③ 杜万华主编：《最高人民法院民间借贷审判实务指导与疑难解答》，中国法制出版社2015年版，第206—207页。

原告向法院提交该证据，可以证明其与被告之间的借款关系和其已经实际履行出借义务，因而应当认为尽到了作为出借人的举证责任。

与上述两种观点相适应，在《民间借贷规定》公布之前，针对原告仅凭金融机构转账凭证作为证明借贷关系的案件如何认定借贷关系存在与否，地方法院所发布的地方性司法解释相关规定也可以分成两种类型。

类型 1，严格按照证明责任分配一般原则规定型。按照证明责任分配一般原则——当事人对对自己有利的法律规范的要件事实承担证明责任，在民事借贷纠纷案件中，出借人应当对存在借贷合意和款项交付及借贷内容等事实承担证明责任，借款人应当对已经归还借贷的事实承担证明责任。所谓“严格按照证明责任分配一般原则规定型”，即该规定重申：“在出借人仅凭转账凭证起诉的情况下，出借人还应当对借贷合意承担证明责任。”

属于这种类型的，有的地方性司法解释明确写道“债权人应当就双方存在借贷合意提供进一步证据”，例如《浙江省高级人民法院关于审理民间借贷纠纷案件若干问题的指导意见》（2009 年 9 月 8 日）第 15 条第 1 款[①]和《南京市中级人民法院关于审理民间借贷纠纷案件若干问题的指导意见》（2010 年 7 月 7 日）第 15 条前半段[②]。有的地方性司法解释表述比较抽象模糊，比方说表述为“原告应当就双方存在借贷关系承担证明责任”，例如《重庆市高级人民法院关于审理民间借贷纠纷案件若干问题

---

①《浙江省高级人民法院关于审理民间借贷纠纷案件若干问题的指导意见》（2009 年 9 月 8 日）第 15 条第 1 款规定，债权人仅提供款项交付凭证，未提供借贷合意凭证，债务人提出双方不存在借贷关系或者其他关系抗辩的，债权人应当就双方存在借贷合意提供进一步证据。

②《南京市中级人民法院关于审理民间借贷纠纷案件若干问题的指导意见》（2010 年 7 月 7 日）第 15 条前半段规定，债权人仅提供款项交付凭证，未提供借贷合意凭证，债务人提出双方不存在借贷关系或者其他关系抗辩的，债权人应当就双方存在借贷合意提供进一步证据。

的指导意见》(2011 年 8 月 23 日)第 9 条[①] 和《北京市高级人民法院关于审理民间借贷案件若干问题的会议纪要》(2013 年 12 月 27 日)第 7 条[②]。

类型 2，减轻原告证明责任规定型。按照证明责任分配一般原则，在出借人仅凭转账凭证起诉的情况下，出借人还应当对借贷合意承担证明责任。现在特别条文规定，在出借人仅凭转账凭证起诉的情况下，出借人暂时无需对借贷合意承担证明责任，或者说仅凭转账凭证就推定借贷合意存在。只有在借款方提出了必要的反对证据后，出借方才需要再提供证据证明存在借贷合意。简而言之，这种类型的规定减轻了原告的举证责任。属于这种类型的，主要是《江苏省高级人民法院关于审理民间借贷纠纷案件的会议纪要》(2013 年 6 月 13 日)第“二(三)”项[③]和《深圳市中级人民法院关于民间借贷纠纷案件的裁判指引(试行)》(2014 年 7 月 3 日)第 13 条第(二)项[④]。

上述条款，可以简要图示如下：

---

①《重庆市高级人民法院关于审理民间借贷纠纷案件若干问题的指导意见》(2011 年 8 月 23 日)第 9 条规定，出借人仅依据金融机构划款凭证提起诉讼，借款人辩称划款系出借人偿还双方以前的借款并且借条已经灭失，借款关系成立的举证责任由出借人承担。

②《北京市高级人民法院关于审理民间借贷案件若干问题的会议纪要》(2013 年 12 月 27 日)第 7 条规定，原告仅依据金融机构划款凭证提起诉讼，被告否认双方存在民间借贷关系的，原告应当就双方存在借贷关系承担证明责任。

③《江苏省高级人民法院关于审理民间借贷纠纷案件的会议纪要》(2013 年 6 月 13 日)规定，……二、关于民间借贷的事实审查与举证责任：……；(三)原告仅提供转账、存款凭证等交付凭证，未提供借贷合意凭证，被告以双方不存在借贷关系或者存在其他法律关系为抗辩，并提出证据足以对借款关系真实性产生合理怀疑的，人民法院应当要求原告就双方存在借贷合意进一步提供证据。原告不能证明双方存在借贷合意的，应当驳回其诉讼请求。……

④《深圳市中级人民法院关于民间借贷纠纷案件的裁判指引(试行)》(2014 年 7 月 3 日)第 13 条规定，出借人仅提交了款项支付凭证，没有提交其他证据证实借贷关系，借款人否认借贷关系的，应区别不同情况处理：……；(二)借款人提出款项支付系基于另一法律关系而发生，并对款项往来作出合理解释或提供了初步证据的，出借人应就借贷关系的存在进一步举证。不能举证或举证后案件事实仍真伪不明的，依法驳回出借人的诉讼请求。……

图 4.1　地方法院有关出借人仅提供款项交付凭证起诉时的证明责任分配意见

<table>
<tr><th rowspan="2">类型</th><th colspan="2">严格按照证明责任分配一般原则规定型</th><th rowspan="2">减轻原告证明责任规定型</th></tr>
<tr><th>明确版</th><th>含糊版</th></tr>
<tr><td>规定内容</td><td>债权人应当就双方存在借贷合意提供进一步证据。</td><td>原告应当就双方存在借贷关系承担证明责任。</td><td>①被告应对款项往来作出合理解释或提供初步证据；
②一旦被告履行上一步证明义务，出借人应就借贷关系的存在进一步举证；
③原告不能举证或举证后案件事实仍真伪不明的，依法驳回出借人的诉讼请求。</td></tr>
<tr><td>制定法院与发布时间</td><td>浙江高院（2009.9.8）
南京中院（2010.7.7）</td><td>重庆高院（2011.8.23）
北京高院（2013.12.27）</td><td>江苏高院（2013.6.13）
深圳中院（2014.7.3）</td></tr>
</table>

（二）《民间借贷规定》第 16 条制定过程中的立法思路调整

针对原告仅凭金融机构转账凭证作为证明借贷关系的案件如何认定借贷关系存在与否，最高人民法院民事审判第一庭在制定《民间借贷规定》的过程中，意见也曾发生过重大变化。

《民间借贷规定（草案）》曾经就此规定："原告基于借贷关系主张返还借款的，应当对借贷合意的成立和款项交付的事实承担举证责任。原告仅提供转账、存款凭证等交付凭证，未提供借贷合意的证据，被告以双方不存在借贷关系或者存在其他法律关系为由抗辩的，人民法院应当要求原告就双方存在借贷合意进一步提供证据。原告不能提供证据的，应当驳回其诉讼请求。"也就是说，将对双方之间存在借款合同关系的举证责任，完全彻底地分配给出借人。这一思路，是完全基于证明责任分配的一般原则规定，要求作为原告的出借人，在其主张合同关系成立并生效、双方之间法律关系存在时，对产生该法律关系的基本事实即合同订立和生效的事实承担举证责任。

在《民间借贷规定（草案）》征求意见过程中，实务界提出，这种举证责任分配方式，对许多缺乏法律意识的出借人来说，举证难度很大，对他们的实体权利保护非常不利，希望最高人民法院民事审判第一庭考虑目前民间借贷的现状，对举证责任具体分配作出更细致的规定。最高人民法院民事审判第一庭经过调研后认为："实践中借款合同发生的情形比较复杂，在双方当事人之间存在其他交易关系的情况下，存在原告凭借其他交易中支付款项的凭证，试图要求被告归还并不真实存在的借款的可能，这是符合借款合同的成立以双方当事人之间存在借贷合意的条件的。但同时考虑到一些借款合同的当事人确实存在缺乏法律意识，没有签订书面借款合同也没有出具借据，出借人对于借款关系的证明存在一定困难，因而可以认为在提出金融机构转账凭证的情况下，出借人对双方之间借款合同关系的存在完成了初步举证责任，此时应当进一步结合被告的答辩情况，对双方是否存在借款合同关系进行分析认定。"①

考虑到实务界的这些意见，最高人民法院民事审判第一庭将该条解释的制定思路调整为：在被告抗辩主张原告的转账系偿还双方之前借款或其他债务的情况下，被告应当对其该主张提供证据证明；在被告提供相应证据证明其主张后，原告应就借贷关系的成立承担进一步的举证责任，从而实际上加强了对合法出借人的司法保护。

---

① 杜万华主编：《最高人民法院民间借贷审判实务指导与疑难解答》，中国法制出版社 2015 年版，第 207 页。

三、体系解释

（一）《民间借贷规定》第16条本身的解释及其与上下相关条文的关系

《民间借贷规定》第16条规定："原告仅依据金融机构的转账凭证提起民间借贷诉讼，被告抗辩转账系偿还双方之前借款或其他债务的，被告应当对其主张提供证据证明。被告提供相应证据证明其主张后，原告仍应就借贷关系的成立承担举证责任。"本条文的内容可以概括为"一个前提，四个步骤"。

所谓"一个前提"，就是本条只适用于原告仅依据金融机构的转账凭证提起民间借贷纠纷，且被告抗辩称转账系偿还之前借款或其他债务的情况。与之相对，在原告仅依据金融机构的转账凭证提起民间借贷纠纷，但被告自认该借贷或抗辩称已经归还该笔借款时不适用本条；在原告既提出金融机构的转账凭证，还提出借款合同或借据、收据、欠条等债权凭证的情况下，也不适用于本条。这两种情况下，只需适用民事诉讼中证明责任分配一般规则进行认定就可以了。另外，在原告仅依据借据、收据、欠条等债权凭证提起民间借贷诉讼时也不适用本条，而是适用《民间借贷规定》第15条。

在讨论《民间借贷规定》第16条的使用前提时，还需特别澄清一下最高人民法院民事审判第一庭相关注释书中一段模糊的看法，以免该看法给实务界带来误导。最高人民法院民事审判第一庭在注释《民间借贷规定》第16条时曾这样规定："《民间借贷规定》第16条所适用的前提或者说适用的情形，应当限定于原告仅依据金融机构的转账凭证提起民间借贷诉讼的情况。这是因为，在原告能够提交借款合同的情况下，通常不存在对借款关系是否存在的证明困难。当然，此时需要关注的是借款合同的实际履行情况。在原告虽然不能提交借款合同，但能够提供借据、收据、欠条等债权凭证的情况下，则应当按照《民间借贷规定》第

15 条的规定，依据债权凭证，并结合借贷金额、款项交付、当事人的经济能力、当地或者当事人之间的交易方式、交易习惯、当事人财产变动情况以及证人证言等事实和因素，综合判断查证借贷事实是否发生。”[①] 这段话是说：在原告既能提供金融机构的转账凭证又能提供借据、收据、欠条等债权凭证的情况下，法院应当适用《民间借贷规定》第 15 条第 2 款的规定。这种看法不正确。《民间借贷规定》第 15 条适用于原告仅依据借据、收据、欠条等债权凭证提起民间借贷诉讼的情况，只不过根据被告抗辩称已经偿还借款或抗辩称借贷行为尚未实际发生而分成两款表述。《民间借贷规定》第 16 条适用于原告仅依据金融机构的转账凭证提起民间借贷诉讼的情况。至于原告既能提供金融机构的转账凭证，又能提供借据、收据、欠条等债权凭证的情况，《民间借贷规定》没有专门的条款规定，此时应适用于民事诉讼中证明责任分配一般原则。

所谓“四个步骤”，是指本条文的适用过程可以拆分为以下四个相对独立而又前后相连的四个步骤。

步骤一，原告仅依据金融机构的转账凭证提起民间借贷纠纷。从实际情形来看，此时原告缺乏证明双方借贷合意的证据。正因为此时原告对其权利主张的核心要件事实之一借贷合意根本没有任何证据证明，因此原告的现有证据根本不足以支撑其权利主张。既然如此，被告只需指出这一点即可请求法院判决原告败诉、根本没有否认或抗辩的必要。不过，本条隐含着一个推定规则——依据金融机构的转账凭证推定存在借贷合意这一事实。正是这个隐含的推定规则使得原告所提出的转账凭证的证明效力得到极大地扩张，扩张到原告的权利主张表面上得到足够的支撑、扩张到被告产生了否认（或抗辩）及为此而提供证据的必要。在隐含推定规则的帮助下，被告不得不提出否认（或抗辩）并为此举证；

① 杜万华主编：《最高人民法院民间借贷审判实务指导与疑难解答》，中国法制出版社 2015 年版，第 208—209 页。

如果被告不提出否认（或抗辩），或者只提出否认（或抗辩）但不提供相应的证据，则被告将承担相应的不利后果（原告的权利主张将被法院判决成立）。

步骤二，被告抗辩称该转账系偿还双方之前借款或其他债务并提供相应证据证明其抗辩主张。这里的“相应证据”并不是要求被告必须提供证据证明其抗辩主张至“高度盖然性标准”，而是要求被告提供证据证明其抗辩主张至“合理可能”或“表面可信”程度。如上文所述，如果被告不提出否认（或抗辩），或者只提出否认（或抗辩）但不提供相应的证据，则被告将承担相应的不利后果（原告的权利主张将被法院判决成立）。与之相对，如果被告提出了否认（或抗辩）并提供相应的证据，则进行下一步。

步骤三，原告应进一步就借贷关系（实际上是借贷合意）的成立承担证据提供责任。一旦被告完成步骤二，也即被告提交了相反证据，步骤一里隐含的推定规则及其效力就消失了。原告此时需进一步证明借贷合意的存在，核心是另行提供证据证明存在借贷合意。此后，双方的攻击、防御可能还会进行很多次，相应的双方的证据提交活动也可能进行很多次。

步骤四，当事人双方的攻击、防御最终结束之后，审判法官必须根据原被告提交的证据和法庭辩论情况，比较内心已经形成的关于借贷关系存在（原告主张）的确信程度与法定的“高度盖然性标准”孰高孰低并作出实体成立与否的判决。如果心证程度明显超过“高度盖然性标准”，则判决借贷关系成立；如果心证程度明显低于“高度盖然性标准”，则判决借贷关系不成立；如果两者很接近、高低很难辨别，则根据客观证明责任分配规则判决借贷关系不成立，也即原告承担不利后果。

值得注意的是，尽管《民间借贷规定》第15条与第16条规定的主旨相似，但条文内容与表述差别很大。

《民间借贷规定》第 15 条规定："原告仅依据借据、收据、欠条等债权凭证提起民间借贷诉讼，被告抗辩已经偿还借款的，被告应当对其主张提供证据证明。被告提供相应证据证明其主张后，原告仍应就借贷关系的成续承担举证责任。"

被告抗辩借贷行为尚未实际发生并能作出合理说明，人民法院应当结合借贷金额、款项交付、当事人的经济能力、当地或者当事人之间的交易方式、交易习惯、当事人财产变动情况以及证人证言等事实和因素，综合判断查证借贷事实是否发生。

本条表述上有不少败笔，比方说第一款规定既有浪费之处又有不符合逻辑之处，被告抗辩称已经偿还借款当然要承担证明其已偿还借款事实的证明责任，这本来已被证明责任分配一般原则涵盖，无须单独规定。被告抗辩还款且抗辩主张被证明后，原告仍应就借贷关系的成立承担证明责任，这两者之间似无合理的法律逻辑。第二款行文仓促，似应改为："被告抗辩借贷行为尚未实际发生并能作出合理说明后，原告仍应就借贷关系的成立承担举证证明责任，最后人民法院应当结合借贷金额、款项交付、当事人的经济能力、当地或者当事人之间的交易方式、交易习惯、当事人财产变动情况以及证人证言等事实和因素，综合判断查证借贷事实是否发生。"

另外，还需注意《民间借贷规定》第 16 条与第 17 条、第 18 条第（三）项存在竞合关系。《民间借贷规定》第 17 条规定：依据《最高人民法院关于适用〈中华人民共和国民事诉讼法〉的解释》第一百七十四条第二款之规定，负有举证责任的原告无正当理由拒不到庭，经审查现有证据无法确认借贷行为、借贷金额、支付方式等案件主要事实的，人民法院对其主张的事实不予认定。《民间借贷规定》第 18 条第（三）项规定：出借人不能提交债权凭证或者提交的债权凭证存在伪造的可能时，人民法院应当严格审查借贷发生的原因、时间、地点、款项来源、交付方式、款项流向以及借贷双方的关系、经济状况等事实，综合判断是否属于虚假民事诉讼。

（二）《民间借贷规定》第 16 条与其他证明责任分配相关条款的关系

本书前文已述，通行观点认为我国证明责任具有双重含义，即主观证明责任和客观证明责任。主观证明责任，又称证据提供责任，是指在具体的诉讼中，为了避免承担败诉的风险，当事人向法院提出证据证明其主张。客观证明责任，又称证明责任，是指在诉讼结束时，当作为裁判基础的法律要件事实处于真伪不明的状态时，一方当事人因此而承担的诉讼上不利益。①

我国《民诉法解释》第 91 条第一次明确规定了我国民事诉讼证明责任分配的一般原则。该条规定："人民法院应当依照下列原则确定举证证明责任的承担，但法律另有规定的除外：（一）主张法律关系存在的当事人，应当对产生该法律关系的基本事实承担举证证明责任；（二）主张法律关系变更、消灭或者权利受到妨害的当事人，应当对该法律关系变更、消灭或者权利受到妨害的基本事实承担举证证明责任。"一般认为，本条规定采用了大陆法系国家和地区通行的"法律要件分类说"的基本观点。②

将这个条文的含义适用于作为实践性合同的民间借贷合同③，主张借贷关系存在的原告需要对产生借贷关系的借贷合意和款项交付事实承担举证证明责任，而主张借贷关系变更、消灭或者权利受到妨害的被告，应当对借贷关系变更、消灭或者权利受到妨害的基本事实承担举证证明责任（通常被告会主张已还款，此时被告对其已履行还款义务承担举证

---

① 江伟主编：《民事诉讼法》（第 8 版），中国人民大学出版社 2015 年出版，第 211—212 页。谭兵、李浩主编：《民事诉讼法学》，法律出版社 2009 年版，第 196—199 页。

② 江必新主编：《新民诉法解释法义精要与实务指引》，法律出版社 2015 年版，第 190 页。

③《民法典》第 619 条规定：自然人之间的借款合同，自贷款人提供借款时生效。

证明责任）。这里的“举证证明责任”既包括客观证明责任，也包括抽象主观证明责任和最初的具体证据提供责任。

将上述客观证明责任和主观证明责任的含义适用到《民间借贷规定》第 16 条，我们可以清晰解构出民间借贷合同纠纷的证明责任分配框架：证明借贷关系成立的客观证明责任由原告承担，并且不可在调查中途转移给被告（基于客观证明的本质特性）。借贷关系成立的要件事实之一款项支付事实的抽象主观证明责任（和最初具体提供证据责任）由原告承担，在调查中途具体证据提供责任可以在当事人双方之间来回转移。借贷关系成立的另一要件事实借贷合意存在的反面——“借贷合意不存在”——的抽象主观证明责任（和最初具体提供证据责任）由被告承担，在调查中途具体提供证据责任可以在当事人双方之间来回转移。

显然，《民间借贷规定》第 16 条与《民诉法解释》第 91 条所规定的“证明责任分配一般原则”并不一致，毋宁属于《民诉法解释》第 91 条所说的“法律另有规定”。就笔者搜集到的案例而言，大连亿迪建筑工程有限公司与孙庚利等民间借贷纠纷上诉案集中反映了《民间借贷规定》第 16 条与《民诉法解释》第 91 条的不一致。大连亿迪建筑工程有限公司与孙庚利等民间借贷纠纷案中，一审法院认为，根据《民事证据规定（2001 年）》第 5 条，原告应该对借贷合意和款项交付承担证明责任，现原告只能证明款项交付，没有证据证明存在借贷合意，故判决驳回原告的诉讼请求。该案二审法院认为，根据《民间借贷规定》第 16 条，上诉人仅凭转账凭证提起民间借贷诉讼，被上诉人否定借款事实成立应提供证据佐证。现相关证据不足以支持被上诉人的抗辩事实，故本院对案涉 100 万元为欠付款项的性质予以认定。[①] 同样的案情，但因适用条文不同，事实认定的结果迥异。

---

① 参见（2015）大民一终字第 01410 号判决书。

需要进一步说明的是，通常我们所理解的“法律另有规定”，也即证明责任分配一般原则的例外是指“证明责任倒置”，而《民间借贷规定》第16条并非“证明责任倒置”。证明责任倒置，是指按照法律要件分类说应当由主张权利的一方当事人负担的证明责任，改由否认权利的另一方当事人就法律要件事实的不存在负证明责任。[1]以环境侵权诉讼为例，按照法律要件分类说，原告应当对环境损害赔偿请求权的三个要件事实（违法排污行为、损害后果、排污行为与损害后果之间的因果关系）承担证明责任。现根据《民法典》第1230条[2]，原告不再对排污行为与损害后果之间的因果关系承担证明责任，而改由被告对排污行为与损害后果之间不存在因果关系承担证明责任。“证明责任倒置”，倒置的是全部证明责任，不仅倒置客观证明责任，还倒置了主观抽象证明责任（和最初的具体证据提供责任）。

《民间借贷规定》第16条的特色在于诉讼伊始，原告无需承担证明借贷合意这一要件事实的抽象主观证明责任（和最初的具体证据提供责任），反而是被告需要就借贷合意不存在（该转账系偿还双方之前借款或其他债务）承担抽象主观证明责任（和最初的具体证据提供责任）。简言之，其仅仅倒置了“借贷合意”这一要件事实的抽象主观证明责任（和最初的具体证据提供责任），并没有倒置“借贷合意”这一要件事实的客观证明责任。正如有学者在解读本条时重点强调的，本条是“举证责任转移”，即主观证明责任的转移，不是“举证责任分配”，即客观证明责任的分配。[3]简而言之，《民间借贷规定》第16条属于强制性仅转移证据

---

①《中国大百科全书》总编辑委员会编：《中国大百科全书·法学》（修订版），中国大百科全书出版社2006年版，第287页。

②《民法典》第1230条规定，因污染环境、破坏生态发生纠纷，行为人应当就法律规定的不承担责任或者减轻责任的情形及其行为与损害之间不存在因果关系承担举证责任。

③ 杨立新主编：《〈最高人民法院关于审理民间借贷案件适用法律若干问题的规定〉理解与运用》，中国法制出版社2015年版，第107—108页。

提供责任的推论事实推定。尽管这类推定以前在中国民事诉讼法学的视野里很少被提及，但是这类推定规则并非个例，本人在 2012 年曾指出，截至当时中国民事法中此类推定至少有七个。[①]

四、被告对自己的抗辩主张究竟应该承担本证责任还是反证责任

根据《民间借贷规定》第 16 条，在原告仅提供金融机构的转账凭证作为初步证据，被告提出该转账系还款或基于其他法律关系的抗辩后，被告对自己的抗辩主张究竟应该承担本证责任还是反证责任呢？

审判实践中，绝大多数法院认为在上述情形下被告承担的是反证责任，但也有个别法院认为在上述情形下被告承担的是本证责任。

潘阿生诉周孟立民间借贷纠纷案的初审法院曾就这一问题阐明："首先，原告对其主张其与被告之间为民间借贷法律关系负有提供证据证明民间借贷之要件事实成立的证明责任；而被告则负有对权利阻碍、权利消灭等抗辩事实的证明责任。原被告对其承担证明责任的事实，若未提供充分的证据使其主张的事实达到高度盖然性的标准，则需要承担不利后果；其次，被告对原告主张之事实进行否认，不承担证明责任，但是在欠缺借款合同的民间借贷案件中，被告所为否认必须附理由，且对理由有提供证据的责任。被告所提证据只需要达到反证标准即可。如被告所提供证据达到该标准，因原告需承担本证证明标准，此时原告就必须进一步举证其所主张的事实存在，否则事实不清，依然由原告承担不利后果。"[②] 显然，潘阿生诉周孟立民间借贷纠纷案的初审法院主张前一观点。

与之相对，周春雄诉留宗弟民间借贷纠纷案的主审法院赞同后一观点。该案法院认为："本案的争议焦点为涉案的 100 万元系借款还是还款。现原告已提供 100 万元的转账凭证，对原、被告之间借款合同关系

---

① 刘英明：《中国民事推定研究》，法律出版社 2014 年版，第 64 页。

②（2015）甬象石商初字第 536 号判决书。

的存在完成了初步举证责任。被告抗辩称涉案的100万元系原告向被告归还之前的欠款。在此情况下，被告所持的抗辩内容，实际上是一个新的主张，即原、被告之间还存在原告所主张的借款关系之外的权利义务关系。按照主张权利存在的当事人应当对权利发生的法律要件存在的事实负举证责任的基本原理，被告对于其所主张的双方之间存在其他借款关系，即应负相应的举证责任，需要提供证据予以证明。”①

要想澄清上述争议，我们必须先回顾“反证”“本证”以及“反面证明”这些基础性概念。在中国诉讼法理论界，“反证”的概念是清楚的。通说认为，反证是指对待证事实不负客观证明责任的一方当事人，为证明该事实不存在或不真实而提出的证据。反证与本证相对，本证是指对待证事实负有客观证明责任的一方当事人提出的，用于证明该事实的证据。②本证的作用在于使法院对待证事实的存在或不存在予以确信（至少达到证明标准），并加以认定，而反证的作用则是使法院对本证证明的事实的确信发生动摇（至少处于真伪不明状态），以致不能加以认定。在德国民事诉讼法理论界，不仅有“本证”与“反证”的概念，还有“反面证明”的概念。德国法上关于“本证（Hauptbeweis）”“反证（Gegenbeweis）”的解释与中国法上的解释完全一致，不再赘述。需要专门解释的是“反面证明（Beweis des Genteiles）”。反面证明属于本证，其应使法官确信法律推定的要件事实不存在，对此法官必须达到完全确信，单纯撼动他的确信还不够。③在一定意义上，反面证明是“矫正”后的本证或第二次本证，即将原本由原告对某要件事实存在承担的客观证明责任（连同抽象主观证明责任和最初具体证据提供责任）取消掉，转

---

①（2015）丽青商初字第1088号判决书。

② 江伟主编:《民事证据法学》(第8版)，中国人民大学出版社2018年出版，第179页。

③ 周翠:《〈侵权责任法〉体系下的证明责任倒置与减轻规范——与德国法的比较》,《中外法学》2010年第5期，第707页。

由被告对某要件事实不存在承担客观证明责任（连同抽象主观证明责任和最初具体证据提供责任）。反面证明是指证明反面事实，属于本证，必须让法官对反面事实达到完全确信。与之不同，反证是指反驳证据，只需撼动法官的现有确信即可。

基于笔者前文对《民间借贷规定》第 16 条的定位——属于强制性仅转移证据提供责任的推论事实推定，上述争议的答案显而易见。在原告仅提供金融机构的转账凭证作为初步证据，被告提出该转账系还款或基于其他法律关系的抗辩后，被告对自己的抗辩主张仅承担反证责任，不承担反面证明责任或者说第二次本证责任。因为《民间借贷规定》第 16 条仅仅倒置了“借贷合意”这一要件事实的抽象主观证明责任（和最初的具体证据提供责任），并没有倒置“借贷合意”这一要件事实的客观证明责任。

细心的读者可能会发现，潘阿生诉周孟立民间借贷纠纷案的初审法院基于附理由否认的法理，认为上述情形下被告仅需承担反证责任，而笔者基于仅转移证据提供责任的推论事实推定的制度原理得出同样的结论。这样就会产生一个疑问：能不能用附理由否认来理解《民间借贷规定》第 16 条呢？国内有学者认为，《民间借贷规定》第 16 条规定中的“抗辩”明显是“积极否认”，因为被告不仅否认了原告所主张的借贷事实，并且提出了与借贷事实不能并存的其他事实。[①] 积极否认，也被称为附理由否认或间接否认，是指“从不负证明责任的当事人针对对方当事人所主张的事实向受诉法院陈述了与该事实不能两立的事实”[②]。例如，原告主张其与被告之间存在保管的事实，要求被告归还被保管之物，但被告并不认可原告方的事实主张，而认为双方之间存在的是赠与的事实，这种否认就属于积极否认。关于积极否认，国内理论界的共识是：提出

① 包冰锋：《论民事诉讼中当事人的积极否认义务》，《证据科学》2015 年第 4 期，第 442—443 页。
② 骆永家：《民事法研究》（Ⅱ），台湾三民书局 1999 年版，第 3 页。

积极否认者无需对其提出的新事实负本证责任，其提出新事实只是其提出反证的一种方式而已。[①]

笔者不赞同用“积极否认”来理解《民间借贷规定》第16条，根本原因在于这种理解没能回答在原告仅提供金融机构的转账凭证，被告提出该转账系还款或基于其他法律关系的抗辩且未提交相应证据的情形下，为何法官对原告主张的民间借贷关系成立产生临时心证从而可以直接认定借贷事实成立呢？换言之，将《民间借贷规定》第16条定位于积极否认只能解释该条的后半段，无法解释该条前半段。

五、被告对自己的抗辩事实主张需要证明到何种程度

根据《民间借贷规定》第16条，原告仅提供金融机构的转账凭证作为初步证据，被告提出该转账系还款或基于其他法律关系的抗辩后，被告对自己的抗辩事实主张需要证明到何种程度呢？

笔者前文曾将《民间借贷规定》第16条解释为强制性仅转移证据提供责任的推论事实推定，而强制性仅转移证据提供责任的推定这一概念来自美国。相应的，解决这一问题的答案也要去美国证据法上寻找。

就推定相对人应当提交多大分量的相反证据才能抵消推定的效果，在美国证据法学历史上，赛耶和摩尔根针锋相对。赛耶认为，尽管司法实践中存在着排除合理怀疑、优势证据等证明标准可资利用，但并不需要就此作出特别的规定，更无须达到那么高的证明程度。从推理的一般情况来看，相反的证据只要使人感到与推定事实相对立的观点是“合理可能的”(rationally probable)，推定的效果就不应存在了。[②] 简言之，赛耶主张推定仅转移证据提供责任。根据赛耶所提出的理论，一旦对方当

---

① 占善刚：《附理由的否认及其义务化研究》，《中国法学》2013年第1期，第104页。陈刚：《论我国民事诉讼抗辩制度的体系化建设》，《中国法学》2014年第5期，第214页。

② James B. Thayer, *A Preliminary Treatise On Evidence At The Common Law*, 1898, p336。转引自秦策：《美国证据法上推定的学说与规则的发展》，《法学家》2004年第4期，第115页。

事人提出了相反证据，推定的效果很容易归入消灭。由于这种极易消逝的程序效果，赛耶的理论被后人称为“爆泡理论”。

摩尔根认为推定不仅仅是一种证明上的便利，它往往还体现了多方面的诉讼价值。因此，不应该将推定仅仅看作一种转移证据提供责任的机制，而应增强它的效力，即一旦基础事实得以确立，不仅要求对方当事人承担关于推定事实不存在的证据提供责任，还应要求他就此承担说服责任。如果案件审理终结时，它不能提供充分证据促使陪审团确信推定事实的不存在，他将就此问题承担不利的诉讼后果。简言之，摩尔根主张推定既转移证据提供责任又转移说服责任。

前文已述，《民间借贷规定》第 16 条属于赛耶所说的“仅转移证据提供责任”的推定，相应地只要被告提出相反的证据使人感到与推定事实相对立的观点是“合理可能的”，推定的效果就被推翻了，证据提供责任就又回到原告的肩上了。

审判实践中，一些法院要求被告提供“充分的证据”证明其抗辩主张，例如吴功益诉王小英民间借贷纠纷案的审判法院认为：“原告仅依据金融机构的转账凭证提起民间借贷诉讼，被告抗辩转账系其他债务的，被告应当对其主张提供证据证明。被告抗辩称本案的 60 万元系案外人王永钱向原告所借，但未提供充分的证据证明借款发生在原告与王永钱之间，其应承担举证不能的法律后果，原被告间的借贷关系应予认定。”①同样的表述还可在杨建国与张国强等民间借贷纠纷上诉案判决书②和华汇建设集团有限公司诉郑国松民间借贷纠纷案判决书③中找到。笔者不赞同这种表述方法，因为这种表述容易让人误以为要求被告必须提供证据证明其抗辩主张至“高度盖然性标准”，还因为在民事立法中“除非有充分证

①（2015）金义商初字第 6138 号判决书。

②（2015）洛民终字第 2444 号判决书。

③（2015）绍嵊商初字第 771 号判决书。

据证明……”这种表述更多地与转移客观证明责任的推定相搭配。笔者曾经撰文建议清理现行民事推定规则中的反证强度立法表述，将其明确限定为两大类，即反证和反面证明，前者用“有相反证据的除外”或者“如无反证”这两个表述，后者用“有相反证明的除外”或“除非有充分证据证明”这两个表述来表达。[①] 因为前一表述意味着仅需较少的证据即可推翻已被推定事实，后一表述意味着对推定事实的不存在承担本证或需要充分的证据才能成功反驳该已被推定事实。

审判实践中，也有部分法院不要求被告提供充分证据证明其抗辩主张，只要求其提供适当证据证明其抗辩主张具有合理性或可能性。例如李兴华诉林友金民间借贷纠纷案的审判法院认为：“本案中，被告提供了案外人黄可文向原告的汇款记录及被告林友金与黄可文之间的款项往来记录，以此来证明原告汇给被告的款项系原告应案外人黄可文的指示将款项汇至被告账户用于偿还其欠黄可文的借款的事实，而经本院核实，原告在向被告汇款时确实与案外人黄可文存在借款关系，被告抗辩有其合理性，故原告仍应就本案借贷关系的成立承担举证证明责任，现原告未能进一步举证，故对原告要求被告偿还借款320000元的诉讼主张，本院依法不予支持。”[②] 类似的表述还可在陈荀诉郑远子民间借贷纠纷案判决书[③]、吴珍飞诉罗杰民间借贷纠纷案判决书[④]、雍建斌诉王艳云等民间借贷纠纷案判决书[⑤] 中找到。对于这种表述，笔者较为赞同。因为这种表述与笔者在前文就《民间借贷规定》第16条解释时提出的观点——《民间借贷规定》第16条仅要求被告提供证据证明其抗辩主张至“合理可能”或“表面可信”程度——很接近。

① 刘英明：《中国民事推定制度研究》，法律出版社2014年版，第150页。

②（2015）温瑞商初字第3632号判决书。

③（2015）温苍矾商初字第343号判决书。

④（2015）台温商初字第3516号判决书。

⑤（2015）甬象定商初字第216号判决书。

第五章
事实上推定三大问题研究

第一节　事实上推定典型案例列举

众所周知，在中国2001年—2014年的民事诉讼法及其相关司法解释中，具体规范了事实上推定的法律条文是《民事证据规定（2001年）》第九条第一款第（三）项①。该条规定，下列事实，当事人无需举证证明：（一）众所周知的事实；（二）自然规律及定理；（三）根据法律规定或者已知事实和日常生活经验法则，能推定出的另一事实；（四）已为人民法院发生法律效力的裁判所确认的事实；（五）已为仲裁机构的生效裁决所确认的事实；（六）已为有效公证文书所证明的事实。第二款规定，前款（一）、（三）、（四）、（五）、（六）项，当事人有相反证据足以推翻的除外。笔者在2012年曾通过检索“北大法宝”APP提供的联想功能，找到适用于该条的判决书共809篇。再中这809篇判决书中逐篇查阅，找到与事实上推定相关的判决书33篇；再排除掉案情近似、适用事

---

① 最高人民法院于2014年发布的《民诉法解释》第93条第一款第（三）项和于2020年发布的《民事证据规定（2019年）》第10条第一款第（三）项对本条略作调整，但实际区别不大。故本章仍主要基于2001年《民事证据规定（2001年）》第9条展开，也因此除非特别说明，本章所引民事判决书“《民事证据规定》”指的是2001年的《民事证据规定》。

实上推定规则相同的判决书13篇，得到20篇适用了事实上推定规则的代表性判决书。现将这些判决书中与事实上推定适用相关的部分判决意见整理并按时间顺序列明如下：

1. 就潘钜和与覃国环等人身损害赔偿纠纷上诉案，广东省佛山市中级人民法院2003年6月13日作出如下判决：[①] 根据各方当事人的诉辩意见及庭审期间的陈述可知，各当事人对上诉人（原审被告）潘钜和以包工不包料的方式承接涉诉房屋的加建工程以及被上诉人覃国环（原审原告）系该工程施工人员的事实均无异议，应予确认。依《民事证据规定》第9条第1款第3项的规定并结合上述已确认的前提事实，可推定出上诉人潘钜和雇用被上诉人覃国环从事本案建筑工程的施工工作这一事实。上诉人潘钜和称其承接工程后已将工程转包予案外人覃佳明，被上诉人覃国环系覃佳明所雇请，未提供相关证据予以证实，本院不予采信。因上诉人潘钜和未能举证证明其事实主张，亦未能提供确实充分的相反证据推翻上述事实推定，故对被上诉人覃国环系上诉人潘钜和雇工的事实，本院予以确认。

2. 就如皋市吴窑镇吴窑居民委员会诉王长华等返还财产案，江苏省如皋市人民法院2003年判决：[②] 本案主要争议焦点在于三被告占有吴窑居委会款项是156109.30元还是8万元。综合分析双方证据，认定吴鸿兵生前代吴窑居委会领取并保管173063.80元的依据充分，这一基础事实客观存在。对支出16954.50元也应该予以认定。至于余额部分，被告方没有能够举证证明已由吴鸿兵为集体支出或另作他用。而被告申请出庭的证人所作证言，恰恰证明了吴窑居委会所主张的事实。因此，依《民事证据规定》第9条第1款第3项的规定并结合已知事实可以推定款项余额已由与之共同生活的三被告占有。

---

① （2003）佛中法民一终字第1161号判决书。

② （2003）皋民一初字第0362号判决书。

上诉人王长华等三人诉称之一为一审法院适用法律错误，即一审法院适用《民事证据规定》第 9 条第 1 款第 3 项不当，而所谓“日常生活法则”是每个公民均应知晓的，本案也不符合适用条件。

江苏省南通市中级人民法院 2003 年判决：[①] 一审法院在本案中适用《民事证据规定》关于根据已知事实和日常生活法则能推定出的另一事实，当事人无须举证证明的规定确属不当。根据已知的事实推定未知的事实须建立在严密的逻辑推理和人们日常生活经验的基础之上，且已知的事实与推定事实之间须有必然的联系。在本案中，虽然根据证据足以认定吴鸿兵生前代吴窑居委会四组领取并保管集体财产及吴鸿兵去世后缪凤珍、王长华支取 8 万元集体财产的事实，但根据这一已知的事实并不能必然推定上诉人占有了其余的集体钱款。上诉人不予还款的主张之所以不成立，根源在于其在抗辩吴窑居委会的主张时未获得证据上的优势。故上诉人提出的原判适用法律不当的上诉理由成立，予以采纳，但原判实体处理并无不当，故对一审法院判决予以维持。

3. 就陆耀东诉永达公司环境污染损害赔偿纠纷案，上海市浦东新区法院 2004 年 11 月 1 日作出如下判决：[②] 根据《民事证据规定》第 9 条第 1 款第 3 项（日常生活经验），可以推定夜间的光污染会导致原告（即受害者）难以安睡，为此出现失眠、烦躁不安等症状（实际损害）。对于这些实际损害，受害者无须举证证明；倘污染者对此予以否认，其应当举证反驳。本案被告（即污染者）不能举证证明实际损害不存在，则应最终认定其存在。

4. 在广州丰伟房地产开发有限公司与陈建损害赔偿纠纷上诉案中，

---

① （2003）通中民一终字第 1337 号判决书。

② 准确判决书号缺，笔者通过北大法宝、上海法律文书检索系统等数据库均未能查到该判决书号。

广州市中级人民法院 2005 年 6 月作出如下判决：[①] 由于被上诉人陈建（原审原告）是依据上述《租赁合同》合法进入“购物广场”经营，依据《民事证据规定》第 9 条第 1 款第 3 项的规定，可以推定陈建需在所承租的属于上诉人广州丰伟房地产开发有限公司（原审被告）所有的铺位内存放与经营有关的货物等物品的事实，故被上诉人无须举证予以证明。

5. 在谭顺基与佛山市康思达液压机械有限公司劳动合同纠纷上诉案中，上诉人（原审被告）谭顺基不服一审判决、提出上诉，其上诉理由之一是其认为是否改变涉案支票用途并得到康思达公司的批准依法无须自己举证。原审法院本应依照《民事证据规定》第 9 条第 1 款第 3 项规定，推定涉案两张支票改变原来用款申请表上申请的付款用途是得到了康思达公司的同意，且谭顺基无须举证。根据票据法上关于票据要式性、文义性的强行性规定，作为出票人的康思达公司依法应对自己的出票行为负责，“并按照所记载的事项承担票据责任”。既然两张支票的付款用途与用款申请表上申请的付款用途不同，那么，依照票据法及其司法解释的规定，应推定两张支票改变了原来用款申请表上申请的付款用途是得到了康思达公司的同意，且谭顺基无需举证；除非康思达公司能举证证明谭顺基是支票的经手人并有变造、伪造票据或越权补记的事实存在。因此，一审判决认定谭顺基“未提供证据证明其改变支票付款用途得到了被告的批准”的结论不能成立。

广东省佛山市中级人民法院 2006 年 5 月 15 日所作判决 [②] 中相关判决意见援引如下：谭顺基曾在仲裁调查过程中承认支票确被用于其他用途，但是经过康思达公司的领导同意。该陈述表明谭顺基对此事知情，而其不能说明或举证证明当时是经过何人同意。故谭顺基作为部门负责

---

①（2005）穗中法民四终字第 644 号判决书。针对广州丰伟房地产开发有限公司提起的类似案例及其判决书在北大法宝中还有 12 个，本文仅援引一个作为代表。

②（2006）佛中法民四终字第 204 号判决书。

人，应对本部门违反财务管理制度的行为负责，谭顺基的行为已构成严重失职。

6. 在李东升与佛山市顺德区山裕电器有限公司外观设计专利侵权纠纷上诉案中，上诉人（原审原告）李东升不服一审法院判决，其上诉理由之一是认为一审法院未能适用《民事证据规定》第 9 条第 1 款第 3 项推定被上诉人（原审被告）山裕公司有生产侵权产品的模具。其认为，山裕公司生产侵权产品是已经被认定的事实，生产产品需要设备模具是日常生活经验法则，故能推定山裕公司有生产侵权产品的模具。一审法院以李东升未能举证证明而不支持李东升的本项请求，加重了李东升的举证责任。一审法院应当责令山裕公司交出模具和设备。

广东省高级人民法院 2006 年 8 月 1 日所作判决[①]中的相关判决意见援引如下：我国《专利法》第 57 条第 2 款及《民事证据规定》第 9 条第 1 款第 1 项规定了专利侵权中的举证责任倒置问题，即专利侵权纠纷涉及新产品制造方法的发明专利的，由制造同样产品的单位或者个人提供其产品制造方法不同于专利方法的证明。除此之外，专利侵权诉讼中的当事人应当根据“谁主张，谁举证”原则承担相应的举证责任。在本案中，一审法院已经根据李东升的请求到山裕公司处进行证据保全，并没有发现专用于生产被控侵权产品的模具和生产设备，虽然发现有与涉案专利相似的被控侵权产品，但由于山裕公司的阻挠未能全部扣押。在二审中，李东升未能再行举证证明山裕公司仍有库存产品以及专用模具、设备，根据《民事诉讼法》第 64 条第 1 款“当事人对自己提出的主张，有责任提供证据”的规定，李东升应承担举证不能的后果。

7. 在袁延东与章海义等民间借贷纠纷上诉案中，上诉人（原审被告）袁延东不服一审判决、提出上诉。上诉理由之一是其认为一审法院适用

---

①（2006）粤高法民三终字第 84 号判决书。

证据规则错误导致认定事实错误。原审法院本应依照《民事证据规定》第 9 条第 1 款第 3 项规定，结合两被上诉人在收取借款时的行为表现，认定被上诉人之一（原审被告）范伟收取借款时是得到了被上诉人之一（原审原告）章海义授权委托的。两被上诉人相关行为表现是指章海义一开始没有直接找袁延东要求还款，而且范伟取款时曾宣称是章海义叫他来取款的，再者范伟也确实将取回的部分借款归还给了章海义。

山东省东营市中级人民法院 2006 年 8 月 20 日所作判决[①]没有支持上诉人的上述主张，其阐述理由援引如下：基于本案证据，范伟以章海义的名义索要贷款的行为，并未有证据证明章海义明知此事，在此情况下，本院不能确认只要第三人向债务人要求履行债权人的权利就认为第三人是得到权利人的授权是日常生活经验法则，如果如此确认了，那么不但对于债权债务人来讲存在着极大的交易危险，更为重要的是生活的秩序将会遭到破坏，尤其是在我们正在建立诚信体系的今天，这一点显得尤为突出，本案对此就是一个活生生的反映。更需要注意的是，作为被上诉人范伟来讲，其在整个交易过程中是上诉人的保证人，如果将这一因素考虑在其中的话，那么这种生活经验法则或者说交易的习惯更不宜确认，毕竟如一审法院所认为的，范伟在将来的合同履行中是负有连带责任的，把这种债权人向其保证人履行就视为向权利人履行是非常不合时宜的。

8. 在杨七龙与广东电网公司广州花都供电局人身损害赔偿纠纷上诉案中，上诉人（原审原告）杨七龙不服一审法院判决，其上诉理由之一是认为一审法院本应适用《民事证据规定》第 9 条第 1 款第 3 项的规定，结合因被上诉人（原审被告）广东电网公司广州花都供电局违规断电致使上诉人家中冰箱两天多没有电的事实，推定冰箱内的食品会有损坏。

---

①（2006）东民四终字第 102 号判决书。

广东省广州市中级人民法院2006年判决：[①] 二审法院没有支持上诉人的推定主张，而是与一审法院一样坚持让上诉人举证证明其断电期间冰箱内食品损坏这一实际损失；又因上诉人对其实际遭受的损失并未举证证实，故最终认定该损失不存在。

9. 在杨建荣诉上海复佳房地产开发有限公司商品房预售合同案中，上海市青浦区人民法院2006年11月15日判决：[②] 复佳公司在与杨建荣签订预售合同并将房屋交付杨建荣后，又就同一标的物与顾惠勤签订预售合同，主观上存在恶意。顾惠勤虽然表示其不知晓复佳公司此前已与杨建荣签订预售合同、交付房屋等一系列事实，但仔细分析其与复佳公司之间的买卖关系及过程，在合同签订时间、房屋价格、购房款支付、相关手续办理等方面存在诸多疑点和不合常理之处，现有的相关证据尚不足以证明顾惠勤是善意第三人……在综合上述前提事实的情况下，根据举证责任的分配规则，结合日常生活经验，在复佳公司和顾惠勤不能提供充分反证的情况下，应当推定复佳公司与顾惠勤之间签订预售合同的行为属于恶意串通的行为，损害了在先购买人杨建荣的合法权益，故该预售合同应为无效。二审法院对一审法院上述认定予以维持。

10. 在上海派克笔有限公司与重庆重客隆超市连锁有限责任公司商标侵权纠纷上诉案中，上诉人（原审原告）上海派克笔有限公司不服一审法院判决，其上诉理由之一是认为一审法院本应适用《民事证据规定》第9条第1款第3项推定被上诉人（原审被告）重庆重客隆超市连锁有限责任公司的涉诉行为损害了上诉人的商业信誉。其认为，被上诉人是重庆地区大型的商业企业，在重庆地区有很好的信誉，消费者是不会相信被上诉人卖假货的。所以当消费者从被上诉人处购买了假冒商品，只能是很自然地对上诉人的品牌和产品质量产生怀疑，而不会怀疑被上诉

① （2006）穗中法民二终字第1051号判决书。

② （2005）青民一（民）初字第1564号判决书。

人。如此心态必然对上诉人的商誉产生恶劣影响。

重庆市高级人民法院2006年12月18日作出判决，[①]相关判决意见援引如下：被上诉人是重庆地区大型的商业企业这一事实即使成立，与被上诉人是否会卖假货或者消费者是否相信被上诉人会卖假货之间没有必然的关系，上诉人商誉是否受到损害无法根据被上诉人是重庆地区大型的商业企业的事实推定出来，不能适用《民事证据规定》第9条的规定进行推定，而应由上诉人举证证明。

11. 在谭伟强与黄新良等民间借贷纠纷上诉案中，被上诉人黄新良、汤嘉欣（原审被告）在针对上诉人（原审原告）谭伟强上诉的答辩状中声称：二审法院应基于《民事证据规定》第9条第1款第3项，结合四张收据推定上诉人在2004年分四次向被上诉人归还了借款。其主张，按照汉文字的文意、表述习惯和一般常识，“借条”与“收条”之间存在根本性的差别。借条指向为对方，借条的收存人为出借款项的人；而收条指向为自己，收条的收存人为对方。单就金钱借贷关系而言，借条的收存人为债权人，收条的收存人应当为债务人在债务清结后凭证。所以，就“日常生活经验法则”而言，一个正常的具有完全行为能力的人，是不会将收条与借条混淆的，更何况上诉人是一个经商多年，又充当一个规模并不算小的企业的法定代表人？就“日常生活经验法则”来讲，完全能够推出另一个事实就是上诉人在2004年分四次向被上诉人归还了借款。

广东省佛山市中级人民法院2007年8月2日作出判决，[②]相关判决意见援引如下：本案的上诉争议焦点系被上诉人（原审被告）黄新良、汤嘉欣收取上诉人谭伟强的150万元款项的性质确定以及应否返还予上诉

---

①（2006）渝高法民终字第174号判决书。由上海派克笔有限公司提起的类似案例及其判决书在“北大法宝”中还有1个。

②（2007）佛中法民一终字第446号判决书。

人谭伟强的问题……本案中，上诉人所提供的为四份收条而非借条，这仅能证明被上诉人收取上诉人相应款项的事实，而不能证明收款的性质是借款，因为按照一般的生活经验，被上诉人收到上诉人的150万元款项可以具有多种原因，既有可能是还款，也有可能是投资款、货款、赠与款、借款等，故相应款项的定性必须结合其他辅助证据进行综合认定。该举证责任仍在主张借款事实的上诉人一方。因上诉人二审提交的两份证据与本案无直接关联性，其亦未能进一步提供其他证据加以辅助证明，而且该四份收条相距时间均较接近，按照一般生活经验，如此大额的借款在短时间内连续支付却仅由收款人出具收条，也违背常理。因此，本院确认上诉人的举证不足以证明其关于案涉款项系被上诉人对其所借款项的主张，相应举证不能的不利后果依法应由上诉人承担。

12. 在上海浦江缆索股份有限公司与江苏法尔胜新日制铁缆索有限公司等专利侵权纠纷上诉案中，上诉人（原审原告）上海浦江缆索股份有限公司不服一审法院判决，其上诉理由之一是其认为原判认定事实错误。原判认为浦江缆索公司公证的证据对于法尔胜公司使用的放束方法具有证明效力，但又认为该证据除反映“跟随转台旋转放束”外，其他与专利权利要求对应的放束特征无法反映是前后矛盾的；事实上该证据已充分反映法尔胜公司使用的放束方法落入涉案专利权利要求对应的技术特征。原审应当根据已知事实和经验法则推定收束和放束具有明显互逆性，认定法尔胜公司使用了专利方法中的收束方法。

浙江省高级人民法院2007年11月19日作出判决，[①] 相关判决意见援引如下：浦江缆索公司提供的公证证据反映的法尔胜公司的被控侵权方法仅仅在放索方法上与涉案专利的部分技术特征相同，同时公证证据不能反映法尔胜公司的被控侵权方法中的收索方法。本案是涉及发明专利

---

①（2007）浙民三终字第191号判决书。

的侵权诉讼，在法尔胜公司已经就相关问题，主要是其收索方法所包含的技术特征作出相关说明〔法尔胜公司采用的是水平轴收卷方法，而涉案专利采用的是垂直收线方法；法尔胜公司放索过程中不需要“伸张筒体外径”，而专利方法在放卷过程中必须“伸张筒体外径”；法尔胜公司采用了锥形体（底部绞接），锥形的束股圈能够自适应地套在锥形体上，解决了柱形筒体中同径无法套以及上层钢束易下垂的问题，便于脱胎和放入架，同时锥形体因重心低有利于稳固，而涉案专利采用的是柱体〕，且该说明在具备合理因素的情况下，本院认为不能仅仅根据已知事实和经验法则推定收束和放束具有明显互逆性，从而认定法尔胜公司使用了专利方法中的收束方法。

13. 就林志国诉李强侵犯专利权纠纷案，山东省烟台市中级人民法院2008年6月5日作出如下判决：[①] 基于本案专利产品的重量和体积，携带专利产品并无不便，依据《民事证据规定》第9条第1款第3项的规定，推定原告林志国在向被告李强推销专利产品时，展示过专利产品。该专利产品包装上标有专利号，可以认定被告李强知道原告享有专利权。被告李强声称关于其不知晓原告享有专利权，但没有提供证据支持，其应当对其销售侵犯原告享有专利权的产品承担停止侵权、赔偿损失的民事责任。

14. 就吴植建等与王红梅等股权转让合同纠纷上诉案，广东省广州市中级人民法院2008年7月判决：[②]……现本案争议的焦点是，被上诉人王红梅是否依照股权转让协议的约定履行了给付订金200万元的义务。被上诉人王红梅为主张其已依照协议的约定将200万元作为订金交付给三上诉人，提交了一份案外人袁国荣于2006年5月9日向被上诉人潘文德（原审共同原告之一）所出具的一份借据。针对被上诉人王红梅的上述主

①（2007）烟民三初字第79号判决书。
②（2008）穗中法民二终字第456号判决书。

张，三上诉人则抗辩称上述借据所载明的内容是借款人袁国荣向被上诉人潘文德借款的凭证，并非被上诉人王红梅向三上诉人交付的股权转让订金，而明珠酒店支付给潘文德的款项是代案外人袁国荣支付的。上诉人为证明其主张的事实提交了上诉人明珠酒店制作的 6 张《支付证明单》及支票存根等，在 6 张《支付证明单》中有 5 张的“收款人”栏有潘文德的签名，有 3 张由被上诉人王红梅以领导审批身份签名。对此，本院认为，从被上诉人提供的上述借据所载明的“兹借到潘文德先生人民币贰佰万元，在龙口明珠大酒店入账之用。5/9/2006 袁国荣”的内容来看，该证据是案外人袁国荣向潘文德所立的借款借据。而三上诉人与被上诉人王红梅在股权转让协议中所约定的被上诉人王红梅支付股权转让订金 200 万元的支付对象是三上诉人，而非股权转让协议的担保人袁国荣。即使是三上诉人委托袁国荣代收取上述款项，袁国荣出具的也是借据，而非订金收据。如上述 200 万元系作为股权转让订金由被上诉人潘文德（原审共同原告之一）代被上诉人王红梅（原审共同原告之一）交付给袁国荣（股权转让协议担保人）的，那么按日常生活经验法则来讲，被上诉人潘文德或被上诉人王红梅作为完全民事行为能力人，在看到袁国荣向其出具的是借据而非股权转让订金的情况下，理应即向袁国荣或三上诉人吴植建、谭灼才、广州市龙口明珠大酒店有限公司（原审三共同被告）提出异议，但两被上诉人对此未提供证据证明其曾向袁国荣或三上诉人提出过异议。且在基于上述 200 万元款项由上诉人明珠酒店代还款时，明珠酒店在《支付证明单》中的“事由”一栏写明“还潘总借款（200 万第一期还款）”“还潘总借款”“还潘文德借款（200–45–15）=140 第二期还款”等。 王红梅作为上述《支付证明单》中“领导审批”的审批人，潘文德作为“收款人”签名时对上述“事由”则均未提出异议。故，本院对于被上诉人王红梅称其已依照协议的约定将 200 万元订金交付给三上诉人及明珠酒店支付给潘文德的 125 万元为上述协议的违约金由于缺乏依据，且三上诉人也不予认可，本院不予采信。

15. 在李俊华与昆明澜沧江啤酒营销有限责任公司等财产损害赔偿纠纷上诉案中，上诉人（李俊华）主张，既然上诉人的车辆已经受损维修，车上装载的沥青必然冷却；冷却的沥青必须使用柴油加温的方法进行卸载，为此必然会产生柴油等费用。上诉人请求二审法院基于《民事证据规定》第 9 条第 1 款第 3 项的规定推定一笔费用——证据为其提交的于 2007 年 1 月 1 日产生的 0 号柴油的加油发票——与本案交通事故有直接的因果关系。

云南省昆明市中级人民法院 2008 年作出了终审判决。[①] 该终审判决没有支持上诉人的前述主张；相反，二审法院要求上诉人提供充分的证据证明其主张的赔偿费用与本案交通事故之间存在法律上的因果关系。

16. 就释本焕诉肖强等民间借贷纠纷案，广东省广州市天河区人民法院 2009 年 5 月 19 日判决：[②] 被告之一肖强对《借条》的真实性予以确认，但辩称《借条》是在其受到威逼并倒签出具时间的情形下作出。对此，本院基于《民事证据规定》第 9 条第 1 款第 3 项推定被告辩解不成立，具体分析如下：第一，两被告就其辩称，仅有被告肖强“被拘禁后在其姐夫交付赎金才被放回”的陈述。而两被告对此陈述的内容显然具备举证的能力，但两被告并没有举证证明。第二，依常理，两被告若认为本案所涉的《借条》是在其遭受威逼的情形下出具，则其理应在受威逼的情形消失后及时采取相应的自救措施解决，以维护自身的合法权益。但两被告未有此类处理方式，反而在此后，仍自主、自愿地与原告签订《房屋抵押协议》，以解决上述他案中所涉的借款事宜。两被告在该协议中的签名已经公证处证明，意思表示是真实的。第三，两被告若认为本案的借款与上述他案的借款为同一笔借款，则其与原告签订《房屋抵押

① （2008）昆民三终字第 770 号判决书。

② （2008）天法民二初字第 2448 号判决书。

协议》时，理应向原告提出异议并要求原告予以解决，但本案中没有证据证明两被告有此合理反应。并且，在上述他案的审理中，两被告亦无提及本案的《借条》和《借条》是受威逼出具而向原告提出异议。由此可见，两被告的上述种种行为表现与其辩称明显不符，而且是有违常理的。两被告认为《借条》是被威逼出具的抗辩意见显然无法令人信服。因此，本院对其此项辩称不予采信。

17. 在北京神州塑胶跑道铺装有限公司与北京住总正华开发建设集团有限公司混凝土分公司买卖合同纠纷上诉案中，上诉人（北京神州塑胶跑道铺装有限公司）主张，根据日常生活经验法则及商业惯例，神州公司不会基于同一项工程，既签订承揽合同，又签订买卖合同。且己方提交的相关证据，足以证明己方与案外人王宏之间基于北京市市政管理学校塑胶球场建设基础工程建立了承揽合同关系，故应认定己方与住总正华分公司之间不存在买卖关系。

北京市第一中级人民法院 2009 年 5 月 22 日作出了终审判决。① 该终审判决没有支持上诉人的前述主张。二审法院认为，神州公司提交的《塑胶球场工程合同》《追加合同》《支出凭证》和《基础施工合同》等证据，只能证明其与王宏存在转包关系，但该事实不能否定其与住总正华分公司之间的买卖关系，两者之间不存在排斥关系，也不符合其所述的《民事证据规定》第 9 条第 1 款第 3 项规定的情形。

18. 就中国人民财产保险股份有限公司广州市天河支公司与深圳市天达穗港货运有限公司保险合同纠纷上诉案，广东省广州市天河区人民法院 2009 年作出如下一审判决：② 涉案《中国人民保险公司营业用汽车损失保险条款》第 24 条约定，保险公司依据车辆驾驶人员在事故中所负责任，按负全部责任、负主要责任、负同等责任、负次要责任的免赔率分

①（2009）一中民终字第 2916 号判决书。

②（2009）天法民二初字第 658 号民事判决书。

别为 20%、15%、10%、5%，由此可见，中国人保广州天河支公司按驾驶人员责任从大到小依次递减予以赔偿。本事故中，天达货运公司的驾驶人员不负责任，双方合同没有约定中国人保广州天河支公司不承担赔偿责任，根据《民事证据规定》第 9 条第 1 款第 3 项，可推定中国人保广州天河支公司应按双方合同约定在新置车辆的价值内承担车辆实际损失的全额赔偿责任。

19. 在陆明红与芦山河合同纠纷上诉案中，上诉人陆明红不服一审法院判决，其上诉请求之一是请求二审法院根据《民事证据规定》第 9 条第 1 款第 3 项推定被上诉人（芦山河）擅自生产馅料。陆明红认为，馅饼的生产是小作坊形式，馅料即使冰箱存放，一般超一周也不能保鲜，芦山河正常经营期间是 3 ~ 4 天进一次货。2009 年 1 月 16 日之后，芦山河不再进馅料，却经营至 2009 年 4 月 9 日，应推定其在这段时间内擅自生产馅料。

北京市第一中级人民法院 2009 年作出了终审判决，[①] 该终审判决否定了上诉人的推定申请。二审法院认为，陆明红未举证证明馅料的保质期、馅饼行业的平均年销售量这两个基础事实，因此，不能当然推论出芦山河尚需要购买馅料的事实。

20. 就陶超锋诉陶广生人身损害赔偿纠纷案，河南省临颍县人民法院 2010 年 1 月 7 日作出如下判决：[②] 本院认为，陶超锋在陶广生经营的木片场从事装车工作，木片场的装车活由陶西安、陶超锋及王有志负责，王有志负责记账。双方当事人都对此事实予以认可。根据《民事证据规定》第 9 条第 1 款第 3 项，推定陶广生与陶超锋之间属于雇佣关系。陶广生主张其与陶西安之间是承包关系，陶超锋是由陶西安雇佣的，虽然陶超锋在他的木片场干活，但他们之间没有雇佣关系，但是陶广生在庭审过

① (2009) 一中民终字第 10034 号判决书。

② (2008) 临民初字第 8341 号判决书。

程中所提供的证据不足以认定陶广生与陶西安之间存在承包关系，也就证明不了陶西安与陶超锋之间存在雇佣关系，故最终认定陶广生与陶超锋之间属于雇佣关系。

通过对上述案例进行比较分析，我们可以提出以下三方面问题：

1. 在中国民事法上，事实上推定与运用间接证据证明究竟是什么关系？案例 8 和案例 15 上诉人主张事实上推定，审判法官坚持要求上诉人提供证据证明是否妥当？

2. 事实上推定的基础——日常生活经验法则该如何理解？是否应包括逻辑法则？是否应包括案例 7 中的政策后果分析？其盖然性程度是否应达到案例 2 所要求的“必然联系程度”？其下限应当如何要求？

3. 在中国民事法上，事实上推定与法律上推定是否是一回事？案例 6 中，上诉人主张事实上推定，二审法院却以法律上没有规定为由驳回是否妥当？

第二节　事实上推定与运用间接证据证明

一、问题的提出

在上文案例 8，即杨七龙与广东电网公司广州花都供电局人身损害赔偿纠纷上诉案中，上诉人杨七龙主张根据被上诉人广东电网公司广州花都供电局违规断电致使上诉人家中冰箱两天多没有电的事实，推定冰箱内的食品会有损坏。二审法院却与一审法院一样坚持让上诉人举证证明其断电期间冰箱内食品损坏这一实际损失；又因上诉人对其实际遭受的损失并未举证证实，故最终认定该损失不存在。无独有偶，在上文案例 15，即李俊华与昆明澜沧江啤酒营销有限责任公司等财产损害赔偿纠纷上诉案中，也出现了类似的一幕。上诉人（李俊华）主张，既然上诉人的车辆已经受损维修，车上装载的沥青必然冷却；冷却的沥青必须使用柴油加温的方法进行卸载，为此必然会产生柴油等费用。上诉人请求二审法院推定其提交的于 2007 年 1 月 1 日产生的 0 号柴油的加油发票与本案交通事故有直接的因果关系。二审法院要求上诉人提供充分的证据证明其主张的赔偿费用与本案交通事故之间存在法律上的因果关系；又因上诉人对该争议的因果关系未举证证实，故最终认定该损失不存在。这两个案例提出了一个问题：事实上推定与运用证据证明，准确地说是与运用间接证据证明之间究竟是一种什么关系？如果两者本质不同，则上述两案中的二审法院相关判决意见正确；如果两者本质一样，则上述两案中的二审法院相关判决意见错误。

事实上推定与运用间接证据证明是否等同，国内诉讼法学界也一直有争议。有学者认为，推定实际上就是运用间接证据进行证明，即当不存在直接证据或仅凭直接证据尚不足以证明待证事实的真实性时，通过间接证据与待证事实之间的常态联系进行推理，假定待证事实为真。[①] 简言之，推定，包括事实上推定就是间接证据证明。另有学者认为，事实上推定与运用间接证据证明存在本质区别，具体分析如下：首先，事实上推定作为一种证明方法并不以一定的证据存在为前提。其次，间接证据证明待证事实时所运用的推理是一种综合分析方法，数个间接证据通过裁判者的逻辑结合共同指向证明对象。而以证据证明的事实为基础事实的事实推定中证据直接指向的是基础事实，而非事实推定的证明对象。最后，间接证据中的每一个证据都直接指向待证事实的某一个方面，以证据证明的事实为基础事实的事实推定中的每一个证据不一定都能证明待证事实的某一个方面。[②]

在评析上述两种观点之前，我们先得清晰界定两个基本概念，即事

---

① 赵钢、刘海峰：《试论证据法上的推定》，《法律科学》1998 年第 1 期。沈晶：《论事实推定与间接证明的关系》，《黄冈师范学院学报》2006 年第 2 期。

② 张悦：《论事实推定》，载《证据学论坛》（第五卷），中国检察出版社 2002 年版，第 305 页。

实上推定和运用间接证据证明。所谓“事实上推定”，是指由法院依据经验法则和逻辑法则，从已知的基础事实推断出推定事实的一种证据规则。[①]所谓“运用间接证据证明”，顾名思义，是指当事人运用间接证据促使法院确信事实主张真实与否。对于“事实上推定”这个概念，国内证据法学界的界定基本一致；但是，国内诉讼法学界对“运用间接证据证明”却有很多模糊甚至错误的理解，因此，在对上述问题进行解答之前需要先做理清工作。

二、不能将“运用间接证据证明”理解为“完全依靠间接证据定案”

诉讼法学界不少学者将“运用间接证据证明”理解为“完全依靠间接证据定案”。例如，有观点认为，在刑事司法实践中，运用间接证据证明案件主要事实必须能够排除其他可能性而得出唯一结论。[②]本书认为，上述观点混淆了这两个概念以致将排除其他可能性和结论唯一性这一本属“完全依据间接证据定案”的规范要求错置在“依据间接证据证明”的头上。

我们主张在理论和实务上要严格区分这两个概念。所谓运用间接证据证明，是指当事人运用间接证据促使法院确信事实主张真实与否。这个概念可以运用于三种诉讼证明。通常是一个间接证据证明一个主要事实（也可以是数个间接证据证明一个主要事实）。相应的规范要求比较简单，即要求运用间接证据进行的推理符合逻辑和经验法则。所谓“完全依靠间接证据定案”这一说法通常只用于刑事司法领域，是指没有直接证据证明犯罪行为系被告人实施，审判人员完全根据间接证据认定犯罪行为系被告人所实施。这个概念通常是多个间接证据证明多个主要事实，相应的规范要求比较复杂，以“两高”三部《关于办理死刑案件审查判

---

① 江伟主编:《民事证据法学》，中国人民大学出版社 2011 年版，第 141 页。

② 樊崇义、冯举:《推定若干问题研究》，载龙宗智主编:《刑事证明责任与推定》，中国检察出版社 2009 年版，第 13 页。

断证据若干问题的规定》第33条为例，包括如下五项要求：（一）据以定案的间接证据已经查证属实；（二）据以定案的间接证据之间相互印证，不存在无法排除的矛盾和无法解释的疑问；（三）据以定案的间接证据已经形成完整的证明体系；（四）依据间接证据认定的案件事实，结论是唯一的，足以排除一切合理怀疑；（五）运用间接证据进行的推理符合逻辑和经验法则。

在逻辑学上，间接证据证明，通常是单个的演绎论证，其可靠（sound）与否取决于两个条件，即前提全都真和论证有效；而“完全依靠间接证据定案”，通常是一个复杂的归纳论证，其恰当（cogent）与否取决于前提全都真与强的论证。在逻辑学上，推理分演绎推理和归纳推理。演绎推理是必然性推理，即前提真能够确保结论真；归纳推理是或然性推理，前提只对结论提供一定的支持关系，前提真结论不一定真。并且，还可以用概率论和数理统计作工具，对归纳推理中前提对结论的支持关系给予数量的刻画。支持度达到100%的，是必然性支持，该推理因此成为演绎推理。支持度小于100%但大于50%的，称该推理是归纳强的。支持度小于50%的，则称该推理是归纳弱的。简言之，“运用间接证据证明”是个微观概念，并且本质上属于演绎推理；“完全依靠间接证据证明”是个宏观概念，并且本质上属于归纳推理。

三、间接证据的特点不在于不独立和不直接，而在于需要运用逻辑进行推理

在我国证据法学界，主流理论认为，直接证据是指能够单独地、直接地证明案件主要事实的证据；间接证据是指不能单独直接进行证明，而需要与其他证据相结合才能证明案件主要事实的证据。所谓的“主要事实”，通常是指案件中的关键性事实，在刑事诉讼中为被追诉人是否实施了被指控的犯罪事实，在民事诉讼中为当事人之间争议的民事法律关系是否发生、变更和消灭，在行政诉讼中则为所争议的具体行政行为是

否合法以及所依据的事实是否存在。[①]

本书认为，上述主流理论存在以下缺陷：第一，有些间接证据不能单独证明案件的主要事实，有些间接证据能够单独证明案件中的主要事实、必须和其他证据结合起来才能证明案件的主要事实，因此笼统说间接证据不能单独证明案件中的主要事实是错误的。需要注意的是，笔者这里所说的“主要事实”，在民事诉讼中，是指与发生某一法律效果（权利的发生、妨碍、消灭、阻止）所必需的法律要件之构成要素相对应的具体事实。[②]在刑事诉讼中，是指与指控某一罪名成立所必需的法律要件之构成要素相对应的具体事实。法律要件往往多个，每个法律要件下面的构成要素又可能有多个，因此“主要事实”是多个需分解也可被分解的具体事实。关于单个间接证据可以证明某个主要事实，我们可以试举两例。例如，在前文案例3中，该案主审法官仅根据“涉案夜间光照已构成污染”这一间接证据即认定“陆耀东因光污染遭受损害”这一争议事实（此处是指主要事实），并未结合其他间接证据。再如，体内藏匿毒品这一间接证据可以单独证明行为人具有走私、贩卖、运输、非法持有毒品主观故意中的“明知”。以本书所整理的法官运用间接证据证明争议事实的10个案例来看，其中的案例9、11、14、16、19、20这六个案例中法官运用数个间接证据认定了案件中的争议事实；其中的案例1、3、4、13、18这五个案例中法官运用一个间接证据认定了案件中的争议事实。

第二，有些间接证据只能先证明间接事实，在该间接事实的基础上再推理才能得出主要事实，有些间接证据可以直接证明主要事实，一概认为“间接证据只能直接证明间接事实”并不符合实际情况。在笔者整

---

① 何家弘、张卫平主编:《简明证据法学》(第4版)，中国人民大学出版社2016年版，第45页；樊崇义主编:《证据法学》(第3版)，法律出版社2004年版，第227页。

② 许可:《民事审判方法——要件事实引论》，法律出版社2009年版，第40—41页。

理的案例 11 中，法院基于由黄新良、汤嘉欣出具的总计 150 万元四张收条，结合经验法则，推定出“该 150 万元不太可能是谭伟强借给黄新良、汤嘉欣两人的借款”，再根据选言推理，推理出该 150 万元应是黄新良、汤嘉欣收到谭伟强的还款。简言之，案例 11 是一个根据间接证据证明间接事实、进而推理出主要事实的案例。与此不同，在案例 1 中，法院基于潘钜和以包工不包料的方式承接涉诉房屋的加建工程以及覃国环系该工程施工人员的事实直接推理出覃国环系潘钜和雇工的直接事实。简言之，案例 1 是一个由间接证据直接证明主要事实的案例。

本书认为，我国诉讼法学界关于直接证据、间接证据的主流理论之所以出现上述错误，其重要原因在于前述主流理论接受了刑事诉讼法学界对案件“主要事实”整体式理解的误导。在我国刑事诉讼中，案件的“主要事实”包括两个方面：一是犯罪事实是否发生；二是犯罪行为是否由犯罪嫌疑人、被告人所实施。[①] 值得注意的是，这一关于刑事诉讼案件中“主要事实”的理解具有浓厚的整体性，即不是将“主要事实”理解为一组经拆分的单个法律要件事实，而是理解为未经拆分的整体性的案件事实。举例言之，在某涉嫌故意杀人案中，如对“主要事实”采取分析式理解，则依据故意杀人罪的基本特征，将其分解为以下四个方面：客体方面是否侵犯了他人的生命权、客体方面行为人是否实施了非法剥夺他人生命权利的行为（具体还包括行为时间、地点、方式等）、主体方面行为人是否年满 14 周岁、主观方面行为人是否具有故意（如果是间接故意，还会涉及目的、动机）。与此相对，如果采取整体性理解，则似乎仅包括上引两个方面。如果对“主要事实”采取分析式理解，则单个间接证据完全可以单独证明某个案件主要事实；如果对“主要事实”采取整体式理解，则单个间接证据很难单独证明主要事实，从而必须与其他

① 最高人民法院刑事审判第三庭编著：《刑事证据规则理解与适用》，法律出版社 2010 年版，第 250 页。

证据一起才能证明案件的主要事实。刑事诉讼理论界对“主要事实”采取整体性理解在一定程度上误导了诉讼法学界对间接证据的界定。

鉴于我国证据法学界主流理论关于“直接证据”和“间接证据”的界定存在上述问题，我们主张借鉴美国证据法学界的研究成果，将直接证据和间接证据界定如下：直接证据是指一旦被确认为真实就可以解决争议问题的证据。例如，W 作证说，她看见 D 用长筒袜勒死了 V。就 D 是否用长筒袜勒死了 V 这一争议而言，W 的证言是直接证据，因为一旦该证言被确认为真实，争议即被解决。间接证据是指即使被确认为真实也不解决争议问题的证据；但是，如果运用附加的推理则可能得到该证据指向的（事实）主张。例如，在指控 D 用长筒袜勒死了 V 一案中，W 作为一名警察，作证说在他听见 V 的尖叫声不久，他看见 D 从案发现场跑出来，并且在拦阻 D 之后从 D 的口袋中发现了一只长筒袜。尽管这份证言（如果被确认为真实）对 D 是否在犯罪现场、是否逃跑、他的口袋是否藏有长筒袜这些争议而言是直接证据，但是，这份证言对 D 是否用长筒袜勒死了 V 这一争议而言仅仅是间接证据。① 这份证言作为间接证据，借助经验法则（一个人被看见从勒死案发现场逃跑、从他的口袋中发现有长筒袜，这个人在某种程度上至少比其他大多数人更可能是这件勒死案的作案人）及附加的推理可以引导出用长筒袜勒死了 V 这一事实主张。直接证据和间接证据在关联性上有显著区别：作为直接证据，只要其有助于证明案件的某个要件事实，其不可能不具有关联性；与之相反，间接证据尽管被提出以证明某个要件事实，却依然可能会在特定情况下被确认为不具备关联性。这种情况是指该间接证据没有证明力，也即对其指向的事实主张存在与否的概率没有影响。②

---

① ［美］Stewen L.Emanual: *Evidence*，中信出版社 2003 年版，p12。

② ［美］Stewen L.Emanual: *Evidence*，中信出版社 2003 年版，p12—13。

四、“直接推理”“间接推理”“直接证明”“间接证明”莫乱用

由于“直接推理”“直接证明”与直接证据貌似，“间接推理”“间接证明”与间接证据貌似，有学者误以为这两组概念内部真的相同。

例如，有学者在阐释直接证据时曾提道：“‘直接’意味着证据证明案件事实的逻辑推理过程是直接推理而不是间接推理。”[①] 还有学者指出：“一般而言，从证据推导要证事实的推理方式可分为根据直接证据的直接推理和根据间接证据的间接推理。”[②] 本书认为，这一观点是错误的，事实上直接证据证明争议事实根本不运用推理，之所以不需运用推理，在于直接证据的内容与待证事实内容是同构的。在逻辑学上，“直接推理”是指从一个直言命题出发，推出一个直言命题的推理。直接推理方法一般有四种，即换质法、换位法、换质位法、对当关系推理。[③] 例如，从“有些天鹅是黑色的”，经过换质，可以得到“有些天鹅不是非黑色的”。“间接推理”是指由两个以上的前提推出结论的推理，主要包括：三段论、纯粹关系推理、混合关系推理、纯粹假言推理、假言直言推理、选言直言推理、假言选言推理、各种归纳推理、类比推理。我们试举一个直接证据的例子，如某证言——“我看见被告人从其腰带上拔出一支转轮手枪并向站在他后面酒吧台旁边的那个男人开了三枪。”该证言对指控被告人枪杀某男子这一主要事实而言是直接证据，其证明过程是直接无须任何推理过程的，自然也无须借助于直接推理的任何一种方法，或借助于间接推理的任何一种方法。

再如，有学者在论述推定时提到如下观点：“直接证明是直接认定案件事实的方法……推论和整体上的逻辑证明均属于间接证明，推论自然

① 江伟主编：《民事证据法学》，中国人民大学出版社 2011 年版，第 36 页。

② 王亚新：《对抗与判定——日本民事诉讼的基本结构》(第 2 版)，清华大学出版社 2010 年版，第 155 页。

③ 陈波：《逻辑学导论》，中国人民大学出版社 2003 年版，第 126 页。

也具有间接证明的性质。间接证明是最重要的证明方法。逻辑学就是专门研究间接证明的学问……”[①] 根据该学者的观点，直接证明是直接认定案件事实，无须逻辑推理的方法，间接证明是需要推论或逻辑证明的方法。暂且不论该学者上述界定的不严谨，上述界定与逻辑学上关于“直接证明”“间接证明”的界定相违背。在逻辑学上，直接证明通常被称为直接论证，间接证明通常被称为间接论证。直接论证，就是通过论据与命题之间构成的推理关系，由论据的真实性或正当性直接推导出命题的真实性或正当性的论证。由于论据与命题之间构成的推理关系的不同，所以相应地也就有演绎的直接论证、归纳的直接论证和类比的直接论证。间接论证就是引用论据确定与论题相排斥的命题虚假或不正当，进而通过论题与相排斥命题之间的真假关系而推导出论题真实或正当的论证方法。间接论证的特点是论据不直接与论题发生关系，而是同题外的、与论题相排斥的命题发生联系。与论题相排斥的命题，叫作反论题。论题与反论题之间在逻辑上的真假关系，总的来说属于一种矛盾关系。不过，这种矛盾关系表现为两种情形：一是论题“p”与反论题“非 p”为一对矛盾关系的命题；二是具体列出反论题“非 p”的各种情形，即命题“q”“r”“s”等。无论反命题属于哪种情形，其真或假与命题的真或假都是相排斥的，因此也就可以通过证明反论题的假进而确定命题的真。反论题的上述两种情形，也就决定了间接论证的下述两种方法：反证法和排除法。[②]

本书认为，鉴于逻辑学是更加基础的学科，证据法学必须尊重逻辑学中专有名词的本来含义，不可轻易更改逻辑学上一些专有名词的特定含义。鉴于诉讼中法官的心证，就其内容与范围而言就是通过逻辑推理

---

① 裴苍龄:《再论推定》,《法学研究》2006 年第 3 期，第 121 页。

② 雍琦:《法律逻辑学》，法律出版社 2004 年版，第 336—344 页。

来评价证据的价值和对待证事实是否成立进行判断认定，[①]证据法学界必须准确理解并遵从逻辑学专有名词的特定含义。基于这一理由，本书认为，证据法学研究中经常出现的用“直接证明”指称“运用直接证据证明”，用“间接证明”指称“运用间接证据证明”的做法应该被抛弃。

五、事实上推定与运用间接证据证明貌异而实同

明确了事实上推定和运用间接证据证明的概念之后，我们再来看两者之间的关系。显然，两者本质上是同一个事物，本质上都以经验法则作为大前提、间接证据直接证明的事实（在事实上推定下基础事实也可以直接认定）为小前提、运用逻辑推理得出待证事实。只不过“事实上推定”强调推理的大前提（经验法则）与推理结果，而“运用间接证据证明”强调推理的小前提（间接证据所证明的事实）。本书所整理出的20个案例也确证了上述结论。

转过来，我们再看本节开头所引两种对立的观点。对前一种观点，笔者基本赞同。对后一种观点，笔者基本否定。对该观点所提及的事实上推定与运用间接证据证明的三点区别，笔者提出如下意见：首先，事实上推定并不一定以一定的证据存在为前提，也可以以自认、司法认知等方法来直接认定，运用自认、司法认知等方法直接认定基础事实与运用间接证据证明基础事实并没有本质性区别。其次，数个间接证据也可以分拆成单个间接证据，单个间接证据也是先直接证明某一基础事实，再结合经验法则、运用逻辑法则得出待证事实（证明对象），这与事实上推定过程基本相同。再次，间接证据中的每一个证据未必都指向待证事实的某个方面。例如，某辩护律师提出控方证人在案发前曾接到眼科医师建议其配戴眼镜

① 王亚新：《对抗与判定——日本民事诉讼的基本结构》（第2版），清华大学出版社2010年版，第155页。

以矫正减弱视力的证据，[①] 该间接证据旨在削弱证人的观察能力进而削弱其证言的证明力，也即指向“辅助事实”，并未指向待证事实的某个方面。

晚近，又有学者将事实上推定与间接证据证明的区别概括为如下三点：第一，在认定事实结构方面，事实上推定的认定结构是“证明＋认定”，而间接证据证明是“两步式证明”。第二，在基础事实（间接性事实）与推定事实（待证事实）的关系方面，事实上推定是选择关系，而间接证据证明是排他性的一一对应关系。第三，在认定效力上，事实上推定的效力具有一定的假定性，被告人反驳的存在或者不存在是认定生效的必备因素，而后者的效力具有确定性，被告人的反驳仅仅是辩护权的表现。[②] 本书认为，上述三点区别不能成立。首先，本书认为，事实上推定中根据已经证明的基础事实运用逻辑法则、经验法则推断待证事实的过程与间接证据证明中根据已经证明的间接事实通过逻辑推理认定待证事实的过程基本相同，不存在本质区别。其次，本书认为，所谓“事实上推定中基础事实与推定事实之间存在选择关系”中的“选择关系”的实质是要求基础事实与推定事实之间具有最低限度要求的概率关系。所谓“间接性事实与待证事实之间具有排他性的一一对应关系”，是指间接性事实与待证事实之间具有极高程度的盖然性（90% 以上），这种极高程度的盖然性要求源自于刑事诉讼的证明标准。如果将事实上推定中所谓的“选择关系”限定在刑事诉讼中，或者将间接证据证明中的“对应关系”放宽至民事诉讼，则其概率最低限度标准将基本接近。再次，本书认为，在认定效力方面，间接证据证明的效力不具有确定性，间接证据证明的效力最终确定与否与事实上推定一样必须综合对方当事人是否提出反驳以及反驳的力度等因素确定。

---

① [美] 乔恩・R・华尔兹著，何家弘等译:《刑事证据大全》(第 2 版)，中国人民公安大学出版社 2004 年版，第 168—369 页。

② 褚福民:《事实推定的客观存在及其正当性质疑》,《中外法学》2010 年第 5 期，第 669—670 页。

第三节 事实上推定与经验法则

前文已述，事实上推定是由法院依据经验法则和逻辑法则，从已知的基础事实推断出推定事实的一种证据规则。事实上推定包含四大要素：经验法则（大前提）、基础事实（小前提）、逻辑推理、推定事实（结论）。与法律上推定相比，其他三大要素相同，唯一的区别在于事实上推定的大前提是经验法则，而法律上推定的大前提是法律规定。由此，经验法则成为事实上推定的关键要素，也成为事实上推定研究的重心。

关于经验法则，国内民事诉讼法学界的研究成果颇多，[①] 研究的内容主要集中在经验法则的概念和特点、分类，经验法则的功能，经验法则的局限及其克服等。本书旨在研究作为事实上推定基础的经验法则，因此侧重研究以下几个问题：

一、经验法则不应要求为必然性联系

在案例 2，即如皋市吴窑镇吴窑居民委员会诉王长华等返还财产案中，江苏省南通市中级人民法院判决道："一审法院在本案中适用《民事证据规定》关于根据已知事实和日常生活法则能推定出的另一事实，当事人无须举证证明的规定确属不当。根据已知的事实推定未知的事实须建立在严密的逻辑推理和人们日常生活经验的基础之上，且已知的事实与推定事实之间须有必然的联系。"案例 10 中重庆市高级人民法院的判决意见中也有类似的表述。这里的"已知的事实与推定事实之间须有必

---

① 代表性论文主要有：毕玉谦：《试论民事诉讼中的经验法则》，《中国法学》2000 年第 6 期；刘春梅：《浅论经验法则在事实认定中的作用及局限性之克服》，《现代法学》2003 年第 3 期；柯艳雪、尹腊梅：《经验法则的比较法分析及其建构》，《民事程序法研究·第三辑》；张卫平：《认识经验法则》，《清华法学》2008 年第 6 期；张中：《论经验法则的认识误区与实践困境》，《证据科学》2011 年第 2 期；吴洪淇：《从经验到法则：经验在事实认定过程中的引入与规制》，《证据科学》2011 年第 2 期。

然的联系”意味着经验法则必须反映事物之间的必然联系。学术界也有部分学者曾主张这种观点。例如，有学者认为，在证据法意义上，经验法则是法官依照日常生活中所形成的反映事物之间内在必然联系的事理作为认定待证事实的根据的有关法则。[①]

本书认为，要求经验法则反映事物之间的必然联系，要求过高。理由主要有三点：第一，经验法则来源于归纳推理，而归纳推理本质上是一种或然性推理。所谓经验法则，是指从经验中归纳出的有关事物的知识或法则。[②]经验法则源自对经验的归纳推理，而“归纳推理是或然推理，前提只对结论提供一定的支持关系，前提真结论不一定真。并且，还可以运用概率论和数理逻辑对归纳推理中前提对结论的支持关系给予数量的刻画”[③]。既然归纳推理仅仅是一种或然性推理，因此，那种要求经验法则必须反映事物之间必然联系的观点，要求过高。第二，经验法则的说法源自于自然规律，而自然规律这种提法已经有点不合时宜了。通常情况下，我们把自然规律理解为有关自然现象之间的必然联系的最一般的、具有普遍性的陈述。自然规律上述含义是通过类比转让而产生的：将上帝制造规律的权利与能力类比于或者说转让给了自然本身。由此，我们便认为自然界的现象在其产生的顺序上具有规律性、规则性以及必然性。但是鉴于休谟对因果关系的客观性和归纳推理的必然性所提出的尖锐批评，[④]现代科学哲学界已经认识到在经验科学中我们所能总结出来的只是或多或少经得起检验的“假设”，而很难是“因果规律”，因此建议我们最好不要轻易使用“法则”“规律”一类的词汇。[⑤]既然自然规律

---

① 毕玉谦：《试论民事诉讼中的经验法则》，《中国法学》2000 年第 6 期。

② [日] 新堂幸司著，林剑锋译：《新民事诉讼法》，法律出版社 2008 年版，第 375 页。

③ 陈波：《逻辑学导论》，中国人民大学出版社 2006 年版，第 8 页。

④ 关于休谟对因果关系的客观性和归纳推理的必然性所提出的批评，参见陈波著：《逻辑学导论》，中国人民大学出版社 2006 年版，第 260—263 页。

⑤ [德] 汉斯·波塞尔著，李文潮译：《科学：什么是科学》，上海三联书店 2002 年版，第 52 页。

这种包含必然性的提法都已经不合时宜了，那种要求必然性的经验法则也不合适了。第三，民事诉讼中，事实上推定所需要的经验法则也无须达到必然性。一个要件事实的认定，可能基于单个事实上推定或单个间接证据证明，也可能基于若干个事实上推定或若干个间接证据证明。以单个事实上推定而论，假设基础事实 100% 真实，则推定事实的真实程度完全取决于经验法则的真实程度；既然我国现行民事诉讼证明标准为“高度盖然性”（75%），则要件事实或推定事实为真的概率应≥ 75%，相应的经验法则为真的概率程度可降为≥ 75%。在数个事实上推定的情况下，各个经验法则的概率可能还允许进一步降低。简言之，民事诉讼中经验法则的真实程度要求与民事诉讼证明标准大体相同；民事诉讼证明标准不是 100% 真实，也没有理由要求民事诉讼中经验法则的证明程度为 100% 真实。

上述分析已经表明，要求经验法则反映必然联系的观点既不可能也无必要。在案例 2 中，二审法院尽管根据“必然联系说”支持了上诉人提出的原判适用法律不当的上诉主张，判定一审法院适用最高人民法院《关于民事诉讼证据的若干规定》推定错误，但是，却驳回了上诉人不予还款的主张，维持了原判的处理，理由是上诉人的抗辩未获得证据优势。从表面上看，上述结论似乎能自圆其说。实际上，上述看法是矛盾的，因为证明标准所要求的概率决定了事实上推定中经验法则的概率，不应出现证明标准为高度盖然性证明标准却要求事实上推定中经验法则的概率为 100% 的情况。

在案例 10，即上海派克笔有限公司与重庆重客隆超市连锁有限责任公司商标侵权纠纷上诉案中，该案的二审法院运用“必然联系说”驳回了原告的上诉请求。既然“必然联系说”不成立，该案二审法院的相关判决意见是否正确就需要进一步思考了。笔者认为，该案二审法院驳回上诉人的上诉主张，维持原判的处理是正当的，但是正当理由不是“必然联系说”，而是因为该案中上诉人主张的经验法则达不到最低概率要求。该案上诉人所主张的经验法则——消费者购买假冒商品后，会怀疑销售商或生产商的信誉。由于销售商在当地信誉很好，消费者不会怀疑销售商的信誉，自然就会怀疑生产商的品牌和产品质量——概率太低，事实上根据经济学家的研究，假冒商品经常有助于提升被假冒商品的品牌和产品质量。[①]

二、经验法则的最低概率[②]要求

在案例 17，即北京神州塑胶跑道铺装有限公司与北京住总正华开发建设集团有限公司混凝土分公司买卖合同纠纷上诉案中，北京市第一中级人民法院认为，“神州公司提交的《塑胶球场工程合同》《追加合同》《基础施工合同》和支出凭证等证据，只能证明其与王宏存在转包关系，但该事实不能否定其与住总正华分公司之间的买卖关系，两者之间不存在排斥关系，也不符合其所述的《民事证据规定》第 9 条第 1 款第 3 项规定的情形”。上述判决意见意味着，该院不认可上诉人所主张的日常生活经验法则或商业惯例——同一公司不会基于同一项工程，既签订承揽合同，又签订买卖合同。这里的“不认可”是指这一宣称的“经验法则”没有满足经验法则所应具备的最低概率要求。[③]

现在的问题是，事实上推定中经验法则所应具备的最低概率究竟应为多少？

前文已述，经验法则来源于归纳推理，而归纳推理可以运用概率论

① 张五常:《中国的假货假的精彩　打假货是蠢行为》，http://finance.ifeng.com/opinion/fhzl/20091117/1474117.shtml, 2011-12-19。

② 概率，也即盖然性，这里的含义是指“日常的经历盖然性”，与客观的盖然性有别，参见 [德] 汉斯·普维庭著，吴越译:《现代证明责任问题》，法律出版社 2000 年版，第 137 页。

③ 有学者反对“盖然性”这种说法，主张采用“一般和个别”“常规和例外”“常态联系和变态联系”的说法，参见裴苍龄:《再论推定》，《法学研究》2006 年第 3 期，第 123 页。但笔者认为盖然性的说法更加精确。

和数理逻辑对归纳推理中前提对结论的支持关系给予数量的刻画。支持度小于100%但大于50%的，称该推理是归纳强的；支持度小于50%的，则称该推理是归纳弱的。在逻辑学上，恰当的论证（cogent argument）是强的且前提全都真的归纳论证。[①] 因此，如果想得到一个好的事实上推定，经验法则必须来自一个强的归纳，也即经验法则为真的概率大于50%。

在德国，学术界根据概率高低把经验法则分为四类，分别是生活规律、经验基本法则、简单的经验法则、纯粹的偏见。生活规律是指数学上可以证明的，或者符合逻辑的，或者不可能例外的经验。经验基本法则不能排除例外，但是必须具备高度的盖然性（如果……则大多数情况下是）。经验基本法则必须具备共同的基础和可验证性，甚至如果有必要可以经得起科学的检验；如果按照其特征依据生活经验它具备高度的证明力，一般没有必要在具体情况下用科学数据验证。简单的经验法则仅具备较低的盖然性，它不能独立地帮助法官形成完全的心证（如果……则有时），但是可以成为法官证明评价的一部分。纯粹的偏见（如果……则不成立）不具备盖然性特征，因而这样的规则没有价值可言，在判决中没有它的位置。[②] 上述看法尽管将经验法则按照概率高低进行了分类，但是各个分类中的概率并没有根据明确写出。不过我们可以结合德国法上的证明标准、表见证明等概念，将上述四类经验法则的概率大致表述如下：生活规律接近100%、经验基本法则在75%~99%之间，简单的经验法则在50%~75%之间，纯粹的偏见为50%以下。根据上面所述，我们可将德国法上事实上推定中经验法则所应具备的最低概率要求总结

---

① [美]帕特里克·赫尔利著，陈波等译：《简明逻辑学导论》(第10版)，世界图书出版公司2010年版，第38页。

② [德]汉斯·普维庭著，吴越译：《现代证明责任问题》，法律出版社2000年版，第155—160页。

如下：表见证明中经验法则的最低概率要求为75%，情势证明中经验法则的最低概率要求为50%。

在美国，任意性推定（也即推论，笔者注）应当达到的证明标准为优势证明标准。换句话说，在判断一项任意性推定的正确性时，必须能够确定从基础事实中推导出来的推定性事实发生的可能性大于不发生的可能性。[①] 上述结论在下述一系列案件的判决中得到验证。在 Aguimatang v.California State Lottery 一案中，[②] 法院指出，推论不是猜测和臆测；推论必须基于很有可能而非只是可能。在 Fowler v.Campbell 一案中，[③] 法院指出，推论的合理性取决于人们能否借助常识和经验从已证明的事实和情况得出被推断事实这一可能假设。不合理的推理基于猜测、推测、揣测、臆测或仅仅可能得出武断或任意的结果。在 illman v.Frenzel Const. Co. 一案中，[④] 法院指出，最终结论是，当从同一证据能以同等可能性推断出相反事实时，事实的存在不能被推断。在 McLane Co.，Inc.v.Weiss 一案中，[⑤] 法院判决："许可性推定所需要的合理联系强度标准比强制性推定低，其仅需要满足优势标准，即如果基础事实更可能导致推定事实存在，那么测试就已通过、合理联系标准已满足。"根据以上，在美国法上，可以作为事实上推定（许可性推定）基础的经验法则的最低概率要求为50%。

转回中国民事诉讼中的经验法则，其最低概率要求是多少呢？本书认为，首先，肯定不得低于50%。一旦少于50%，就失去了推定的意义。总不能根据基础事实，去推定一个小概率的推定事实存在吧！其次，

---

① [美]诺曼·M. 嘉兰、吉尔伯特·B·斯达克著，但彦铮等译：《执法人员刑事证据教程》（第4版），中国检察出版社2007年版，第72页。

② Aguimatang v.California State Lottery，286 Cal.Rptr.57 Cal.App.3.Dist.,1991.

③ Fowler v.Campbell, 612 N.E.2d 596 Ind.App.1.Dist.,1993.

④ illman v.Frenzel Const.Co.,635 N.E.2d 435 Ill.App.1.Dist.,1993.

⑤ McLane Co.,Inc.v.Weiss, 965 S.W.2d 109 Ark.,1998.

是否应达到75%以上取决于中国民事诉讼证明标准。考虑到2014年最高人民法院发布的《民诉法解释》第108条第1款[①]已经确立了类似于德国民事诉讼法上的高度盖然性证明标准，中国民事诉讼中事实上推定的经验法则为真的最低概率要求是75%。

三、确认经验法则必要时需考虑价值因素

在第一节整理的案例7，也即袁延东与章海义等民间借贷纠纷上诉案中，该案二审法院山东省东营市中级人民法院在终审判决书中写道："基于本案证据，范伟以章海义的名义索要贷款的行为，并未有证据证明章海义明知此事，在此情况下，本院不能确认只要第三人向债务人要求履行债权人的权利就认为第三人是得到权利人的授权是日常生活经验法则，如果如此确认了，那么不但对于债权债务人来讲存在着极大的交易危险，更为重要的是生活的秩序将会遭到破坏，尤其是在我们正在建立诚信体系的今天，这一点显得尤为突出，本案对此就是一个活生生的反映。更需要注意的是，作为被上诉人范伟来讲，其在整个交易过程中是上诉人的保证人，如果将这一因素考虑在其中的话，那么这种生活经验法则或者说交易的习惯更不宜确认，毕竟如一审法院所认为的，范伟在将来的合同履行中是负有连带责任的，把这种债权人向其保证人履行就视为向权利人履行是非常不合时宜的。"

根据上述判决要旨，该院之所以不能确认这样的日常生活经验法则——只要第三人向债务人要求履行债权人的权利就认为第三人是得到权利人的授权，理由主要有两点：一是确认该被宣称的日常生活经验法则会导致不好的政策后果，即增加交易风险、破坏社会秩序；二是该被宣称的日常生活经验法则有违保证这一履约担保机制的根本目的。

---

①《民诉法解释》第108条第1款规定，对负有举证证明责任的当事人提供的证据，人民法院经审查并结合相关事实，确信待证事实的存在具有高度可能性的，应当认定该事实存在。

值得注意的是，上述两点理由都是从价值角度，而非事实角度进行论证的。前文已述，经验法则是指从经验中归纳出的有关事物的知识或法则。[1] 根据其定义，经验法则是一个事实型概念，法院应该根据其存在概率的高低确认其存在与否。但是，在本案，法院没有就该经验法则存在概率高低而确认或否认，而是基于其可能导致的不良后果和有违相关法规目的而否认。这样，就产生了两个问题：一是法院在确认经验法则存在与否的时候，要不要考虑政策性后果和相关法规目的等价值因素？二是如果法官仅根据概率确认经验法则存在进而待证事实存在，但认定了该事实却导致了不良政策性后果或违背了相关法规目的，此时怎么处理？

本书认为，经验法则分为两类，一类是物质世界的经验法则；另一类是社会世界的经验法则。对于物质世界的经验法则，法官在确认其存在与否时，只须考虑概率因素，无须考虑政策性后果或相关法规目的。对于社会世界的经验法则，除了考虑概率因素外，还应考虑政策性后果或相关法规目的。之所以做这样的区分，是因为确认或否定某一个物质世界的经验法则不会对人类行为、人类价值产生影响，而确认或否认社会世界的经验法则对人类行为、人的价值会产生影响。

进一步，如果法官根据概率可确认某经验法则存在，但确认该经验法则并推定某待证事实的存在却导致了不良政策性后果或违背了相关法规目的，此时法官应当根据政策性后果或相关法规目的否定该经验法则的存在。

在比较法上，存在源于上述思路的立法例。例如，美国《联邦证据

① ［日］新堂幸司著，林剑锋译：《新民事诉讼法》，法律出版社 2008 年版，第 375 页。

规则》禁止使用与事后补救措施、[1]和解与提出和解、[2]医疗和其他类似费用的支付[3]以及责任保险[4]有关的证据证明过错或责任。之所以要排除这些本来具有关联性的证据，一般认为基于以下三点理由：第一，上述证据对其证明对象通常只有很微弱的证明力，并且容易误导陪审团；第二，我们不想阻止人们从事对社会有益的行为；第三，我们不想因为某个人做好事而“惩罚”或损害他。[5]其中的后两点理由就是政策性理由。换言之，事实认定也得考虑价值因素。

以本案论，本案审判法官直接根据不良政策性后果和违背相关法规目的否定该经验法则存在一些瑕疵。正确的做法是，法官先仅根据概率确定该经验法则是否存在；如存在，法官再根据确认该经验法则的存在可能导致的不良政策性后果和违背相关法规目的而否定该经验法则。

与本案类似的是南京彭宇案的一审判决。[6]关于彭宇案的一审判决，

---

① 美国《联邦证据规则》第407事后的补救措施：凡是因某事引发所称的伤害或损害，行为人采取了那些若事先采取本来能减少该伤害或损害发生可能性的措施，则关于这些事后措施的证据，对证明过失、犯罪行为、产品缺陷、产品设计缺陷，或者关于警示或命令的需要而言，无可采性。

② 美国《联邦证据规则》第408和解与和解提议：为证明请求权应承担的责任或请求权无效或请求的金额，而提出与下列事项有关的证据无可采性：在对一项主张的有效性或金额存有争议时，为达成和解或试图达成和解，而（1）提供或提议或允诺提供；（2）接受或提议或允诺接受一项对价。同样，与和解谈判中的行为或言论有关的证据，亦无可采性。此项规则并不要求，对通过其他途径发现的任何证据，仅仅因为其在和解谈判中出示过而予以排除。此项规则亦不要求，对为其他目的出示的该证据而予以排除，例如为证明证人的偏见或成见、否认不当拖延诉讼的争议，或证明旨在妨碍刑事侦查或起诉的尝试。

③ 美国《联邦证据规则》第409医疗费或类似医疗费的支付：关于支付或提议支付或允诺支付因伤害所致医疗费、住院费或类似费用的证据，对证明伤害赔偿责任而言，无可采性。

④ 美国《联邦证据规则》第411责任保险：关于某人曾经投保或未曾投保责任保险的证据，对于此人是否疏忽行事或以其他方式不法行事的争议，无可采性。此项规则并不要求，当举证是为其他目的如为证明代理、所有权，或者控制，或者证人的偏见或成见时，对有关责任保险的证据予以排除。

⑤ [美]罗纳德·J.艾伦等，张保生、王进喜、赵滢译：《证据法：文本、问题和案例》，高等教育出版社2006年版，第347—349页。

⑥ 南京市鼓楼区人民法院（2007）鼓民一初字第212号民事判决书。

学界已经从逻辑学、证据法学、民事诉讼法学等方面进行了比较详尽的分析评述，[①] 多数学者都指出该案中法官所宣称的数个“日常生活经验法则”盖然性较低，因而不属于经验法则。对学界的上述研究结论笔者大体都赞成，笔者只想补充一点：该案审判法官在确认经验法则时不该遗漏了对确认该经验法则之后政策性后果的考察。

有学者将彭宇案法官推定撞人成立的三条“经验法则”总结如下：“一、如果彭宇是做好事，更符合实际的做法是抓住撞到老太的人，而不是好心相扶；二、如果是做好事，根据社会情理，老太家人到场后，其完全可以说明事实经过并让其家人将老太送到医院并自行离开。三、根据社会情理，与老太儿子素不相识，一般不会贸然借款，但彭宇借了。”[②] 很明显，这三条“经验法则”都是社会世界的经验法则；暂不考虑这三条“经验法则”是否满足最低概率要求而成为真正的经验法则，但从价值角度考虑，确认上述三条“经验法则”的存在，将在事实上惩罚某个人做好事，进而阻止人们从事对社会有益的行为。因为彭宇扶起倒地老人并将其送往医院，还借钱给老人看病等行为属于做好事且有益于社会，一旦这样的行为被法官用作证明其“撞到”老人的证据，以后遇到类似的情况，一些原本想扶起摔倒在地老人的人就不敢轻易伸手了。彭宇案之后一系列老人倒地无人敢扶的事件出现验证了这一点。

为了改变彭宇案后各地出现的老人倒地无人敢扶的现状，中国亟须引进美国《联邦证据规则》禁止使用与事后补救措施、医疗和其他类似

① 代表性论文主要有：张继成：《小案件 大影响——对南京“彭宇案”一审判决的法逻辑学分析》，《中国政法大学学报》2008 年第 2 期；张卫平：《司法公正的法律技术与政策——对“彭宇案”的程序法思考》，《法学》2008 年第 8 期；周量：《解读“彭宇案”判决理由——以证据规则和民事诉讼理论为视角》，《东方法学》2008 年第 5 期；杨晓玲：《经度与纬度之争：法官运用“经验法则”推定事实——以“彭宇案”为逻辑分析起点》，《中外法学》2009 年第 6 期。

② 杨晓玲：《经度与纬度之争：法官运用“经验法则”推定事实——以“彭宇案”为逻辑分析起点》，《中外法学》2009 年第 6 期，第 944 页。

费用的支付以及责任保险有关的证据证明过错或责任规则。[①]

四、经验法则不包括逻辑法则

关于经验法则是否包括逻辑法则，国内国外诉讼法学界都有争论。在国内，有学者主张将经验法则分为以下五类：第一类：自然法则或自然规律；第二类：逻辑（推理）法则；第三类：道德法则、商业交易习惯；第四类：日常生活经验法则；第五类：专门科学领域中的法则。[②]显然，该观点主张经验法则包括逻辑法则。也有学者主张，在司法证明中，逻辑应该被视为与经验相对应的一个范畴，逻辑法则与经验法则共同构成了法律推理的基础。[③]在国外，有学者主张经验法则中概率最高的是生活规律，而生活规律包括思维规律，也即逻辑法则；[④]也有学者认为经验法则不包括逻辑法则，还特别指出："谈到这种法则（这里指经验法则，笔者注），切不可与在事实推理过程中所使用的其他规则相混淆。特别是不可将经验法则与逻辑法则和合理性规则相混淆。"[⑤]

本书支持经验法则不包括逻辑法则的观点，理由有四：第一，逻辑法则与经验法则本质有别，逻辑法则属于"先天知识"，所谓"先天知识"，是指不依赖于从感官经验而来的证据；经验法则属于"后天知识"，所谓"后天知识"，是指依赖于从感官经验而来的证据。[⑥]第二，逻辑命题具有不可证伪性，经验命题具有可证伪性。适当演绎出的逻辑命题是

---

①《民事证据规定（2001年）》第67条已经吸收了《联邦证据规则》第408条的精神。该条规定：在诉讼中，当事人为达成调解协议或者和解的目的作出妥协所涉及的对案件事实的认可，不得在其后的诉讼中作为对其不利的证据。

② 张卫平：《认识经验法则》，《清华法学》2008年第6期，第9页。

③ 张中：《论经验法则的认识误区与实践困境》，《证据科学》2011年第2期，第150页。

④［德］汉斯·普维庭著，吴越译：《现代证明责任问题》，法律出版社2000年版，第155页。

⑤［意］Michele Taruffo著，孙维萍译：《关于经验法则的思考》，《法律科学》2009年第2期，第175页。

⑥［英］路易斯·P·波伊曼著，洪汉鼎译：《知识论导论——我们能知道什么》（第2版），中国人民大学出版社2008年版，第229页。

绝对正确的，因为命题的结论已经包含于前提之中，因而只是范围小于前提的同义重复。而经验命题的结论大于所有前提之和，因而即便所有现有的前提都和结论一致，即便所有前提的观察都没有错误（尽管人的感觉、认识和理解也都必然会出现偏误），总有可能在未来出现不符合结论的现象及其观察。[①] 第三，就事实认定过程中的逻辑推理而言，逻辑法则是针对推理形式的，经验法则是针对推理前提（通常是大前提）的。日本有学者曾指出这一点，其认为："经验法则是针对判断的实质理由的，论理法则（即逻辑法则）是相对于判决理由的。"[②] 第四，我国相关法律规定已经明确将逻辑法则和经验法则相区分。《民事证据规定（2001年）》第64条规定："审判人员应当依照法定程序，全面、客观地审核证据，依据法律的规定，遵循法官职业道德，运用逻辑推理和日常生活经验，对证据有无证明力和证明力大小独立进行判断，并公开判断的理由和结果。"[③] 该条明确将逻辑法则与日常生活经验法则区分开。

最后，就笔者在本章第一节所整理的20个事实上推定案例而言，争议事项全部指向日常生活经验法则，没有一个案例的争议事项指向逻辑法则，这说明经验法则不包括逻辑法则这一观念已经是司法实务界的基本共识。

五、经验法则的证明

在前文案例19，即陆明红与芦山河合同纠纷上诉案中，上诉人陆明红不服一审法院判决，其上诉请求之一是请求二审法院根据《民事证据规定》第9条第1款第3项推定被上诉人（芦山河）擅自生产馅料。陆明红认为，馅饼的生产是小作坊形式，馅料即使冰箱存放，一般超一周

---

① 张千帆：《宪政原理》，法律出版社2011年版，第10页。

② ［日］近藤完尔：《心理形成过程的说示》，转引自张卫平：《认识经验法则》，《清华法学》2008年第6期。

③ 本条的内容反映在2019年修正的《最高人民法院关于民事诉讼证据的若干规定》第85条第2款。

也不能保鲜，芦山河正常经营期间是3~4天进一次货。2009年1月16日之后，芦山河不再进馅料，却经营至2009年4月9日，应推定其在这段时间内擅自生产馅料。该案二审法院终审判决否定了上诉人的推定申请。二审法院认为，陆明红未举证证明馅料的保质期、馅饼行业的平均年销售量这两个基础事实，因此不能当然推论出芦山河尚需要购买馅料的事实。简言之，二审法院认为上诉人没能证明经验法则因而不同意进行推定。本案提出的问题是：经验法则需不需要证明？如果需要证明，应当由谁提供证明？

关于经验法则需不需要证明，国内民事诉讼法学界的基本共识是：对于一般经验法则，法官固应有知悉并适用之义务，但特别之经验法则，尤其是关于专门学术知识之法则，法官不能完全知悉，事所当然，故应为证明对象。[①] 这里的“一般经验法则”是指普通人在日常生活经验中获悉的规律性知识。这里的“特别之经验法则”是指一定专业人士群体共同拥有的对特定专业领域内某些事物的规律性认识。需要指出的是，有些经验法则原本为特别经验法则，但随着知识的普及，这些经验法则逐渐为一般民众所共知，因而转变为一般经验法则。

日本民事诉讼法学界代表性学者也持同样见解。新堂幸司教授认为：“作为普通人中一分子的法官理应知晓那些常识性的经验法则，因此这些经验法则无需证明。当法官直接以此来认定事实时，由于是众所周知的经验法则，因而不会有人对该认定结果心存疑虑。此外，像法规内容那样作为法官在职务上必须知道的经验法则，也应当是同样的。但是，我们不能期望法官知晓属于特殊专业领域的经验法则，因此这些经验法则需要加以证明。纵使基于个人的研究或自己的特殊经验而知晓这类经验法则，那么也应当通过诉讼中出现的资料将其明确化，进而用于事实的

---

① 罗玉珍主编：《民事证明制度与理论》，法律出版社2003年版，第105页。

认定。因为法官具备这种特殊知识毕竟是极为偶然的，进而不足以使当事人信服，纵使某个法官是这个领域的专家，那么也必须通过鉴定人及其意见来进行事实认定，否则无法保障这种事实认定的客观性。当然，法官从鉴定意见出发，舍弃其中哪些经验法则，而选择哪些经验法则用于事实认定，这属于事实审法官的自由心证问题。”[①] 高桥宏志教授认为：“一如上述，司法裁判中的事实认定必须具有公正性。因此，在事实认定中所使用的经验法则必须能够被法官和双方当事人所了解，具有可视性。这样的话，如果属于一般常识性的经验法则，就没有必要在诉讼中加以证明（因为这有违诉讼效率的要求）；如果该经验法则属于非常识性，且能够左右事实认定的结果，则必须在诉讼中加以证明；如果运用了与当事人一方或双方预期相违背否认经验法则，就会造成事实认定突袭，难谓公正。”[②]

对于法官不知晓的一般经验法则和特殊经验法则应当由谁提供证明，国内民事诉讼法学界鲜有探讨，大家似乎默认应当由主张者提供证明。值得注意的是，德国民事诉讼理论界似乎主张由法官自主、自由发现。尧厄尼希教授认为：“法官可以以任何方式获得有关经验法则的知识，特别是借助鉴定人的帮助，但也可通过自己的行动，例如通过阅读专业书籍。他的确认不受当事人行为的约束。”[③] 罗森贝克教授说得更清楚：“认定法院不知晓的经验法则的证据手段是鉴定人。法官可以依职权调取这种证据并且无须当事人的动议。当事人既不必主张经验法则，也不能通过反驳使其具有证明必要或者通过不反驳或者自认使法官获得确信。法官可以通过任何其他方式获取对经验法则的认识，如利用书籍或者在其

① [日]新堂幸司著，林剑锋译：《新民事诉讼法》，法律出版社2008年版，第375页。

② [日]高桥宏志著，张卫平、许可译：《重点讲义民事诉讼法》，法律出版社2007年版，第29页。

③ [德]奥特马·尧厄尼希著，周翠译：《民事诉讼法》（第27版），法律出版社2003年版，第265页。

他程序中的鉴定，通过私下调查或自己的研究等。与事实认定相反，经验法则的适用必须接受上告法院的复查。对于不被普遍承认的经验法则，由事实法院认定这种法则的证明价值。法院使用特殊知识的，它应当对该知识和自己的知识基础进行证明，并为当事人提供听审。”①

就本节开始提及的案例 19 而言，该案涉及的经验法则尽管属于日常生活领域，但是本案法官并未在日常生活中获悉该经验法则，因此该经验法则仍需证明。又，根据中国民事诉讼证明责任分配的一般原则，应由该经验法则的主张者——本案上诉人陆明红提供证据证明。

第四节　事实上推定不是法律上推定

一、问题的提出

在上文案例 6，即李东升与佛山市顺德区山裕电器有限公司外观设计专利侵权纠纷上诉案中，上诉人（原审原告）李东升不服一审法院判决，其上诉理由之一是认为一审法院未能适用《民事证据规定》第 9 条第 1 款第 3 项推定被上诉人（原审被告）山裕公司有生产侵权产品的模具，进而责令山裕公司交出模具和设备。二审法院却认为：我国《专利法》第 57 条第 2 款及《民事证据规定》第 1 款第 1 项规定了专利侵权中的举证责任倒置问题，即专利侵权纠纷涉及新产品制造方法的发明专利的，由制造同样产品的单位或者个人提供其产品制造方法不同于专利方法的证明。本案上诉人所主张的推定不属于这种情况，因而应由主张者举证证明；本案主张者未能举证证明，故应承担败诉后果。本案二审法院相关判决意见可以商榷的地方有很多，本书仅指出一点——该案二审法院混淆了法律上推定和事实上推定。上诉人主张的运用事实上推定，

① [德] 罗森贝克、施瓦布、戈特瓦尔德著，李大雪译：《德国民事诉讼法》（下），中国法制出版社 2007 年版，第 823 页。

而二审法院却以不符合法律上推定为由拒绝，二审法院过失或故意地混淆了法律上推定与事实上推定的区别。本案引申出的问题是，事实上推定与法律上推定究竟有什么区别？

二、法律上推定与事实上推定的比较

在回答这个问题之前，我们先得简单回顾一下“事实上推定”和“法律上推定”的含义。

在我国，事实上推定是由法院依据经验法则和逻辑法则，从已知的基础事实推断出推定事实的一种证据规则。① 按照德国著名法学家普维庭教授的看法，事实上推定可以按照其所依赖的经验法则的盖然性高低分为两小类，分别是情势证明和表见证明。情势证明以简单的经验法则（如果……则有时）为基础；表见证明以基本经验法则（如果……则大多数情况下是）为基础。单个情势证明不足以使法官对某个待证事实形成完全的心证，它必须和其他证明组合起来才有可能证明某个待证事实；单个表见证明可以使法官对某个待证事实形成完全的心证。对情势证明的反驳相对比较容易，对表见证明的反驳相对较困难。② 就笔者前文所搜集的 20 个事实上推定案例而言，就那些确认为事实上推定的案例而言，我们可以大致将其分成如下两组：案例 2、9、14、16 中的事实上推定属于情势证明；案例 1、3、4、11、13、18、20 属于表见证明。

依本书之观点，法律上推定分为广义法律上推定、狭义法律上推定以及最狭义法律上推定。广义的法律上推定是指一旦某一（组）条件达到或者无需任何条件，法官必须或可以假定某一待证事实或事项存在，但允许异议方反驳该被假定事实或事项的法律规则。广义的法律上推定在对象上，不仅包括事实，还包括权利（法律关系和责任）、证据效力；

---

① 江伟主编：《民事证据法学》，中国人民大学出版社 2011 年版，第 141 页。

② ［德］汉斯·普维庭著，吴越译：《现代证明责任问题》，法律出版社 2000 年版，第 87 页和第 156~160 页。

依条件—强制性—效果为标准，可以分为强制性转移客观证明责任的直接推定、可能转移证据提供责任的许可性低度证明推定、强制性转移证据提供责任的低度证明推定、强制性客观证明责任的低度证明推定、可能转移证据提供责任的许可性推论推定、强制性转移证据提供责任的推论推定、强制性客观证明责任的推论推定。狭义的法律上推定仅包括推论推定，是指一旦基础事实被证明，法官必须或可以假定待证事实或事项存在，但允许异议方反驳该被假定事实或事项的法律规则。最狭义的法律上推定特指推论事实上推定。

由于法律上的非事实推定与事实上推定在对象上的区别显而易见，法律上的直接事实推定和法律上的低度证明推定与事实上推定在结构上的区别显而易见，因此真正值得比较的是法律上的推论事实推定和事实上推定。传统上诉讼法学界关于法律上推定和事实上推定的比较也正是基于这两者展开的。①

法律上事实推定和事实上推定的相同之处在于以下四点：第一，法律上推论事实推定与事实上推定在对象上相同，都针对要件事实。第二，法律上推论事实推定与事实上推定结构上相同，都存在前提事实与推定事实两个组成部分。第三，前提事实相对于推定事实都是一种间接事实。第四，推定事实都允许提出反证。

笔者认为，其不同点主要体现在以下七点：

第一，形式不同。法律上推论事实推定是依据法律规定进行的推定，具有抽象的规则形式。而事实上推定则具有鲜明的个案性，是法院根据个案具体情况认定案件事实的一种方式。②

第二，创设理由不同。立法者创设法律上推论事实推定的根据除了

① 代表性文献主要有：毕玉谦：《民事证明责任研究》，法律出版社 2007 年版，第 468—471 页；龙宗智：《证据法的理念、制度与方法》，法律出版社 2008 年版，第 289—291 页。

② 毕玉谦：《民事证明责任研究》，法律出版社 2007 年版，第 468 页。

前提事实与推定事实之间通常的伴生关系外，还往往根据社会政策的需要进行。法院在审理个案当中适用事实上推定的理由通常是经验法则，较少根据社会政策。

第三，效果与反证程度不同。法律上推论事实推定的效果尽管多样，但总体上看要比事实上推定的效果强。法律上强制性推论事实推定最低转移证据提供责任，而事实上推定与法律上许可性推论事实推定一样最多转移证据提供责任。相应地，通常法律上事实推定的对方当事人成功反证的难度就大于事实上推定的对方当事人成功反证的难度。

第四，反驳的途径不同。法律上推论事实推定通常只有两种反驳途径，即反驳基础事实不存在和反驳或反面证明推定事实不存在。而事实上推定除了可以反驳基础事实不存在和反驳或反面证明推定事实不存在之外，还可以反证经验法则不存在。

第五，强制性程度不同。法律上推论事实推定通常是强制性推定，一旦前提事实被证明，法院必须根据法律推定待证事实存在（或不存在），除非对方当事人对推定事实提出了有效反证。而在事实上推定，即使前提事实被证明，法官仍然可以根据案件审理具体情况认定待证事实存在（或不存在）。

第六，稳定性不同。法律上推论事实推定通常是强制性推定，强制性推定的反对证据一旦确认，该推定就如气泡爆裂，不再发生效力，也即法官在认定案件事实时不再考虑该推定。事实上推定则不然，即使有反对证据被提出，事实上推定仍然存在并且和所有其他证据一起被法官纳入心证考虑范围。①

第七，法律上推定是法律适用问题，事实上推定是证据评价问题，二者在诉讼中的意义和性质不同。在中国，直接影响上诉审及监督审直

① 龙宗智:《证据法的理念、制度与方法》，法律出版社 2008 年版，第 289—291 页。

接审理或发回重审的适用。在大陆法系国家民事诉讼中，如果适用经验法则的目的是认定事实，则错误适用经验法为通过控诉审予以救济；如果适用经验法则的目的是解释法律，则错误适用经验法为通过上告审予以救济。

三、“事实上推定”这个概念应该被果断抛弃

龙宗智教授对事实上推定这个概念提出了质疑。他认为，事实上推定不应成立。其论证理由大致分为四点：第一，引用美国代表性证据法学家如格莱姆、摩根、威格摩尔，以及中国台湾地区学者李学灯等人的意见说明比较法学界都认为事实上推定这个概念不应该再存在。第二，他认为，“事实上推定”这个概念混淆了推定机制（也即法律上推定，笔者注）与证明机制（也即运用间接证据证明，笔者注）的界限，因此，一方面可能导致证明机制的紊乱，另一方面也使推定机制的建立丧失了意义。第三，事实上推定可能与国家的法制原则发生冲突，这里特指事实上推定可以转移证明责任，而证明责任这一风险分配只能由法律预先规定，不能由法官在个案中裁量分配。第四，在刑事诉讼中，事实上推定会冲击无罪推定原则。具体来说，如果允许法官可以根据案件情况运用事实上推定随意改变证明责任分配要求，降低证明标准，那么“无罪推定”就会荡然无存。①

对于龙宗智教授的上述四点论证理由，笔者基本同意前两点理由，但是不同意后两点。关于第一点理由，即比较法对此问题的意见，龙宗智教授主要引用了美国、中国台湾地区的证据法学家的意见，笔者在此引用德国普维庭教授的意见以补充此处论证。汉斯·普维庭认为：“所谓的事实推定是判决经常采用的辅助手段，它既可以指证明责任分配的改变，也可以指法官心证的获得。这种极不统一的用法导致了许多误解和

---

① 龙宗智:《证据法的理念、制度与方法》，法律出版社 2008 年版，第 299—366 页。

随意歪曲。为了避免误解，还‘事实推定’以原貌，首先可以排除其证明责任性质。在证明评价方面有两种分类是值得考虑的。一些具备高度盖然性的经验基本原则可以构成表见证明；一些仅有较低盖然性的简单经验法则构成情势证明。这两种分类都清楚表明，事实推定作为一个法律现象是多余的。在司法实践中要避免使用该概念。”[①] 关于第二点理由，即承认“事实上推定”这个概念对法律上推定与运用间接证据证明机制的危害，笔者基本同意。笔者还需补充说明的是，“事实上推定”这个概念确实对司法实务界对准确把握法律上推定和运用间接证据证明造成了诸多干扰。在本书整理的案例 7 和案例 15 中，上诉人主张事实上推定，二审法院坚持要求上诉人提供证据证明，显然这两个案件中的二审法官误把事实上推定和证明当作两个截然不同的事物。在本书整理的案例 6 中，上诉人主张事实上推定，二审法院却以法律没有规定为理由驳回，这说明该案中的二审法官误把事实上推定和法律推定当作同一个事物了。还值得一提的是案例 5，上诉人主张事实上推定，二审法院在终审判决书中对此全不回应。之所以如此，笔者猜测原因之一可能是事实上推定模糊的身影令主审法官实在难以把握。

笔者之所以不同意龙宗智教授提出的理由三和理由四，是因为龙宗智教授混淆了性质截然不同的两种证明责任，进而得出了错误的结论。前文已指出，两大法系证明责任都分两种：在大陆法系，为客观证明责任和主观证明责任；在英美法系，为说服责任和证据提供责任。其中，客观证明责任和说服责任只在证明评价结束而没有结果，亦即存在真伪不明时，这时法官才可能借助客观证明责任或说服责任规则对纠纷作出判决。客观证明责任或说服责任这一风险分配是抽象的法律问题，只能由法律预先规定，不能由法官在个案中裁量分配。其中，具体的主观证

---

① [德] 汉斯·普维庭著，吴越译：《现代证明责任问题》，法律出版社 2000 年版，第 87—88 页。

明责任或证据提供责任取决于每一次的证明评价，属于事实问题，在诉讼中伴随法官对某一事实的心证程度波动而随时在当事人之间来回转换。根据上述对两种证明责任的理解，很显然，所谓“事实推定转移证明责任”，是指某些情况下，事实上推定转移主观证明责任或证据提供责任；事实推定从不转移客观证明责任或说服责任，并且，原则上事实上推定也不降低证明标准。因此，龙宗智教授所提到的“事实推定可能与国家的法制原则发生冲突”“事实推定会冲击无罪推定原则”等理由并不成立。

尽管龙宗智教授上述四个论证理由中的两个是错误的，但是鉴于其前两个论证理由是正确的并且较为有力，笔者基本同意龙宗智教授的观点，即“事实上推定”这个概念应该被抛弃。至于抛弃“事实上推定”之后，用什么概念指称这种现象，龙宗智教授主张用“推论”，“推论”强调推理过程；笔者更倾向于“运用间接证据证明”，这个概念更强调“证明”性质，但又嫌过长。

四、“事实上推定”去掉之后

不管用哪个词指称，在去“推定”之后，重要的是要搞清楚具体推论中经验法则的概率高低及其作用。正如普维庭所总结的：“如果法官必须拿生活经验来辩护，那么他必须得清楚地说明，他到底指的是可以形成心证的表见证明或者是一般的情势。此外，他得说明它在具体情况下的作用。”①

在去“推定”之后，要特别关注表见证明这类特殊的“推论”。由于表见证明往往仅根据一个基本经验法则就可以使法官就某个待证事实形成一个完全的心证，并且在客观存在信息漏洞或具体的间接证据的情形下可以与简化证明相联系。因此，表见证明对法官认定案件事实所起

① [德]汉斯·普维庭著，吴越译：《现代证明责任问题》，法律出版社2000年版，第88页。

的作用比情势证明大，同时其也有很大潜力借助于判例累积而上升为法律上推定。就本章第一节所整理的20个“推论”案例而言，案例1、3、4、5、6、7、8、10、12、13、15、17、18、19、20共15个案例都涉及表见证明，这说明司法实务界对表见证明高度重视。另外，案例1和案例20中推论之经验法则相同，假以时日，当运用同样经验法则的案例积累足够多时，该经验法则上升为法律上推定规则的概率也就大幅提升了。

在去“推定”之后，还需将与“事实上推定”相关的法律规范作调整。就民事诉讼而言，是指将现行《民诉法解释》第93条[①]第1款第（四）项和《民事证据规定（2019年）》第10条[②]第（四）项，即将“根据已知事实和日常生活经验法则推定出的另一事实”这一项去掉。之所以这样处理，是因为推论的性质与本条主旨不符：本条旨在规定不需证明的事项，推论本身即证明；本条各项转移客观证明责任，需充分证据才能反驳，推论仅转移主观证明责任，仅需初步证据即可反驳。这样一来，民事诉讼中的“运用间接证据证明”将直接由《民诉法解释》第105条和《民事证据规定（2019年）》第85条第2款规范。《民诉法解释》第105条规定：“人民法院应当按照法定程序，全面、客观地审核证据，依照法律规定，运用逻辑推理和日常生活经验法则，对证据有无证

---

①《民诉法解释》第93条规定，下列事实，当事人无须举证证明：（一）自然规律以及定理、定律；（二）众所周知的事实；（三）根据法律规定推定的事实；（四）根据已知的事实和日常生活经验法则推定出的另一事实；（五）已为人民法院发生法律效力的裁判所确认的事实；（六）已为仲裁机构生效裁决所确认的事实；（七）已为有效公证文书所证明的事实。 前款第二项至第四项规定的事实，当事人有相反证据足以反驳的除外；第五项至第七项规定的事实，当事人有相反证据足以推翻的除外。

②《民事证据规定（2019年）》第10条规定，下列事实，当事人无须举证证明：（一）自然规律以及定理、定律；（二）众所周知的事实；（三）根据法律规定推定的事实；（四）根据已知的事实和日常生活经验法则推定出的另一事实；（五）已为仲裁机构的生效裁决所确认的事实；（六）已为人民法院发生法律效力的裁判所确认的基本事实；（七）已为有效公证文书所证明的事实。 前款第二项至第五项事实，当事人有相反证据足以反驳的除外；第六项、第七项事实，当事人有相反证据足以推翻的除外。

明力和证明力大小进行判断，并公开判断的理由和结果。”《民事证据规定（2019 年）》第 85 条第 2 款规定：“审判人员应当依照法定程序，全面、客观地审核证据，依据法律的规定，遵循法官职业道德，运用逻辑推理和日常生活经验，对证据有无证明力和证明力大小独立进行判断，并公开判断的理由和结果。”

第六章
法律上推定立法之规范

第一节　创设推定的理由必须正当确实

一、推定创设正当理由概说

美国著名证据法学家麦考密克认为，创设推定的正当理由主要有四个:（1）一般来说，创设推定理由中最重要的是盖然性。绝大多数推定得以产生，主要是因为法官认为，事实B通常会导致事实A存在。一旦证明事实B存在，在对方当事人提出反驳前，就假定事实A是真实的。这种做法是合理、节省时间的。（2）有时是含蓄地而非明确表达出来的社会、经济政策观念促使法院通过推定支持一方当事人，相应地让对方当事人承受该推定所造成的不利后果。一个经典的例子是：占有，推定为所有，这往往有利于先前的占有者，进一步有利于财产权的稳定。（3）为了避免陷入僵局、达到一定的效果，即使这些效果具有一定的任意性。例如，为了解决生者对死者财产的继承权问题，尽管没有任何事实上的依据，推定在同一灾难中死亡的数人死亡先后时间的规则依然被创设。（4）纠正由于一方当事人更容易证明而引起的不平衡。例如货物交付最初运送人时情况良好，但至最后运送人交付受货人时发生瑕疵，此时货物所受损害，推定最后运送人造成。在这种情况下，由发货人以证据严格证明送货人的责任显然有悖情理；确定由最后运送人承担责任也缺乏盖然性的基础。并且，绝大多数推定不是仅仅依据上述四个理由中的一个，而是基于上述理由的综合。[①]

麦考密克教授的上述总结，在很大程度上也适用于中国民事法上推定规则的创设。例如，我国《民法典·侵权责任编》上广泛存在的“违法推定过失”规则背后的主要原理就是盖然性，也即根据人们的日常经验——过失通常与违法相联系。又如，《婚姻法解释（二）（2003年）》第24条[②]所规定的夫妻共同债务推定主要体现了上述理由（2），即在价值上偏重于保护债权人的利益，进而实现保障交易安全的目的。再如，我国《民法典》第40条[③]所规定的自然人失踪推定、第46条第1款[④]所规定的自然人死亡推定、第1121条第2款[⑤]所规定的统一事故中死亡先后时间推定，以及《保险法》第42条第2款[⑥]所规定的同一事件中死亡先后时间推定体现了上述理由（3），即为了避免僵局。最后，《公司法》第63条[⑦]所规定的一人有限责任公司公司财产与股东个人财产混同推定

---

① [美]约翰·W·斯特龙主编，汤维建等译：《麦考密克论证据》，中国政法大学出版社2004年版，第663页。

②《婚姻法解释（二）（2003年）》第24条规定，债权人就婚姻关系存续期间夫妻一方以个人名义所负债务主张权利的，应当按夫妻共同债务处理。但夫妻一方能够证明债权人与债务人明确约定为个人债务，或者能够证明属于婚姻法第十九条第三款规定情形的除外。

③《民法典》第40条规定，自然人下落不明满二年的，利害关系人可以向人民法院申请宣告该自然人为失踪人。

④《民法典》第46条第2款规定，自然人有下列情形之一的，利害关系人可以向人民法院申请宣告该自然人死亡：（一）下落不明满四年；（二）因意外事故，下落不明满二年。

⑤《民法典》第1121条第2款，相互有继承关系的数人在同一事件中死亡，难以确定死亡时间的，推定没有其他继承人的人先死亡。都有其他继承人，辈份不同的，推定长辈先死亡；辈份相同的，推定同时死亡，相互不发生继承。

⑥《保险法》第42条第2款规定，受益人与被保险人在同一事件中死亡，且不能确定死亡先后顺序的，推定受益人死亡在先。

⑦《公司法》第63条规定，一人有限责任公司的股东不能证明公司财产独立于股东自己的财产的，应当对公司债务承担连带责任。

主要体现了上述理由（4），因为基于一人公司的特性，其股东对公司财产和个人财产是否混同更方便证明，其他人则证明困难。

为了充分了解"创设推定的理由必须正当确实"这一立法原理，下文依次考察三个推定规则，分别是"违法推定过失""环境侵权因果关系推定""夫妻共同债务推定"。通过详细考察这三个推定规则的立法理由及其实践效果，来反思总结创设推定应当如何才能做到理由正当确实。

二、违法推定过失的正当性考察

在我国确立的诸多推定规则中，违法推定过失相关规则占据了很大比重，其涵盖的条文至少包括《民法典》第 1195 条第 2 款、第 1197 条、第 1198 条第 1 款和第 2 款、第 1199 条、第 1201 条、第 1206 条、第 1222 条第 1 项、第 1258 条第 1 款，《公司法》第 112 条第 2 款、第 207 条第 3 款，《证券法》第 24 条第 1 款后半段第 2 句、第 85 条后半段、第 163 条，《虚假陈述引发赔偿规定》第 21 条第 2 款、第 23 条第 1 款和第 2 款、第 24 条等 18 个条款，堪称是我国民事推定立法理由的第一大户，因此特别值得注意。其中，《民法典》第 1222 条第 1 项[①]将违法推定过失这一原理性推定规则明确予以揭示。

（一）违法与过错的界定

违法行为，尽管理论界对此有诸多争议，但根据本条之表述，就是指违反法律的行为。过错，理论界同样有诸多争议，并形成了主观过错说、客观过错说、主客观过错说三大流派。[②]不过，令人遗憾的是本条乃至我国《民法典·侵权责任编》对这一重要概念都没有界定。对于过错，笔者认为客观过错说已经是英国、美国、法国、德国、日本等国侵权法上关于过错的通说，并且这一学说与司法实践更为契合，因而赞同客观

---

①《民法典》第 1222 条规定，患者在诊疗活动中受到损害，有下列情形之一的，推定医疗机构有过错：（一）违反法律、行政法规、规章以及其他有关诊疗规范的规定；……

② 张新宝：《侵权责任构成要件研究》，法律出版社 2007 年版，第 429 页。

过错说，主张将“过错”理解为不当行为。[①]行为不当的判断标准是合理人标准，合理人标准的一般考量因素应包括风险的可能性、损害的大小、防范风险的费用、当事人行为的性质、紧急状态、知识或技能水平、通行的做法等。判断医生这样的专业人士行为不当的标准依然是合理人标准，只不过此时的合理人不是指社会普通人，而是指该专业人士所属行业的普通人，即其所属行业的能胜任其职务或工作的具有平均水平或技能的人。[②]

（二）违法与过失关系的比较法制

“违法推定过失”是指就民事责任原理而言，虽然名义上仍然维持着过失责任的外形，但在判断原理上，则将其标准与违法性的判断在实质上加以混合，因违法性的存在即认定过失也宣告成立的理论。[③]违法视为过失，在德国侵权法理论上一般称之为“违法牵连”（Rechtswidrigkeitszusammenhang），在美国侵权法理论上一般称为“违反法定行为标准的法律后果”问题。

德国法上的违法牵连，指行为违法并造成损害之事实，成为认定过失之表面证据。经常举的一个例子是，汽车闯红灯，驾驶人的行为违法；倘若因而肇事伤人，驾驶人有无过失，理论上应另举证证明之；实则，汽车闯红灯而肇事伤人之事实，表面上已足以说明驾驶有过失，从而驾驶人如图免责惟有举证证明其行为无过失矣。[④]违法牵连，效果为推定过失。推定，乃依表面所见之事实暂且据以认定另一事实之存在或不存在。斯此认定，系表见性、权宜性、假设性质认定。表见性之事实，与真正之事实未必相符；权宜性之认定，与终局之认定未必相符；假设性之认

---

① 胡雪梅:《“过错”的死亡——中英侵权法宏观比较研究及思考》，博士学位论文，第142页。

② 胡雪梅:《英国侵权法》，中国政法大学出版社2008年版，第127页。

③ 程啸:《侵权行为法总论》，中国人民大学出版社2008年版，第358页。

④ 曾世雄:《损害赔偿法原理》，中国政法大学出版社2001年版，第91—92页。

定，假设倘如不实认定随之更改。准此，推定可以反证推翻之。[①]

至于该推定的效果究竟是转移客观证明责任还是仅转移证据提供责任，我国有学者经研究指出，在确定客观的保护性法律被违反时，如果该保护性法律实际上规定了此种被禁止的行为，法院则倾向于过错推定。反之，如果保护性法律限于对被禁止行为所致后果进行规定，则后果要件的原因行为还不能就此推定存在违反义务或过失行为，即法院倾向认定为过失推论（表见证明）。这种过失推定或推论如何发生？德国法上的推导是这样的：保护性法律所要求的行为构成外在注意，如果该规范被违反，则行为人显然违反了外在的注意义务；那么，一般情况下，也可从此事实中推定行为人违反了内在的注意义务；最后，根据被违反规范的强度，分别采取表见证明或证明责任转换的立场。[②]

在美国法上，关于违反法定行为标准的法律后果的学说大致有三种：法定过失说（negligence per se）、推定过失说（prima facie negligence）、过失证据说（evidence of negligence）。法定过失说认为，违反法律规定并且没有免责事由的行为本身就是过失。推定过失说认为，违反法定行为标准的行为本身已构成过失侵权案件的表面证据，即违法行为本身可以被推定为过失行为。但是，如果有充足的免责事由则可以推翻过失推定。虽然法定过失说和推定过失说使用了不同的表述，实质上两种学说产生的结果大致相同。过失证据说认为，不能免责的违法行为并不能取代陪审团对被告行为合理性的审查，违反法定的行为标准且确实没有免责事由的行为只是证明被告具有过失的某种证据而已，陪审团在确定被告的行为是否合理时可以自由地决定是否接受这样的证据。

三种学说的区别大致在于两点：（1）违法行为、合理人标准、过失

---

① 曾世雄：《损害赔偿法原理》，中国政法大学出版社 2001 年版，第 83 页。

② 叶名怡：《论违法与过错认定——以德美两国法的比较为基础》，《环球法律评论》2009 年第 5 期，第 97 页。

三者之间的关系不同。法定过失说跳过合理人标准，直接将违法行为认定为过失。一旦原告证明被告违反了法定行为标准并且没有免责事由，陪审团对案件的审查重点就主要集中于某一特定规则及相关事实，而无需考虑与行为合理性问题有关的全部事实，如损失的严重性、损害发生的可能性、被告行为的效益、其他替代行为以及采取替代行为的负担。推定过失说，没有跳过合理人标准，而是滑过合理人标准，将违法行为推定为过失，允许被告运用证据推翻过失推定。过失证据说，则依赖合理人标准，将违法行为本身作为过失的证据之一，由陪审团自由评价之。（2）违法行为的后果严重程度不同，三种学说中违法行为的后果严重性依次降低。

在美国，有些州的法院对于违反权威机构，如州立法机构通过的法律的行为，适用法定过失说或推定过失说；而对违反较低级别机构，如市政当局或政府行政机构指定的法律或法规的行为，则适用过失证据说。《美国侵权行为法重述（第二次）》也采取了折中的说法。该重述第288B条第1款规定："立法机关的法律或行政机关的规范被法院采纳为合理人的行为标准而被违反时，如果没有可免责的理由，就视为有过失。"第2款规定："立法机关的法律或行政法规的规范没有被法院采纳为合理人的行为标准而被违反时，如果没有可免责的理由，则属于行为是否有过失争执的相关证据。"前款采用了法定过失说或推定过失说，后款采用了过失证据说。

（三）行为违法与行为不当关系的进一步考察

结合医疗行为的特殊性，进一步考察行为违法和行为不当之间的关系，我们可以得出如下四点结论：

第一，通常情况下，行为违法就意味着行为不当。正如有学者称："违法与过失经常如影随形，违法而不具过失者，虽非无之，终属少数。”[1]就医疗行为而言，有关诊疗行为的法律、行政法规以及其他规范，乃是医疗机构及其医务人员必须遵守的行为准则，也是判断其诊疗行为适当、合理的法律基础。如果诊疗行为人违反上述规范性文件，其行为自然属于违反合理人注意标准的不当行为。

第二，在一些情况下，行为违法与行为不当之间没关联，因而行为违法不能作为行为不当的根据。这通常是因为该法律是为了保护不同于原告的另一类人，或者是因为该法律是为了防止另一类不同类型损害的发生。例如，在 Brown 诉 Shyne 一案[2]中，原告在接受被告的脊柱按摩治疗之后不久而瘫痪。原告在其对被告的过失侵权之诉中，试图以被告没有按照法律的要求取得脊柱按摩治疗师执照这一事实作为其过失诉讼请求的依据。法院认为，法律之所以要求执业者取得脊柱按摩治疗师执照，只是为了防止那些技术拙劣或不熟练的按摩师给公众造成损害，而不是要求那些技术熟练并且在执业时已经尽到了注意，但是却没有取得执照的人承担严格责任。因此，原告必须证明被告不具备熟练的技术并且没有尽到注意义务，其所受损害才可归入法律旨在防止的损害范围之内。[3]

第三，在有些情况下，行为违法但具有正当理由，仍属行为正当。这些情况我们可以以《美国侵权行为法重述（第二次）》第 288A 条来说明。该条第 1 款规定，对一部法律或行政法规的违反如果被豁免不构成过失。该条第 2 款规定，除非该法律或法规被解释为不容许此类豁免，对该法律或法规的违反可在以下情况下被豁免：（a）由于行为人缺少相应能力，该违反是合理的；（b）他不知道，也不应当知道，他需要

① 曾世雄：《损害赔偿法原理》，中国政法大学出版社 2001 年版，第 93 页。

② Brown v.Shyne [151 N.E.197(N.Y.1926)(SATL299)].

③ [美] 文森特 · R. 约翰逊，赵秀文等译：《美国侵权法》，中国人民大学出版社 2004 年版，第 93—94 页。

遵守法律或法规的具体情形；（c）他在完成合理尽责或关注后无法遵守该法律或法规；（d）他面对的是一种非因其自身错误而发生的紧急情况；（e）遵守该法律或法规将包含给行为人或他人造成伤害的更大风险。根据《美国侵权行为法重述（第二次）》第288A条，在以上五种情况下，尽管行为人的行为违法却不构成过失，也即不属于行为不当。

第四，遵守法律的行为并不必然意味着行为正当。如果被告行为时的情况比通常情况更加危险，行为人就应当采取超过法定最低要求的预防措施。《美国侵权行为法重述（第二版）》第288C条规定，在一个正常人会采取额外预防措施的情况下，对一部法律或行政法规的遵守并不妨碍法庭判定行为人存在过失。一个医务人员应当具备的诊疗水平，并非完全能够被法律、行政法规、规章以及其他诊疗规范的有关要求所涵盖。在现实生活中，极有可能出现医务人员的行为完全是遵守具体的操作规程，但仍有可能作出不符合当时医疗水平的行为，特别是在医疗技术迅速发展、医疗规范性文件严重滞后的情况下。简言之，尽管行为妥当与否的一个重要依据是该行为是否符合法律、行政法规、规章以及其他诊疗规范的要求，但是行为违法与行为不当并非完全等同的概念。

总之，行为违法通常与行为人的主观过失相伴随，但是也非必然相伴随。因此，规定违法推定过失符合盖然性原理，同时还可督促行为人尽可能遵守法定义务。不过，中国侵权责任法上的具体违法推定过失规则究竟应一律转移客观证明责任还是有部分具体规则仅转移证据提供责任尚存疑问，需要结合未来中国侵权责任法的司法实践进一步研究。

三、环境侵权因果关系推定合理性论证[①]

一般认为,《民法典》第1230条[②]关于环境侵权引起的损害赔偿诉讼中关于因果关系证明责任分配的规定是证明责任倒置规定，也即直接推定规则。

证明责任倒置，按照李浩先生的界定，是指按照法律要件分类说应当由主张权利的一方当事人负担的证明责任，改由否认权利的另一方当事人就法律要件事实的不存在负证明责任。[③]相应地，所谓环境侵权诉讼中因果关系证明责任倒置，可以定义为按照法律要件分类说，在环境侵权诉讼中，原本应当由主张权利的受害者负担证明因果关系存在的证明责任，改由否认权利的加害人就因果关系不存在负证明责任。

近年来，有多位学者发文批评现行法的做法，主张在环境侵权立法上实行因果关系有条件推定，这里特别是指因果关系有条件推定。这些因果关系有条件推定论者在论证自己的主张时大多沿两个方向展开：一方面，批评现行法关于因果关系证明责任倒置的规定，认为其存在种种不足；另一方面，主张在环境侵权因果关系证明立法上采取“因果关系（有条件）推定”，认为因果关系有条件推定存在诸多优点。

（一）“因果关系有条件推定”论者对因果关系证明责任倒置的批评及笔者的回应

因果关系有条件推定论者主要从以下两方面批评现行法下的环境侵

---

① 刘英明:《环境侵权证明责任倒置合理性论证》,《北方法学》2010年第2期。

②《民法典》第1230条规定，因污染环境、破坏生态发生纠纷，行为人应当就法律规定的不承担责任或者减轻责任的情形及其行为与损害之间不存在因果关系承担举证责任。该条文的内容主要传承自《最高人民法院关于适用〈中华人民共和国民事诉讼法〉若干问题的意见》第74条和《民事证据规定（2001年）》第4条第3款。前者规定：在因环境污染等侵权引起的损害赔偿诉讼中，“对原告提出的侵权事实，被告否认的，由被告负责举证”。后者规定：因环境污染引起的损害赔偿诉讼，由加害人就法律规定的免责事由及其行为与结果之间不存在因果关系承担证明责任。

③《中国大百科全书·法学》(修订版)，中国大百科全书出版社2006年版，第287页。

权诉讼中的因果关系证明责任倒置规定：批评一，证明责任倒置过多地减轻了原告关于因果关系的证明责任，容易导致受害者“滥诉”。有学者提出，“单纯而不加区别的适用证明责任责任倒置，完全将被害人的证明责任免除或转换，有可能造成滥诉”[①]。批评二，证明责任倒置增加了企业的生产成本，对企业的发展不利。有学者还提出，“(因果关系证明责任倒置，笔者注)更为重要的是对担负经济发展重任的企业不利，而且近乎刻薄，这必然遭到业界的反对”[②]。

关于批评一，笔者认为，首先，因果关系证明责任倒置并没有完全免除或转换受害者的证明责任。

从理论上看，因果关系证明责任倒置规则下，原告确实不承担因果关系存在的客观证明责任，但是原告通常需要承担反驳责任——证据提供责任的一种。在多数情况下，被告方肯定会提出因果关系不存在的证据，原告为了削弱对方证据的证明力，不得不预防性或补救性地提出证明因果关系存在的证据，此时，原告承担了反驳责任。只是在极少数情况下——通常是被告根本不提供任何证明因果关系不存在的证据或者被告提供的证明力极其微弱的情况下，原告才不承担证明因果关系存在的证据提供责任。

从实务来看，笔者根据在中国司法案例数据库中检索统计[③]，总共找到了 68 个环境损害案例。笔者从这些案例判决书中一共找到 50 份指向因果关系的鉴定结论。在这 50 份证明因果关系存在或不存在的鉴定结

---

① 谢伟:《环境侵权证明责任研究》,《中国环境管理》2007 年第 4 期。

② 谢伟:《环境侵权证明责任研究》,《中国环境管理》2007 年第 4 期。

③ 截至 2009 年 2 月 1 日，笔者一共在中国司法案例数据库中找到了 68 个环境侵权损害赔偿案例及其判决书。这 68 个环境侵权损害赔偿案例中，有些是一审终审，有些是二审终审，个别案件二审结束后，还进行了再审，才宣告终结。在这 68 个案件的判决书里，我们总共发现 85 份鉴定结论，其中指向因果关系的鉴定结论是 50 份，其余的鉴定结论指向损害数额以及违法性等。

论中，原告方提交的鉴定结论总数是 37 份，占指向因果关系鉴定结论总数的 74%；被告方提交的鉴定结论总数是 5 份，占指向因果关系鉴定结论总数的 10%；法院委托的鉴定结论总数是 8 份，占指向因果关系鉴定结论总数的 16%。从均值来看，原告方平均每个案件提出 0.54 份指向因果关系的鉴定结论；被告方平均每个案件提出 0.07 份指向因果关系的鉴定结论，前者大约是后者的 7.71 倍。通过上述数据，我们可以清晰地看到，就“书本上的法”而言，原告的证明负担得到了极大地减轻；但就“行动中的法”而言，原告的证明责任并不低。

表 6.1　当事人双方提交的和法院委托的指向因果关系的鉴定次数

	原告方的鉴定次数	被告方的鉴定次数	法院的鉴定次数	指向因果关系的总鉴定次数	有效值（列表法）
总鉴定次数	68	68	68	68	68
某方提起的鉴定次数	37	5	8	50	
平均值	0.54	0.07	0.12	0.7353	

其次，现行制度架构下，因果关系证明责任倒置导致滥诉的可能性是很小的。理由如下：

1. 名义上，中国环境侵权责任法已经确立了完全赔偿原则。根据这一原则，环境诉讼中，原告胜诉后能得到的赔偿额相当于其因环境污染所遭受的全部损失额。但是，考虑到中国民事诉讼中各方自行负担律师费、鉴定费等，考虑到胜诉方仍须交纳执行费，考虑到执行难，考虑到环境侵权后的起诉概率和胜诉概率，考虑到中国环境侵权责任法没有采纳惩罚性赔偿制度等因素，我们认为，在实践层面，中国环境侵权责任法上实行的是不完全赔偿原则。因此，中国现行环境法制下，原告提起环境诉讼通常会得不偿失。

2. 环境诉讼成本巨大，普通个别受害者难以承担。环境诉讼往往耗时甚久，通常还必须聘请律师、申请科学鉴定，需要耗费大量的时间、金钱。在美国，集团诉讼制度实行推定相关受害者参加的模式，尽可能扩大受害者参与诉讼的比率，能有效分散环境诉讼的巨额成本，从而有助于环境诉讼的开展。但是，在中国，一方面，代表人制度要求受害者必须申报参加，不利于扩大受害者参与诉讼的比率；另一方面，中国政府现阶段高度重视政治稳定和经济发展，不鼓励代表人诉讼制度的开展。其结果是，群体诉讼不够发达，不能有效分散环境诉讼的巨额成本，从而抑制了环境诉讼的开展。

3. 从理论上看，因环境显著的“外部性”特征，受害者个人投入巨大成本所获得的收益中能归其个人拥有或享用的只是其中的一小部分，收益中的大部分归大家（包括众多没有参与诉讼但环境对其发生影响的人群）拥有或享用，因而环境诉讼供给严重不足。

4. 环境大多与土地、水流等自然资源有关，而在中国这些资源基本上是国家所有，企业和个人只享有某些资源一定期限的使用权或管理权，于是，对那些无主的财产或者虽然有主但是主人“看管”不够的财产，污染的可能性显著增加；对那些有主的财产，由于现在的占有人只享有一定期间的使用权或管理权，“无恒产者无恒心”，为环境清洁而奋斗的决心就或多或少地下降了。由于以上原因，因果关系证明责任倒置虽在一定程度上增加了被告的诉讼成本和经营（生产）成本，降低了原告的证明负担，增加了原告胜诉的概率，但是在现行制度框架下，这一规定的影响效果是非常微小的，受害人利用因果关系证明责任倒置而进行滥诉将会得不偿失。

5. 从中国当前的环境诉讼实际情况来看，面临的问题是“苦于”环境侵权事件过多，环境维权诉讼过少。有学者评论环境侵权因果关系证明责任倒置立法的效果时说，“从该司法解释16年的实施效果来看，环境民事纠纷的证明责任倒置与医患纠纷的证明责任倒置完全相同。客观地看，环境受害人也没有被立法者的‘热心’煽动起来，也没有引发对企业起诉的高潮，企业更没有因证明责任倒置而对其造成的污染纷纷买单，环境民事诉讼的现实热度仍然是极低的”①。总而言之，仅仅在因果关系上进行证明责任倒置，从而部分减轻受害人的举证负担，远远不足以从根本上激励受害人提起环境诉讼，更别说会导致滥诉了。

关于批评二，笔者认为，证明责任倒置下，被告人（通常是企业）的负担加重是肯定的。增加的直接负担是诉讼中的证明负担，增加的间接负担是为了避免承担责任所进行的消除污染排放的投入。问题的关键不是加重不加重企业的负担，而在于因证明责任倒置加重企业负担是否合理。从公平原则上说，个人应为自己的行为负责；有益于社会的行为，应给予相当的补偿或奖励，以促进其供给；有害于社会的行为，应支付相当的费用或得到相当的惩罚，以减少其供给，从而在整个社会的层面达到均衡。如果企业生产必须为其生产中的“排污行为”完全付费，也即其产品价格中包含其污染行为的全部费用，则其供给曲线会移至反映不完全收费的价格的供给曲线之上，则新的均衡点上价格更高，数量更少。以燃煤发电厂的污染行为为例（见下图），目前，由于污染行为收费很低，市场上电力的供求均衡点是（Pe，Qe）；如果给空气污染确定一个合理的价格，将会增加电力生产的成本，使供给曲线Se左移，达到新的均衡点（Pé，Qé）。

---

① 郑世保：《环境侵权民事证明责任分配之重构》，《求索》2008年第7期。

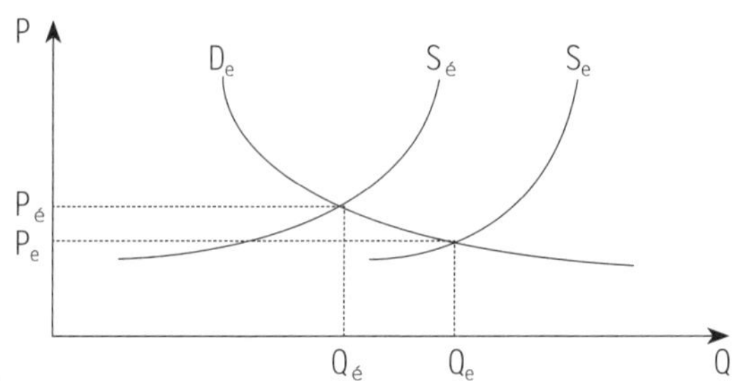

图 6.1 污染收费对燃煤发电量的影响

简言之，因为“排污”不收费或收费不完全，生产成本被人为降低，导致社会生产了过多的产品，从而导致整个社会的不经济。这其实正是中国经济现在的情况，由于污染不收费或收费不完全，以及劳动力价格过低等其他因素，导致要素价格远低于市场价格，进而造成企业生产了远远多于社会有效需求的产品。反过来，由于生产过多，导致企业为获得有限的订单争相降价，进而导致产品价格下降、利润率下降。其结果是，大多数处于竞争性行业的企业为其污染行为不付费或少付费的好处最终也未能导致其利润的显著增加。

再考虑国际贸易的情况，相对于美国、日本、欧盟，中国是低附加值产品出口国，这些产品生产过程中对环境的损害相对比较严重。由于中国生产的低附加值产品数量太多、替代性很强，导致中国出口企业的议价能力更弱。其结果是，我国为他国生产了质优价廉的产品，他国基本无需为污染完全付费；我国所获得的微薄利润，远不足以弥补为他国生产产品所造成的国内污染。

现行法在环境侵权诉讼中实行因果关系证明责任倒置，让排污者多承担一点儿成本，有利于减少其供给，也有利于减少污染。从中国当前的情况来看，这有其合理性。长期以来，中国的生产企业排污却不付费或不完全付费，不注重环保问题，造成了当今中国严重的环境问题，这种局面亟待改变。

（二）"因果关系有条件推定"论者主张因果关系有条件推定的理由及笔者的回应

那些主张在中国环境诉讼中实行因果关系有条件推定的学者大体有以下理由：理由一，在环境诉讼中实行因果关系有条件推定具有普适性，中国也应该实行。有学者认为："从根本上说，因果关系推定是为了顺应环境侵权案件中加大受害人保护潮流而出现的，因果关系推定具有普适性，我国也应当顺应要求，辅之以减轻受害人举证负担的程序技术，真正地实现法律公平之理念。"① 理由二，有利于更好地保护受害者。有学者认为："在这种单一的证明责任倒置模式下，作为污染企业的加害人很可能找出污染损害行为发生但仍然没有造成损害结果的例外情况，这主要表现为，对于距离污染源较远，忍受能力强的公民，他们尚没有发生损害结果；即使同样的污染损害，对不同的受害者，也可能呈现出不同的危害症状。企业就可以举证找出已经受害但尚未呈现出损害症状的例外情况或症状较轻的证据，从而以此否认环境侵权事实造成这样的结果，最后钻了纯粹证明责任倒置的空子。"②

关于理由一，笔者承认，为了加大对环境侵权中受害人的保护，国际上出现了减轻受害人证明责任的潮流，而因果关系有条件推定是这一潮流的重要部分。但是，因果关系有条件推定这种立法并不当然地具有普适性。日本等国之所以实行因果关系有条件推定，有其特殊的制度背景。以日本为例，在基于侵权的损害赔偿请求中，依据《日本民法》第709条，一般由主张损害赔偿请求权的原告，就被告存在过失之事实、侵权事实、自己受损害事实、侵权事实与损害事实之间存在因果关系承担证明责任，但是随着一系列环境诉讼案件的实践，社会各界认识到了传统制度架构不利于保护受害者的利益。为了加大对受害人的保护，理

① 马栩生：《环境侵权视野下的因果关系推定》，《河北法学》2007年第3期。

② 郑世保：《环境侵权民事证明责任分配之重构》，《求索》2008年第7期。

论界和实务界进行了一系列的制度改进。这些制度改进中的重要一环是对因果关系证明的调整，优势证据说、事实推定说、疫学因果说、间接反证说、姑且推定说等正是在这一背景下产生的。

中国在 1984 年到 1992 年期间，规范环境侵权民事诉讼证明的一般规定主要是《民事诉讼法（1991 年）》第 64 条第 1 款[①]，在此期间，中国确实有必要学习日本等国的因果关系推定，从而减轻受害人的证明责任。但是，在笔者撰写本书初稿的 2009 年，当时讨论中国环境侵权诉讼中因果关系的证明，必须考虑 1992 年通过的《民诉法意见》第 74 条第 3 款和 2001 年通过的《民事证据规定》第 4 条第 1 款[②]，以及 2009 年通过的《侵权责任法》第 66 条[③]。这后三个条文已经确立了因果关系证明责任倒置，而如前所述，因果关系证明责任倒置下原告的证明难度比因果关系有条件推定下更轻。

综上，当前，中国和日本等国家在环境侵权因果关系证明问题上的制定法背景差别甚大，不可遽持国际潮流为据，主张我国也应在环境侵权诉讼中实行因果关系有条件推定。

关于理由二，笔者认为，即使在因果关系有条件推定制度下，依然会存在被告找出已经受害但尚未出现损害症状的例外情况进行有效抗辩，

---

①《中华人民共和国民事诉讼法（1991 年）》第 64 条第 1 款规定：当事人对自己提出的主张，有责任提供证据。

②《民事证据规定（2001 年）》第四条第 1 款规定，下列侵权诉讼，按照以下规定承担举证责任：

……

（三）因环境污染引起的损害赔偿诉讼，由加害人就法律规定的免责事由及其行为与损害结果之间不存在因果关系承担举证责任；

……

③《侵权责任法》第 66 条规定，因污染环境发生纠纷，污染者应当就法律规定的不承担责任或者减轻责任的情形及其行为与损害之间不存在因果关系承担举证责任。《侵权责任法》现已失效，不过《侵权责任法》第 66 条的内容被《民法典》1230 条继受。《民法典》第 1230 条规定，因污染环境、破坏生态发生纠纷，行为人应当就法律规定的不承担责任或者减轻责任的情形及其行为与损害之间不存在因果关系承担举证责任。

从而导致受害者败诉的情况。

浙江平湖“蝌蚪”索赔案即为一例。浙江省高级人民法院在该案再审民事判决书中写道：“因果关系推定原则与证明责任倒置原则是世界各国处理环境污染侵权案件中普遍适用的原则，本着公平正义的法律精神，予以认可。根据因果关系推定原则，受损人需举证证明被告的污染（特定物质）排放的事实及自身因该物质遭受损害的事实，且在一般情况下这类污染环境的行为能够造成这种损害。本案原审原告所举证据虽然可以证实原审被告的污染环境行为及可能引起渔业损害两个事实，但由于原审原告所养殖青蛙蝌蚪的死因不明，故不能证明系被何特定物质所致，故原审原告所举证据未能达到适用因果关系推定的前提。根据嘉兴市郊区步云乡生产技术推广站出具的 1994 年步云乡美国青蛙养殖情况明细表及养殖户杜建新、陈刚的陈述，证明在五被告污染所及并在原审原告上游水域的众多养殖户并未发生青蛙蝌蚪大批死亡的情况，原审原告所举证据也未能证明 1994 年在其养殖水域存在青蛙蝌蚪大批非正常死亡的普遍现象，这一损害并不具有普遍性。由于原审原告据以推定的损害原因不明、证据有限，其所主张的因果关系推定不能成立，其遭受的损害无法认定为系原审被告引起，故要求原审被告承担侵权损害赔偿责任依据不足。”①

本案再审中，浙江省高院没有依法适用因果关系证明责任倒置规则，而是错误地适用了因果关系推定规则，并且恰恰是因为错误适用了因果关系有条件推定规则，才使得被告运用已经受害但尚未出现损害症状的例外情况轻易否定了经验法则——一般情况下此类侵权行为能够造成这种损害——的存在，从而进行了有效抗辩。

① “浙江省平湖师范农场特种养殖场与嘉兴市步云染化厂、嘉兴市步云染料厂、嘉兴市步云化工厂等侵权赔偿案”，浙江省高级人民法院（2000）浙法告申民再抗字第 17 号民事判决书。

（三）本书之立场及其理由

本书主张继续实行现行的因果关系证明责任倒置，也即因果关系直接推定，反对在环境诉讼中实行因果关系有条件推定，理由有八点，依次论述如下：

1. 从信息供给的角度来看，相对于因果关系有条件推定，因果关系证明责任倒置更能避免排污企业隐藏污染信息，更能利用排污企业的专业知识，更能促进环境侵权诉讼中的真实发现。

一般认为，环境侵权中的因果关系证明难题在于以下三方面：第一，有些场合，某种疾病由什么引起，是怎样引起的，即对病因与发病的机制现在的医学水准尚未充分解释明白。第二，即使能够确定构成疾病病因的物质，该物质是通过何种路径到达受害人的，特别是那种以大气等媒介有害物质被稀释扩散的场合，要查明该污染源也是显著困难的。第三，即使能够查明污染源是被告工厂，但到底是否在被告工厂中制造、排放了该有害物质，不了解工厂制造过程的原告方进行证明也是困难的。其中，工厂以企业秘密为由拒绝向外部提供信息时，上述证明是不可能的。[①]

对于上述三种因果关系证明难题，大多数情况下污染企业具有更多与排污有关的证据和知识。如果实行因果关系有条件推定，原告必须证明推定的基础事实存在。为了防止原告能成功证明推定的基础事实，被告企业肯定会想出各种办法来隐藏其拥有的排污证据，也不会主动利用其拥有的排污知识向受害者和法院解释。在因果关系证明责任倒置下，由于已经无条件地推定被告污染行为和损害之间具有因果关系，为了避免承担责任，倘若被告认为自己是无辜的，被告往往会主动将其拥有的排污证据提交出来，并积极利用其拥有的排污知识抗辩。这不仅有利于

① 于敏：《日本侵权行为法》，法律出版社2006年版，第191—192页。

个案诉讼中查明真相，也有利于类似侵权诉讼中查明真相。

2. 从保护受害者的角度，因果关系证明责任倒置更加有利。因果关系证明责任倒置规则下，受害人无须首先承担证明或疏明前提事实责任，即可推定因果关系存在。而因果关系有条件推定规则下，受害者必须首先证明或疏明前提事实，才发生推定和证明责任移转的情形。因果关系证明责任倒置规则下，加害方要想在因果关系上免责只有一个努力方向，即只能证明因果关系不存在。而在因果关系有条件推定下，加害方要想在因果关系上免责有两个努力方向，即可以证明作为待证事实的因果关系不存在，也可证明或疏明因果关系推定的前提事实不成立。

3. 从预防污染和惩戒污染的角度，因果关系证明责任倒置更加有利。前文曾指出，从目前环境侵权损害赔偿案件的整体情况来看，实行因果关系证明责任倒置并没能使中国环境侵权诉讼提起数出现较大增长。

如果实行因果关系有条件推定，环境侵权的受害者在寻求赔偿时面临更加困难的境地。由于地方政府过分重视 GDP、中国司法不独立，作为加害人的厂商更容易“俘获”政府和法院，在因果关系有条件推定下，受害者寻求民事赔偿时将会面临雪上加霜的情形。被“俘获”或被干预的法院，很容易以证据不足为由不予受理；受理后，审理中也可轻易以原告未证明或疏明基础事实为由否决推定的适用。受害者寻求诉讼救济的成本增加，在其他因素不变的情况下，环境诉讼的提起比率相对会下降；企业被诉概率下降，企业排污成本下降，污染会更普遍，产品供求会更加失衡。

4. 从实质正义的角度，考虑到环境侵权诉讼中当事人双方在资金、知识等方面的不平等，实行因果关系证明责任倒置，让被诉企业多承担一些举证成本，更有利于实现实质正义。正如最高人民法院民事审判第一庭在解释制定环境侵权因果关系证明责任倒置规则的理由时说明：按照证明责任的分配原则，损害事实与侵权行为之间的因果关系本应由受害人证明。但是，随着近年来城乡工业化的快速发展，因环境污染引起的损害呈现出多样性、复杂性等特征。如果让受害者就其损害事实与加害者污染环境行为的因果关系承担证明责任，无疑使受害人的权利难以得到及时、有效的保护。因为环境污染引起的损害不同于一般的侵权损害，其内在的因果关系常常需要非常专业的人员，利用先进的仪器设备方可作出判断和解释，而加害方相比受害人来讲更具备举证的能力和条件。因此，我们采取证明责任倒置的原则，让加害人就其行为和损害结果之间不存在因果关系承担证明责任，能够在很大程度上实现实质上的公平和正义。[①]

此外，作为被告的企业相对于作为原告的普通公民，更有能力承担证明因果关系不存在的举证成本、更有能力将相关的举证成本分散到相关产品价格之中，并最终将举证成本分散给相关市场上的众多交易者。

5. 从立法难度来看，因果关系证明责任倒置立法较简单，因果关系有条件推定比较复杂。因果关系证明责任倒置先验地假设存在因果关系，无需依赖于基础事实的证明，因而立法简单。

因果关系有条件推定，具有多种具体类型，不同类型对推定基础事实的设定不同。一般认为，比较法上的因果关系有条件推定包括优势证据说、盖然性说、事实不证自明、疫学因果说、间接反证说等。[②]优势证据说，属于广义上减轻受害人证明责任做法的一种办法，基本上是因果关系证明标准降低的问题，与因果关系推定无关。根据盖然性说[③]，原告

---

① 最高人民法院民事审判第一庭：《民事证据司法解释的理解与适用》，中国法制出版社2002年版，第43—44页。

② 国内学者对因果关系推定的外延界定不一致。有观点认为，环境侵权因果关系推定的学说包括事实自证法、优势证据说、疫学因果说、间接反证说。郑世保：《环境侵权民事证明责任分配之重构》，《求索》2008年第7期。有观点认为，环境侵权因果关系推定包括间接反证说、疫学因果说、优势证据说、盖然性说，丁凤楚：《论国外的环境侵权因果关系理论》，《社会科学研究》(上海)2007年第2期。

③ 夏芸：《医疗事故赔偿法——来自日本法的启示》，法律出版社2007年版，第180页。

需要对事实因果关系证明程度至“相当程度的盖然性”，所谓“相当程度的盖然性”是指超过了“疏于明确”程度，但尚未达到证明程度的立证。然后，被告必须对“事实因果关系不存在”提出证明，其证明程度必须达到“高度盖然性”，否则，法庭就可以认定事实因果关系成立。盖然性说实际是低度证明推定。根据事实不证自明[①]，原告需要证明三个基础事实：（1）如无过失，则事故或损害一般不会发生；（2）事故或损害的发生是由被告控制的工具或媒介所引起的；（3）事故或损害的发生不涉及原告的参与或自愿行为，法官才能推定被告有过失。根据疫学因果说[②]，原告需要证明四个要件：（1）该因素在发病一定期间之前曾发挥作用；（2）该因素作用的提高与发病率的上升之间有关系；（3）该因素作用的降低与发病率的下降有关系；（4）该因素足以发生该疾病的结论可以被生物学上合理地说明，法官才能推定存在因果关系。根据间接反证说[③]，原告需要证明作为因果关系复合要件事实的部分关联事实，法官才能推定其余要件事实存在。

面对多种推定基础事实差别很大的因果关系有条件推定，我们有两种可能的选择。第一种选择是超越各种具体类型，抽象出一般的因果关系有条件推定。但是，因为各种具体类型理论预设不同、具体做法各异，勉强抽象出一个一般的因果关系推定不具有可操作性。第二种选择是选择出我们认为最好的、唯一的因果关系推定理论。国内有学者就采取了这种做法。他认为，环境侵权因果关系事实推定可以在立法中表述为：“因环境污染造成人身或财产损害的，实行因果关系推定。受害人应当对因果关系进行初步、表面的证明，并在此基础上实行推定，推定后由加

---

① [美]肯尼斯·J·亚伯拉罕、阿尔伯特·C·泰特：《侵权法重述——纲要（二版）》，法律出版社2006年版，第79页。

② 夏芸：《医疗事故赔偿法——来自日本法的启示》，法律出版社2007年版，第203—205页。

③ 于敏：《日本侵权行为法》，法律出版社2006年版，第196—198页。

害人就因果关系不存在承担证明责任，如果加害人不能否定因果关系存在，就应当依法承担责任。”[①] 这一立法建议显然是根据日本“盖然性说”提出的。可是，在日本，盖然性说尽管在公害事件诉讼中得到了较多学者的支持，但是迄今为止没有得到通说和判例的认可。[②]

上述其他学说存在各种问题，因而也不能成为最好的、唯一的因果关系推定学说。事实不证自明必须存在为一般人所接受的经验法则，适用范围有限，并且不转移客观证明责任，因而对原告受害人举证困难的减轻较为有限。采用疫学因果说的前提条件是收集大量涉及受害群体的统计资料，不适用于处理个别或少数受害者提起的环境侵权诉讼。间接反证说，不涉及传统证明标准的降低，适用范围也最为广泛，相对最为理想，但是其推定基础事实也存在一定的不确定状况，立法表述也有一定困难。

6. 从司法适用来看，因果关系证明责任倒置直接假定存在因果关系，将证据提供责任、客观证明责任都倒置给被告，这种立法确定性强、可预测性强，较少依赖法官个人的才能、品格；因果关系有条件推定设置了灵活多样的基础条件，这种立法确定性差、可预测性差，较多地依赖于法官个人的才能、品格。

众所周知，中国目前乃至相当长时间内，法官的独立性及个人素质还不是很理想，这一点决定了因果关系证明责任倒置立法更适合于中国。

如果能实行判例法，或许能改变因果关系有条件推定立法确定性差、可预测性差的缺点。但是，当前中国判例效力处于低位阶，上级法院的判例对下级法院并没有当然的约束力。

7. 从制度变迁的成本来讲，由于中国自 1992 年以来已经在立法上实行了环境侵权因果关系证明责任倒置，司法裁判机关、社会公众都已经

---

① 马栩生：《环境侵权视野下的因果关系推定》，《河北法学》2007 年第 3 期。

② 夏芸：《医疗事故赔偿法——来自日本法的启示》，法律出版社 2007 年版，第 180 页。

接受了这一立法思路，倘若继续实行因果关系证明责任倒置，社会的学习成本应该比较低；如果改行因果关系有条件推定，则裁判人员、法律工作者、社会公众得花费较大学习成本。

8. 平衡受害者利益和企业经营利益也很重要，但是通过因果关系证明制度的变革来达到这一目的并不理想。由于被告企业拥有生产和排污知识、技术，原告不具有这种知识、技术，从因果关系证明责任倒置立法到因果关系有条件推定立法，被告的证明责任减轻了一小截，原告的证明责任加重了一大截，进而环境侵权诉讼的整体证明成本增大了，环境诉讼相关各方的总体福利减少了。与此相对，当事人双方对于违法性（包括形式违法和实质违法）要件的证明能力比较平等，增加违法性要件并不显著地增加环境诉讼的整体证明成本、减损环境诉讼相关方的总体福利，却更能平衡受害者和企业的利益。

因此，本书主张在继续现行因果关系证明责任倒置（即因果关系直接推定）的前提下，通过环境侵权责任的违法性要件来平衡受害者和企业的利益。

四、夫妻共同债务推定的正当性考察[①]

2003 年 12 月 25 日颁布的《婚姻法解释二（2003 年）》第 24 条[②]确立了我国夫妻共同债务推定规则。然而，该规则在司法实践中却引发了许多问题，导致相当数量的案件不能实现实质正义，因此也招致了理论界、实务界越来越多的质疑。之所以出现这样的局面，在很大程度上是立法者对该推定规则的创设理由考虑不周所致。

根据最高人民法院民一庭的意见，夫妻共同债务推定的法理基础为

---

① 刘英明：《夫妻共同债务推定的缺陷与完善——基于证据法的视角》，《学术探索》2014 年第 4 期。

②《婚姻法解释二》第 24 条规定，债权人就婚姻关系存续期间夫妻一方以个人名义所负债务主张权利的，应当按夫妻共同债务处理。但夫妻一方能够证明债权人与债务人明确约定为个人债务，或者能够证明属于婚姻法第十九条第三款规定情形的除外。

“将夫妻一方在婚姻关系存续期间以个人名义所负的债务推定为夫妻共同债务，既能够减轻财产交易的成本，便于及时、合理地解决纠纷，又符合日常家事代理的基本法理”[①]。

（一）夫妻共同债务推定是否保障了交易安全

“现代夫妻财产制立法在保护夫妻合法财产利益的同时，也采取了各种措施来保障债权人的利益和维护交易安全。”[②]“交易安全”又称为“动的安全”，着眼于财产的流转。在财产流转过程中，如果债权人的利益得到有力的保障，债权人可能面临的风险比较小、交易安全较有保障，则其达成交易的意愿会比较高；反过来，如果债权人的权利保障不力，则债权人为避免不测的损害，从而降低达成交易的意愿。在夫妻共同债务推定出台之前，根据《婚姻法》第 41 条和《最高人民法院关于审理离婚案件处理财产问题的若干意见》第 17 条，债权人主张婚姻中的夫妻双方共同承担夫妻一方以个人名义所负债务时，必须证明该债务用于夫妻共同生活。但是，作为原告的债权人很难在诉讼中证明这一点。在实际生活中，“债务到底用于什么，债权人是很难知道，也很难控制的。而且在实践中也很难操作。往往一笔债务既用于个人，也用于家庭的共同生活”[③]。因为债权人证明债务用于夫妻共同生活较为困难，其结果是该债务很有可能仅用举债人的个人财产偿还，相对而言债权可能实现的程度较低，也即交易安全的保障程度比较低。在夫妻共同债务推定出台之后，债权人很容易获得对己有利的推定，而举债方的夫或妻很难证明该债务是个人债务，其结果是该债务很可能将用夫妻的全部财产偿还，相对而言债权实现的程度比较高，也即交易安全的保障程度比较高。

---

① 最高人民法院民一庭：《婚姻法司法解释（二）理解与适用》，人民法院出版社 2004 年版，第 295 页。

② 余延满：《亲属法原论》，法律出版社 2007 年版，第 262 页。

③ 尚晨光主编：《婚姻法司法解释（二）法理与适用》，中国法制出版社 2004 年第 1 版，第 84 页。

（二）夫妻共同债务推定能否及时、合理地解决纠纷

由于《婚姻法司法解释（二）理解与适用》仅仅提到这一理由，没有专门的解释说明，笔者不知道这句话的本意究竟是什么。根据笔者的揣测，夫妻共同债务推定能及时、合理地解决纠纷的含义是指在涉诉债务的性质不明时，适用这一推定能及时、合理地解决纠纷。笔者认为，这一结论不那么令人信服。如果采用上述理解，则要求将涉诉债务性质不明，作为实施夫妻共同债务推定的前提条件。[①] 但是，夫妻共同债务推定规则本身并没有将“涉诉债务性质不明”作为其推定基础事实要件之一。司法实践中，绝大多数案件也不要求将“涉诉债务性质不明”作为适用夫妻共同债务推定的前提条件之一。同时，即使没有夫妻共同债务推定规则，一旦出现“涉诉债务性质不明”的情况，法院应当根据客观证明责任规范作出判决，这同样可以及时、合理地解决纠纷。

（三）夫妻共同债务是否符合日常家事代理的基本法理

日常家事代理权，有广义和狭义之分。广义的家事代理权，指共同生活的家庭成员可以代理其他家庭成员处理日常生活事务，与相对人实施一定的法律行为。狭义的家事代理权，指在日常家事范围内，配偶一方与第三人进行一定的法律行为时，享有代理配偶另一方的权利。[②] 日常家事代理权的行使，可以以他方名义或以双方名义或仅以己方名义为之，只要相对人了解其为日常家事行为即可。关于日常家事代理行为法律后果的承担，目前主要有两种不同的立法例：一是规定夫妻双方共同承担，即因日常家事所负的债务，夫妻应负连带责任。德、瑞、日等国民法采此立法例。二是规定由丈夫承担，妻子负补充偿债责任。中国台湾地区

---

① 有人认为，《婚姻法解释（二）》第 24 条适用的前提应是债权人对涉诉债务的性质不明，参见李红玲：论夫妻单方举债的定性规则——析《婚姻法解释（二）》第 24 条，《政治与法律》第 2 期，第 119 页。

② 夏吟兰、龙翼飞等：《中国民法典释评婚姻家庭编》，中国人民大学出版社 2020 年版，第 108 页。

民法采此立法例。[①] 逾越日常家事代理权的，无论质的逾越还是量的逾越，除非有另一方的授权，否则为无权代理，非经另一方的承认，对于另一方不生效力，应由逾越者个人以其特有财产或分别财产负责。[②]

的确，夫妻共同债务推定与日常家事代理在一方名义、连带责任这两点上存在相似之处。但我们也要看到，这两个规则或制度存在重要的区别。区别之一是两者的适用范围不同。日常家事的范围，通常包括必要日用品的购买、医疗医药服务、合理的保健与锻炼、文化消费与娱乐、子女教育、家庭用工的雇佣等决定家庭共同生活必要的行为及其支付责任。决定是否属于日常家事，应依夫妻共同生活的状态（如夫妻的社会地位、职业、资产、收入、兴趣、人口、使用人数）及其共同生活所在地区的习惯而定。[③] 夫妻共同债务是指因婚姻共同生活及在婚姻关系存续期间履行法定抚养义务所负债务。一般而言，包括夫妻在婚姻关系存续期间为解决共同生活所需的衣、食、住、行、医、履行法定抚养义务、必要的交往应酬，以及共同生产、经营活动等所负之债。[④] 根据上述界定，很显然，日常家事代理仅是形成夫妻共同债务的多种情形之一种。因此，日常家事代理这一法理仅仅能解释部分夫妻共同债务推定，不能解释全部夫妻共同债务推定。

根据上述，夫妻共同债务推定规则三点立法理由中，仅有第一点理由能部分成立，即保障交易安全这一立法理由从一般立法价值层面成立；如果考虑到婚姻安全这一冲突价值，其只能有条件成立。

五、民事推定立法理由经验总结

结合上述考察，笔者认为将来中国立法部门在制定民事推定规则时要注意以下几点：

---

① 余延满：《亲属法原论》，法律出版社 2007 年版，第 245 页。

② 史尚宽：《亲属法论》，中国政法大学出版社 2000 年版，第 322 页。

③ 余延满：《亲属法原论》，法律出版社 2007 年版，第 245 页。

④ 蒋月：《夫妻的权利和义务》，法律出版社 2001 年版，第 206 页。

首先，确立民事推定规则必须具有正当理由，并且原则上正当理由越多越好。

其次，必须对民事推定规则的立法理由的正当性进行详细考察，不可以将未经详细考察的理由作为立法依据。在此，笔者建议将来中国各层级立法必须公布立法理由说明书，通过公开立法理由，进而接受学界和舆论界评价的方式促使其详细考察立法理由、审慎制定法律。

再次，具体的考察方法除了包括法学研究者熟悉的比较法方法、案例研究方法之外，还应综合运用经验的方法、实证的方法和其他规范的方法。经验的方法主要是描述既定公共政策的原因和后果。在这里，主要问题是事实存在与否，提供的信息具有描述性特征。实证的方法主要与政策的价值相关。这里的问题是它有什么价值，提供的信息在特征上是实证的。规范性的方法主要是提出可以解决公共问题的未来行动方法。这里的问题是应该干什么，提供的信息类型是规范性的。[①]

最后，已制定的推定规则也须定期检讨其当初立法理由是否依然正当确实。例如许多国家和地区都曾经制定过婚生子女的推定规则[②]，但是由于当前 DNA 鉴定技术的成熟可靠，这一推定规则的正当性受到越来越多的质疑。

---

① [美] 威廉·N·邓肯:《公共政策分析导论》(第 2 版)，中国人民大学出版社 2002 年版，第 73 页。

② 例如，中国台湾地区类似“民法”性质的文件曾规定，妻之受胎，系在婚姻关系存续中者，推定其所生子女为婚生子女。前项规定，如夫能证明于受胎期间内未与妻同居者，得提起否认之诉。但应于知悉子女出生之日起，1 年内为之。

第二节　推定立法必须选择最恰当的条件—强制性—效果子类型

一、推定类型优化概述

本书第二章和第三章已经就推定的类型进行了比较详尽的探讨，从法律上推定的条件—强制性—效果角度而言，至少可以分为直接推定、许可性低度证明推定、强制性转移证据提供责任的低度证明推定、强制性转移客观证明责任的低度证明推定、许可性推论推定、强制性转移证据提供责任的推论推定、强制性转移客观证明责任的推论推定这七种子类型。

这七种推定子类型除了在条件—强制性—效果角度有区别外，在实现政策性效果的强度、可能对推定相对人造成的不利程度、立法难易度、执法准确性等方面都存在差别。以实现政策性效果的强度和可能对推定相对人造成的不利程度而言，直接推定最强，也因此最容易形成对推定相对人的不利；转移客观证明责任的低度证明推定和推论推定次强，也因此较容易形成对推定相对人的不利；强制性转移证据提供责任的低度证明推定和推论推定较弱，也因此较少形成对推定相对人的不利；可能转移证据提供责任的低度证明推定和推论推定最弱，几乎不可能形成对推定相对人的不利。在立法难易度上，直接推定最简单、低度证明其次、推论推定最难，因为直接推定根本不需要基础事实，低度证明推定的基础条件只是待证事实的低度证明，推论推定则必须将基础事实明确列明，而基础事实的归纳整理和列明需要大量的调查整理工作以及高超的立法技术。在准确执法难易程度上，直接推定最容易、推论推定其次，低度证明推定最难，因为低度证明中的低度比较难以把握。上述区别可以通过表6.2反映出来。

表 6.2　不同推定类型性能比较

条件—强制性—效果推定类型		项目			
		对推定主张者的帮助程度	对推定相对人的不利程度	立法难易程度	准确执法难易程度
直接推定	强制性转移客观证明责任	最强	最强	最易	最易
低度证明推定	许可性—可能转移证据提供责任	最弱	最弱	较易	最难
	强制性转移证据提供责任	较弱	次弱	较易	次难
	强制性转移客观证明责任	次强	次强	较易	次难
推论推定	许可性—可能转移证据提供责任	最弱	最弱	次难	次难
	强制性转移证据提供责任	较弱	较弱	最难	较易
	强制性转移客观证明责任	次强	次强	最难	较易

正因为推定条件效果上的七种子类型存在以上四个方面的差别，具体推定规则的制定就有选择最优子类型的必要。只有这样，才能达到规范效果、立法难度、执行效果三者的综合最佳。

二、中国民事推定效力强化升级典型立法例

中国当代民事立法已经出现过的推定规则类型优化的立法例主要有以下四个：

例 1，证券虚假陈述诉讼中的违法推定过错由强制性转移证据提供责任推定更改为强制性转移客观证明责任推定。在《虚假陈述引发赔偿

规定》(2003年)第21条第2款[①]、第23条[②]、第24条[③]依次确立的虚假陈述推定发行人与上市公司的高管具有过错、虚假陈述推定证券承销商和上市推荐人及他们的高管具有过错、虚假陈述推定中介机构及其直接责任人具有过错中，最高人民法院都采用了“有证据证明无过错的，应予免责”表述。所谓“有证据证明”，根据字面解释，即“有指向待证事实的一个（组）证据”，这与“有充分证据证明”含义显然有别。

与此相对，在《证券法》(2019年)第24条第1款[④]后半段第2句、第85条[⑤]、第163条[⑥]依次确立的违法发行证券推定保荐人具有过错，虚假陈述推定发行人、上市公司高管、保荐人、承销证券公司具有过错，

---

①《虚假陈述引发赔偿规定》第21条第2款规定，发行人、上市公司负有责任的董事、监事和经理等高级管理人员对前款的损失承担连带赔偿责任。但有证据证明无过错的，应予免责。

②《虚假陈述引发赔偿规定》第23条规定，证券承销商、证券上市推荐人对虚假陈述给投资人造成的损失承担赔偿责任。但有证据证明无过错的，应予免责。负有责任的董事、监事和经理等高级管理人员对证券承销商、证券上市推荐人承担的赔偿责任负连带责任。其免责事由同前款规定。

③《虚假陈述引发赔偿规定》第24条规定，专业中介服务机构及其直接责任人违反证券法第一百六十一条和第二百零二条的规定虚假陈述，给投资人造成损失的，就其负有责任的部分承担赔偿责任。但有证据证明无过错的，应予免责。

④《证券法》第24条第1款规定，国务院证券监督管理机构或者国务院授权的部门对已作出的证券发行注册的决定，发现不符合法定条件或者法定程序，尚未发行证券的，应当予以撤销，停止发行。已经发行尚未上市的，撤销发行核准决定，发行人应当按照发行价并加算银行同期存款利息返还证券持有人；发行人的控股股东、实际控制人以及保荐人，应当与发行人承担连带责任，但是能够证明自己没有过错的除外。

⑤《证券法》第85条规定，信息披露义务人未按照规定披露信息，或者公告的证券发行文件、定期报告、临时报告及其他信息披露资料存在虚假记载、误导性陈述或者重大遗漏，致使投资者在证券交易中遭受损失的，信息披露义务人应当承担赔偿责任；发行人的控股股东、实际控制人、董事、监事、高级管理人员和其他直接责任人员以及保荐人、承销的证券公司及其直接责任人员，应当与发行人承担连带赔偿责任，但是能够证明自己没有过错的除外。

⑥《证券法》第163条规定，证券服务机构为证券的发行、上市、交易等证券业务活动制作、出具审计报告及其他鉴证报告、资产评估报告、财务顾问报告、资信评级报告或者法律意见书等文件，应当勤勉尽责，对所依据的文件内容的真实性、准确性、完整性进行核查和验证。其制作、出具的文件有虚假记载、误导性陈述或者重大遗漏，给他人造成损失的，应当与委托人承担连带赔偿责任，但是能够证明自己没有过错的除外。

虚假陈述推定证券服务机构具有过错，全国人大常委会采用了“但是能够证明自己没有过错的除外”表述。所谓“能够证明”，根据字面解释，就是“有充分证据证明”，否则达不到“能够证明”的要求。

比较两种表述，我们大致可以确定上引最高人民法院司法解释中的三个推定规则旨在仅强制性转移证据提供责任，而上引《证券法》中的三个推定规则旨在强制性转移客观证明责任。

例 2，医疗损害赔偿诉讼中证明妨碍推定效果的强化。《最高人民法院关于民事经济审判方式改革问题的若干规定》(1998 年) 第 30 条[①]和《民事证据规定（2001 年）》第 75 条[②]规定，法院可以推定对方当事人关于该证据的内容不利于证据持有人的主张成立，也即主要是可能转移证据提供责任的许可性推定。《婚姻法解释三》第 2 条[③]也遵循此一思路。但是，《侵权责任法》(2009 年) 第 58 条第（二)(三）项[④]和《民法典》(2020 年) 第 1222 条第（二)(三）项则将医疗损害诉讼中医院及其医务人员的证明妨碍推定效果强化为强制性转移客观证明责任。

例 3，食品药品侵权因果关系低度证明推定规则的创设。《食品药品规定》(2013 年) 第 5 条第 2 款规定：“消费者举证证明因食用食品或者使用药品受到损害，初步证明损害与食用食品或者使用药品存在因果关

---

①《最高人民法院关于民事经济审判方式改革问题的若干规定》(1998 年) 第 30 条规定，有证据证明持有证据的一方当事人无正当理由拒不提供，如果对方当事人主张该证据的内容不利于证据持有人，可以推定该主张成立。

②《民事证据规定（2001 年）》第 75 条规定，有证据证明一方当事人持有证据无正当理由拒不提供如果对方当事人主张该证据的内容不利于证据持有人可以推定该主张成立。

③《婚姻法解释三》第 2 条规定，夫妻一方向人民法院起诉请求确认亲子关系不存在，并已提供必要证据予以证明，另一方没有相反证据又拒绝做亲子鉴定的，人民法院可以推定请求确认亲子关系不存在一方的主张成立。当事人一方起诉请求确认亲子关系，并提供必要证据予以证明，另一方没有相反证据又拒绝做亲子鉴定的，人民法院可以推定请求确认亲子关系一方的主张成立。

④《侵权责任法》第 58 条规定，患者有损害，因下列情形之一的，推定医疗机构有过错：……（二）隐匿或者拒绝提供与纠纷有关的病历资料；（三）伪造、篡改或者销毁病历资料。

系，并请求食品、药品的生产者、销售者承担侵权责任的，人民法院应予支持，但食品、药品的生产者、销售者能证明损害不是因产品不符合质量标准造成的除外。”在本规定出台之前，消费者因食用食品药品受到损害从而主张损害赔偿，需要提供充分证据证明侵权损害赔偿四个构成要件（包括因果关系成立要件），食品、药品的生产者、销售者只需对此承担必要的反证责任即可。在本规定出台之后，根据本规则，消费者因食用食品药品受到损害从而主张损害赔偿，则只需要提供初步证据证明侵权损害赔偿因果关系要件成立至表面可信程度即可，此时法院即应推定侵权损害赔偿因果关系要件成立，除非食品、药品的生产者、销售者能提供充分证据证明损害不是因产品不符合质量标准造成的除外。简言之，本规则创设了食品药品侵权因果关系低度证明推定规则。

例 4，商业秘密侵权两个低度证明推定规则的创设。《反不正当竞争法》（2019 年）第 32 条第 1 款规定：“在侵犯商业秘密的民事审判程序中，商业秘密权利人提供初步证据，证明其已经对所主张的商业秘密采取保密措施，且合理表明商业秘密被侵犯，涉嫌侵权人应当证明权利人所主张的商业秘密不属于本法规定的商业秘密。”第 32 条第 2 款规定：“商业秘密权利人提供初步证据合理表明商业秘密被侵犯，且提供以下证据之一的，涉嫌侵权人应当证明其不存在侵犯商业秘密的行为：（一）有证据表明涉嫌侵权人有渠道或者机会获取商业秘密，且其使用的信息与该商业秘密实质上相同；（二）有证据表明商业秘密已经被涉嫌侵权人披露、使用或者有被披露、使用的风险；（三）有其他证据表明商业秘密被涉嫌侵权人侵犯。”在《反不正当竞争法》（2019 年）第 32 条两款规定出台之前，主张商业秘密侵权损害赔偿的原告通常需要提供充分证据证明其已经对所主张的商业秘密采取保密措施，且充分表明商业秘密被侵犯，被告只需对此承担必要的反证责任即可；商业秘密权利人还需提供充分证据证明其商业秘密被对方侵犯，被告也只需对此承担必要的反证责任即可。在《反不正当竞争法》(2019年)第32条两款规定出台之后，主张商业秘密侵权损害赔偿的原告只需要提供初步证据证明其已经对所主张的商业秘密采取保密措施，且合理表明商业秘密被侵犯，此时法官即应推定原告声称的商业秘密存在，然后涉嫌侵权人应当证明权利人所主张的商业秘密不属于本法规定的商业秘密，也即涉嫌侵权人应当承担反面事实存在的证明责任。商业秘密权利人只需要提供初步证据证明其商业秘密被对方侵犯且提供三种列举证据之一的，此时法官即应推定涉嫌侵权人侵害商业秘密的行为存在，然后涉嫌侵权人应当证明其不存在侵犯商业秘密的行为，也即涉嫌侵权人应当承担反面事实存在的证明责任。

三、中国民事推定效力弱化降级典型立法例

就笔者的研习所得，中国民事推定规则中至少有以下两个规则的类型曾经进行过效力弱化降级。

例1，医疗损害赔偿诉讼中全部直接过错推定弱化为部分推论过错推定。

《民事证据规定(2001年)》第4条第1款第(八)项规定，下列侵权诉讼，按照以下规定承担举证责任：……(八)因医疗行为引起的侵权诉讼，由医疗机构就医疗行为与损害结果之间不存在因果关系及不存在医疗过错承担举证责任。根据该规定，医疗损害赔偿诉讼实行过错直接推定。

关于医疗过错直接推定的适用，下面试举一例予以说明。在白联军与泸州医学院附属医院医疗纠纷损害赔偿上诉案[①]中，就该案争议焦点之一泸医附院在对原告阵发性心悸的诊疗过程中是否具有过错，四川省高级人民法院认为："……根据《最高人民法院关于民事诉讼证据的若干规定》第四条第一款第(八)项'因医疗行为引起的侵权诉讼，由医疗机

① 参见四川省泸州市中级人民法院(2001)泸民一初字第4号判决书和四川省高级人民法院(2003)川民终字第563号判决书。

构就医疗行为与损害结果之间不存在因果关系及不存在医疗过错承担举证责任’的规定，由于泸医附院所举证据及具有专业知识的人员出庭说明，均不能证明其在手术中没有过错，应承担举证不能的责任，其‘重整病历’的行为不符合有关规定，不能成为免责事由。故对泸医附院的上诉请求，法院不予支持。”

在本案审理过程中，泸医附院对白联军在泸医附院接受心脏介入手术并在术后安装心脏起搏器的事实没有表示异议。因此，根据《民事证据规定》第七条第（八）之规定，泸医附院承担证明医疗行为与损害结果之间不存在因果关系及不存在医疗过错的证明责任。泸医附院在审理中申请四川大学华西医院教授、我国心脏介入手术权威姜建教授作为具有专门知识的人员出庭协助质证。在庭审中，姜建教授介绍了心脏介入手术的基本知识，认为在现有技术条件下，此类手术具有1%—10%的风险，这也与泸医附院提供的有关专业书籍介绍的相同。因此白联军术后出现Ⅲ度房室传导阻滞，属正常的手术风险。同时，根据白联军提供的病历复印件，姜建教授认为泸医附院的操作无过错。二审法院认为，心脏介入手术出现Ⅲ度房室传导阻滞是正常的风险，关键是医院在手术中有无过错。虽然姜建教授认为医院无过错，但依据的却是病历复印件。泸医附院在承认已将原始病历毁损后提出以白联军复印的病历为原件进行过错认定。但白联军提出，该复印件不能肯定就是原始病历的复印件，因此不能作为认定泸医附院无过错的依据。二审法院认为，在泸医附院承认已将原始病历毁损后，白联军不认可此复印件就是原始病历的复印件。由于没有证据确定该复印件就是原始病历复印件，因此不能以此认定泸医附院在手术操作中无过错。这完全符合《民事证据规定（2001年）》第六十九条第（四）项的规定：“无法与原件、原物核对的复印件、复制品”，“不能单独作为认定案件事实的依据”。[①]

在《侵权责任法》立法过程中，考虑到诊疗活动的未知性、特异性、专业性特点，以及一律实行过错推定将助长保守医疗、阻碍医学科学进步的政策性后果，决定将《民事证据规定（2001年）》第1款第（八）项规定的医疗损害纠纷中的完全过错推定规则改为原则上的过错证明、三种例外情况下的过错推定。相应的立法条文分别是《侵权责任法》（2009）第54条[②]和58条[③]。这一修改被《民法典》（2020年）第1218条[④]和1222条[⑤]承继。

上引白联军与泸州医学院附属医院医疗纠纷损害赔偿上诉案，如果按照《侵权责任法》（2009年）处理，原则上应由原审原告白联军证明原审被告泸州医学院附属医院存在过错。不过，鉴于本案原审被告泸州医学院附属医院在白联军复印手术记录之后对该手术记录进行“重抄”且将原始手术记录毁损的行为，并且该行为符合《侵权责任法》第58条第（三）项规定的“伪造、篡改或者销毁病历资料”，因此法院应适用该款推定被告泸州医学院附属医院存在过错。最终因原审被告不能证明其不存在过错，法院认定其诊疗行为存在过错。

由于上例的特殊性，造成了该案在《侵权责任法》实施前后的审理

---

① 最高人民法院应用法律研究所主编：《人民法院案例选（2005年第3辑总第53辑）》，人民法院出版社2006年版，第153页。

②《侵权责任法》第54条规定，患者在诊疗活动中受到损害，医疗机构及其医务人员有过错的，由医疗机构承担赔偿责任。

③《侵权责任法》第58条规定，患者有损害，因下列情形之一的，推定医疗机构有过错：（一）违反法律、行政法规、规章以及其他有关诊疗规范的规定；（二）隐匿或者拒绝提供与纠纷有关的病历资料；（三）伪造、篡改或者销毁病历资料。

④《民法典》第1218条规定，患者在诊疗活动中受到损害，医疗机构或者其医务人员有过错的，由医疗机构承担赔偿责任。

⑤《民法典》第1222条规定，患者在诊疗活动中受到损害，有下列情形之一的，推定医疗机构有过错：（一）违反法律、行政法规、规章以及其他有关诊疗规范的规定；（二）隐匿或者拒绝提供与纠纷有关的病历资料；（三）遗失、伪造、篡改或者违法销毁病历资料。

结果相同。下面再看两例。这两例原则上都要求患者一方承担证明医院及其医务人员存在过错，并且审理结果不同。

在邱某某等诉重庆市某卫生医疗救治中心医疗损害责任纠纷案[①]中，就被告对邓某腹痛诊疗是否具有过错的争议问题，重庆市沙坪坝区人民法院的相关判决意见为："解决本案争议，需要明确被告重庆市某卫生医疗救治中心在其治疗行为过程中是否存在医疗过错，邓某的死亡与被告重庆市某卫生医疗救治中心的诊疗行为之间是否存在因果关系。尸检病理报告和检验意见书均载明邓某的死因系肺结核（Ⅲ型）基础上，并发结核性腹膜炎、化脓性腹膜炎引起呼吸、循环衰竭死亡，但仅从死因无法证明被告的医疗行为是否存在过错。本案所涉及的医疗行为发生在《中华人民共和国侵权责任法》实施后，应适用《中华人民共和国侵权责任法》，该法律规定，患者在诊疗活动中受到损害，医疗机构及其医务人员有过错的，由医疗机构承担赔偿责任。这表明医疗机构是否存在医疗过错以及医疗过错与患者死亡后果之间是否存在因果关系的举证责任，依法应由患者承担。[②]当事人对自己提出的诉讼请求所依据的事实或者反驳对方诉讼请求所依据的事实有责任提供证据加以证明，没有证据或者证据不足以证明当事人的事实主张的，由负有举证责任的当事人承担不利后果。原告邱某某、邓某某、黄某某提出被告伪造、篡改病历（包括巡视记录）存在过错的主张，但未能举证证明被告重庆市某卫生医疗救治中心在其治疗行为过程中存在伪造、篡改病历等医疗过错，以及邓某的死亡与被告重庆市某卫生医疗救治中心的诊疗行为之间存在因果关系，故对原告邱某某、邓某某、邓宗良、黄某某的诉讼请求，本院不予

---

①（2011）沙法民初字第 2152 号判决书。

② 本案一审法院对《侵权责任法》第 54 条理解有误，理论界一般认为该条仅确立了医疗损害赔偿中的"过错（证明）"原则，即由原告证明被告医疗机构及其医务人员存在过错的原则，并不涉及医疗损害中的因果关系证明责任分配。后者仍然根据《民事证据规定》第 4 条第 1 款第（八）项确定，仍然由被告医疗机构及其医务人员证明不存在因果关系。

支持”。

在朱某某与某某医院医疗损害赔偿纠纷上诉案[①]中，就本案争议焦点——医疗机构及其医务人员在对朱某某的诊疗过程中是否存在过错，湖南省长沙市中级人民法院判决为：“根据《中华人民共和国侵权责任法》第五十四条规定：‘患者在诊疗活动中受到损害，医疗机构及其医务人员有过错的，由医疗机构承担赔偿责任。’……上诉人称医院伪造病历资料、存在拒诊行为，因未提供充分证据予以证明而不予认定。鉴于诊疗行为的专业性、复杂性，在医患双方均没有申请司法鉴定的情况下，对于医院的过错行为与患者死亡之间是否具有因果关系以及医院是否还有其他过错均无法作出认定，对医院赔偿责任的大小本院只能根据本案现有证据予以裁量。由于医院未履行告知义务，朱某某在术后一个月死亡，同时综合考虑朱某某自身年龄及身体状况、术后曾在其他医院治疗的情形，本院酌定某某医院承担 30000 元的赔偿责任为宜。上诉人的上诉理由部分成立，本院予以部分支持。原审法院认定事实清楚，但适用法律有误，应予改判。”

例 2. 环境侵权因果关系直接推定实质弱化为低度证明推定

现行中国民事法规定了环境侵权因果关系直接推定，或者说环境侵权因果关系举证责任倒置，《诉讼法意见》第 74 条[②]和《民事证据规定（2001 年）》第 4 条第 1 款第（三）项[③]、《侵权责任法》第 66 条[④]以及

---

①（2011）长中民一终字第 1026 号判决书。

②《诉讼法意见》第 74 条规定，在因环境污染等侵权引起的损害赔偿诉讼中，“对原告提出的侵权事实，被告否认的，由被告负责举证”。

③《民事证据规定（2001 年）》第 4 条第 1 款第（三）项规定：“因环境污染引起的损害赔偿诉讼，由加害人就法律规定的免责事由及其行为与结果之间不存在因果关系承担举证责任。”

④《侵权责任法》第 66 条规定，因污染环境发生纠纷，污染者应当就法律规定的不承担责任或者减轻责任的情形及其行为与损害之间不存在因果关系承担举证责任。

《民法典》第1230条[①]一脉相承。该直接推定的要点在于:(1)原告主张存在因果关系,但无需首先提供证据证明,且在争议事实因果关系存在与否处于真伪不明状态时不承担不利后果;(2)被告须首先提供证据证明不存在因果关系,且在因果关系存在与否处于真伪不明状态时承担不利后果;(3)在被告履行证据提供责任超过"明显优势证据"的情况下,则原告要承担证据提供责任。

司法实务中,大多数环境损害赔偿案件都准确适用了因果关系证明责任倒置或者说环境侵权因果关系直接推定。例如,北京铁路运输法院在判决书中写道:"基于环境污染引发的侵权损害赔偿纠纷固然应适用举证责任倒置原则,但原告方负有首先举证证明损害后果和损害后果大小的责任。"[②]南京市鼓楼区人民法院在判决书中写道:"南京市鼓楼区人民法院认为,由于环境污染致人损害属特殊侵权行为,在归责原则上适用无过错责任之原则、实行举证责任倒置,故根据我国有关法律规定,本案原告只需证明'被告有污染行为以及有损害事实的发生',而被告须对污染行为与损害结果之间不存在因果关系承担证明和举证责任,如果被告不能证明因果关系不存在,则推定其行为与损害结果之间存在因果关系。"[③]山东省东营市中级人民法院在判决书中写道:"综上所述,原审法院认为,关于污染的举证责任问题,原告需在证明被告有污染行为和自己受到损害的事实后,由被告对不存在因果关系负证明责任。"[④]

为了说明环境侵权因果关系直接推定的操作,特举一例。在刘日应与钦州国星油气有限公司、广西地矿建设工程发展中心因滩涂污染损害

---

①《民法典》第1230条规定,因污染环境、破坏生态发生纠纷,行为人应当就法律规定的不承担责任或者减轻责任的情形及其行为与损害之间不存在因果关系承担举证责任。

②(2001)京铁经初字第23号判决书。

③(2002)鼓民初字第208号判决书。

④(2004)东民四终字第27号判决书。

赔偿纠纷上诉案[①]中，就本案的争点之一——两被上诉人的抽沙行为与上诉人的文蛤死亡是否有必然因果关系，广西高院判决："本院认为，上诉人起诉时已举证证明被上诉人抽沙行为在前而上诉人文蛤死亡损失在后的事实，而抽沙行为可引起水质变化，导致文蛤生存环境的污染，因此本案是滩涂污染损害赔偿纠纷，属于因环境污染引起的损害赔偿诉讼。根据最高人民法院《关于适用〈中华人民共和国民事诉讼法〉若干问题的意见》第七十四条的规定，本案应实行举证责任倒置，被上诉人对上诉人提出的侵权事实予以否认的，由被上诉人负责举证。因此，本案中，证明抽沙行为与文蛤死亡没有因果关系的举证责任应由被上诉人承担……本院已生效的（2000）桂经终字第 202 号民事判决书确认被上诉人在抽沙过程中，有抽沙船的流动作业超过批准的抽沙作业范围、受到村民驱赶并受到水产局处罚的现象，本院据此认定被上诉人有越界抽沙的行为。二审诉讼中，两被上诉人提交 2002 年 7 月 29 日钦州市水产畜牧局出具的证明及 2002 年 7 月 26 日管委会出具的证明，以证实自己没有越界抽沙被罚款。但被上诉人提交的两份证明与一、二审诉讼中其举证的两份证据——管委会的钦港管发〔1997〕124 号文、钦港管报〔1997〕17 号文的内容相矛盾，且上述证据不能推翻人民法院生效判决确认的事实，故被上诉人关于自己没有越界抽沙被处罚的主张不能成立。上诉人购买文蛤苗时合浦县尚未开始颁发《水产疫苗防疫检疫合格证》，上诉人客观上不可能持有该证。并且，广西壮族自治区水产局下发的《紧急通知》及钦州市水产局出具的《关于钦州港区老人沙文蛤死亡事件处理意见的报告》中分析文蛤死亡的原因是文蛤苗有病毒，也只是一种可能性，不能因此推定上诉人购买的文蛤苗确有病毒。抽沙结束几个月后，1997 年 9 月钦州市环保科研所作出的《环境影响评价大纲》也无法

---

① （2002）桂民四终字第 20 号判决书。

说明抽沙与文蛤死亡无关。上诉人提交的广西区防疫站的检验报告仅说明文蛤带有病毒，但没有明确病毒的起因，既可能是文蛤自身携带，也可能是水域污染、生态环境遭受破坏等原因所致。综上所述，被上诉人未能举出有关抽沙与文蛤死亡没有因果关系的证据，其所举的证据也不能证实抽沙与文蛤死亡没有因果关系。因此，被上诉人依法应承担举证不能的法律后果，对上诉人的损失承担 60% 的赔偿责任。因其他因素如天气、病毒、养殖技术等造成的损失由上诉人自行承担。”

2004 年以来，不少环境法学者主张应当将当前的环境侵权因果关系证明责任直接推定改变为环境侵权因果关系低度证明推定。[①] 司法实务中，也有部分判决早已采用因果关系低度证明推定。

例如，江苏省南京市中级人民法院 1999 年曾在判决书中写道：“由于环境侵害结果的发生往往须经较长时间反复多次的侵害，甚至是多种因素的复合累积之后才显现出来，其牵涉的高深科技知识非一般常人所能了解，要证明污染行为与损害之间存在必然的因果关系极为复杂和困难，因此，只要受害人能证明污染行为与损害之间，‘如无该行为，就不能发生此结果’的某种可能性，就可以认定因果关系的存在。除非污染行为人能举出反证证明因果关系不存在，否则就不能免责。”[②] 根据这一判决书，环境损害赔偿诉讼中适用因果关系证明责任倒置的前提是受害人必须先证明污染行为与损害结果之间具有事实因果关系存在的可能性。

浙江省高级人民法院 2000 年曾在判决书中写道：“因果关系推定原则与举证责任倒置原则是世界各国处理环境污染侵权案件中普遍适用的原则，本着公平正义的法律精神，予以认可。根据因果关系推定原则，

① 马栩生：《因果关系推定的基本法律问题》，《武汉大学学报》（哲学社会科学版）2004 年第 4 期；侯茜、宋宗宇：《环境侵权责任重的因果关系》，《社会科学家》2006 年第 3 期；谢伟：《环境侵权证明责任研究》，《中国环境管理》2007 年第 4 期；郑世保：《环境侵权民事证明责任分配之重构》，《求索》2008 年第 7 期。

②（1999）宁民再终字第 9 号判决书。

受损人需举证证明被告的污染（特定物质）排放的事实及自身因该物质遭受损害的事实，且在一般情况下这类污染环境的行为能够造成这种损害。本案原审原告所举证据虽然可以证实原审被告的污染环境行为及可能引起渔业损害两个事实，但由于原审原告所养殖青蛙蝌蚪的死因不明，故不能证明系被何特定物质所致，故原审原告所举证据未能达到适用因果关系推定的前提。”[①] 根据这一判决书，环境损害赔偿诉讼中适用因果关系证明责任倒置的前提是受害人必须先证明污染行为一般情况下能造成损害结果。此案例曾经是最高人民法院业务庭审判指导的参考案例。

天津海事法院 2001 年曾在判决书中写道：“本院认为，对于环境污染损害赔偿案件被告负有举证责任。原告就排污行为与损害事实之间的因果关系已作出初步的举证，被告应就法律规定的免责事由及其行为与损害结果之间不存在因果关系承担举证责任。被告冀滦公司、化工公司的质证依据不能足以否认上述因果关系的成立，其免责理由无相关的证据材料予以支持。”[②] 根据这一判决书，环境损害赔偿诉讼中适用因果关系证明责任倒置的前提是受害人初步证明因果关系存在。

特别值得注意的是，最高人民法院民一庭对孙某与某村造纸厂财产损害赔偿纠纷上诉案的判决意见也表达了采纳因果关系低度证明推定的倾向。

2004 年 3 月，孙某承包某村池塘养鱼。2006 年 4 月，某村造纸厂开工生产，工业废水排入老墨河。老墨河和沂河相通，中间有戴沟涵洞，和某村池塘相通，中间有窑新公路地下涵洞。两个涵洞的闸门平时不开，当闸门两侧水位不等时，在戴沟涵洞能听到细微的水流渗漏的声音。2007 年 5 月，孙某承包的池塘里的鱼开始逐渐死亡，但其未及时将死鱼送有关部门鉴定，也未保存死鱼。同年 6 月，孙某以造纸厂排污导致其

---

①（2000）浙法告申民再抗字第 17 号判决书。
②（2001）津海事初字第 6 号判决书。

鱼大量死亡为由向人民法院提起诉讼，请求造纸厂赔偿其损失。

该案一审法院经审理认为："……只有孙某初步举证证明造纸厂的排污行为与其损害事实之间存在因果关系，且举证达到盖然性的程度，造纸厂又无法对此举出反证时，才不得否认因果关系的存在。孙某对造纸厂是否存在加害行为，主张证据不够充分，未能尽到举证证明的责任，遂判决驳回孙某的诉讼请求。"

一审宣判后，孙某不服，提起上诉，认为一审法院没有适用举证责任倒置原则，请求改判。该案二审法院审理后认为，适用《民事证据规定（2001 年）》第 4 条的要件及前提为环境污染客观存在，具有较为明显的加害人，即受害人应举出盖然性证据证明环境污染及加害人的存在。本案适用举证责任倒置的前提是死鱼样本存在可供鉴定，目前由于样本不存在，无法鉴定的责任在孙某，故孙某未能完成初步举证责任，适用举证责任倒置的前提不能成立，遂判决驳回上诉，维持原判。

最高人民法院民一庭经研究认为："……在举证责任分配上，被告承担具有法定免责理由及其行为与损害结果之间不具有因果关系的举证责任，但不能因此免除原告就被告加害行为与其损害结果之间具有因果关系的举证责任。依照司法解释规定本意，应当降低原告举证责任的证明标准，原告只要能够证明因果关系具有存在的可能性，即完成因果关系的举证责任。"①

就该案一、二审判决，最高人民法院民一庭认为："在上述案例中，孙某需要对造纸厂具有排污行为，排放的污染物达到池塘，其因池塘水污染受到的损害承担举证责任。在因果关系的证明上，其需要证明受到污染的水质影响鱼类生存，具有导致鱼类死亡的可能性。从一、二审法院认定的事实看，虽然造纸厂排放污水的事实可以认定，但其没有提供

---

① 最高人民法院民一庭：《环境侵权诉讼中举证责任的分配》，《民事审判指导与参考》2008 年第 4 辑（总第 36 期），第 90 页。

证据证明造纸厂排放的污水到达A村池塘，造成污水污染。孙某没有完成上述举证责任，驳回其诉讼请求并无不当。但一、二审判决中强调死鱼样本留存可供鉴定是当事人承担举证责任的必要条件不妥。从原告承担的举证责任来看，其只要能够提供证据证明被告的排污行为造成其养鱼池塘水污染，受污染的水质存在致使其鱼死亡的可能性即可。死鱼样本留存可供鉴定，是能够证明鱼死亡原因的直接证据，但在未保留死鱼样本可供鉴定的情况下，孙某仍可通过提供其他间接证据证明被告侵权的成立，造纸厂亦可通过其他间接证据证明因果关系不成立。在直接证据因孙某过错未予留存的情形下，对孙某与造纸厂提供证据责任的前后顺序和证明标准的判断，应有所考虑。本案中，死鱼样本留存可供鉴定并非证明案件事实的唯一证据，亦非当事人能否完成举证责任的唯一标准。”①

笔者认为，考虑到中国环境污染的严峻程度、中国制定法缺乏强制被告企业记录并披露排污信息的规定、预防和惩戒企业排污的有效性、准确执法的难易度等因素，将目前的环境侵权因果关系直接推定变更为环境侵权因果关系低度证明推定应该慎重。②

最高人民法院实在要将目前环境侵权上的因果关系直接推定变更为因果关系低度证明推定，最高人民法院也应当通过司法解释或者指导性案例将原告证明因果关系存在可能性的方法或途径予以明示，否则这将让中国环境污染之受害者获得救济的希望更加渺茫，中国环境污染严重的情况雪上加霜。

至于如何将原告证明因果关系存在可能性的方法或途径予以明示，日本新潟水俣病诉讼案的判决意见可供参考。日本新潟水俣病诉讼案与

---

① 最高人民法院民一庭：《环境侵权诉讼中举证责任的分配》，《民事审判指导与参考》2008年第4辑(总第36期)，第90页。

② 刘英明：《环境侵权因果关系证明责任倒置合理性论证》，《北方法学》2010年第2期。

上引中国孙某与某村造纸厂财产损害赔偿纠纷案案情颇有接近之处，但是中国相关法院的判决意见似乎不如日本新潟水俣病诉讼案判决意旨清晰、可操作强。

新潟水俣病诉讼是因新潟县阿贺野川河口附近，集体发生的汞中毒患者和死者家属 77 人向昭和电器公司要求赔偿费 5.2267 亿元的案件。在该案的一审判决中，法院认为："……由于违法行为所产生的损害赔偿案件中，就被害者所遭受的损害发生与加害行为之间因果关系举证责任应由被害者承担，但在所谓公害案件中……对于因果关系之链条，逐次进行自然科学式的解明，对受害者而言大多数情况下是极为困难的……特别是……在化学公害等诉讼中……其争点全部以高度的自然科学知识为基础，对于被害者要求上面科学式的解明，必将造成阻碍通过司法（民事裁判）对被害人之救济的途径。……在该案因果关系论的问题上，通常的情形要考虑以下问题：（1）被害者疾患特点和其原因（病因）物质。（2）原因物质到达被害者的路径（污染路径）。（3）有关加害企业原因物质之排出（生成直至排出之机理）。……综上所述，在像本案一样的化学公害案件中，对于被害者要求达到类似像自然科学式的解明程度，这从构建侵权行为制度之根基的公平正义角度出发显然是不适当的，有关前述（1）和（2）之类证据的积累，原告就有关所涉相关诸科学之问题能够进行相互不矛盾之说明的话，应理解为法之因果关系获得了证明，通过上面（1）（2）的证明，从某种意义上说，该污染源之探求只能达至企业门前，而关于（3）之举证责任当然在企业一方，其对于自己工厂不可能产生污染之事由不加以证明的话，在事实上可推认该污染源存在，结果应解释为该法之因果关系得到了立证。”[①]

该案一审法院明确将环境侵权因果关系这一要件事实分解为以下三个复合性要件事实：（1）被害者疾患特点和其原因（病因）物质。（2）原因物质到达被害者的路径（污染路径）。（3）有关加害企业原因物质之排出（生成直至排出之机理）。一审法院还指明只要原告能证明其中的若干个复合性要件事实，法院就推定环境侵权因果关系存在，除非被告排污企业能证明该因果关系不存在。这为处于类似状况的环境损害受害者将来提起环境损害诉讼如何举证提供了清晰的指导性意见。

日本法学界还就新潟水俣病诉讼案一审判决提出了环境因果关系证明上的“间接反证说”。该理论认为，受害人可以就因果关系的存在提出若干个间接事实的证明，而且这些事实可以通过经验法则推定因果关系的存在，当加害人不能提供因果关系不存在或者对其证明予以质疑的证明时，就应当认定因果关系的存在。[②]间接反证说的特色在于把构成因果关系的要件事实分为数个复合性要件事实进行处理。原告只要能够证明其中若干个复合性要件事实或过程存在，法庭就可以在经验法则上推定

① 吴杰：《日本新潟水俣病判决之“事实上的推定”》，载《比较民事诉讼法论丛》2006 年卷，田平安主编，法律出版社 2007 年版，第 382—383 页。吴杰对本案一审法院认定因果关系存在方法的诉讼理论定位深表疑惑，认为尽管该案法院自认为本案所使用的认定因果关系存在的方法是“事实上推定”，但是实际上它不是“事实上推定”，因为本案判决所使用的方法具有超越个案的固有架构、不具有个案具体性；不是法律上推定，因为不是基于非要件事实推定主要事实；也不是暂定真实（即中国法上的直接推定或证明责任倒置），因为本案所使用的方法是将要件事实因果关系之部分要素事实予以转换，而非暂定真实将某个整个的要件事实予以转换。依本文之意见，该案判决所使用的方法是低度证明推定且为转移客观证明责任的强制性低度证明推定。原告证明了因果关系之原子事实（1）（2），使得因果关系的存在具有低度可能；法院据此推定分子级的因果关系存在，被告要想有效反驳该推定，只能证明该因果关系不存在——具体落实在因果关系之原子事实（3）的不存在上。当然，这一方法与一般的低度证明推定在形式上有区别，一般的低度证明推定，是针对“分子级的因果关系”；而环境诉讼中的“间接反证说”将“分子级的因果关系”进一步解析为三个甚至更多的原子事实，并将其中的某个原子事实的存在予以推定。

② 汪劲：《环境法》，北京大学出版社 2006 年版，第 576 页。

其他复合性要件事实也存在。在这种情况下，如果被告不能对法庭的推定提出反证，则法庭可以认定事实因果关系存在。[①]

值得补充说明的是，最高人民法院2015年发布的《环境侵权解释》第6条第（三）项和2019年发布的《生态环境损害赔偿规定》第6条第（三）项中的“关联性”即可能性，这一规则即明确采用了本文所提出的因果关系低度证明推定规则。《环境侵权解释》第6条规定：“被侵权人根据民法典第七编第七章的规定请求赔偿的，应当提供证明以下事实的证据材料：（一）侵权人排放了污染物或者破坏了生态；（二）被侵权人的损害；（三）侵权人排放的污染物或者其次生污染物、破坏生态行为与损害之间具有关联性。”《生态环境损害赔偿规定》第6条规定：“原告主张被告承担生态环境损害赔偿责任的，应当就以下事实承担举证责任：（一）被告实施了污染环境、破坏生态的行为或者具有其他应当依法承担责任的情形；（二）生态环境受到损害，以及所需修复费用、损害赔偿等具体数额；（三）被告污染环境、破坏生态的行为与生态环境损害之间具有关联性。”

最高人民法院2015年发布的《环境侵权解释》第7条则在实质上借鉴了日本环境法上因果关系证明中的“间接反证说”。该条规定：“侵权人举证证明下列情形之一的，人民法院应当认定其污染环境、破坏生态行为与损害之间不存在因果关系：（一）排放污染物、破坏生态的行为没有造成该损害可能的；（二）排放的可造成该损害的污染物未到达该损害发生地的；（三）该损害于排放污染物、破坏生态行为实施之前已发生的；（四）其他可以认定污染环境、破坏生态行为与损害之间不存在因果关系的情形。”

---

① 夏芸:《医疗事故赔偿法——来自日本法的启示》，法律出版社2007年版，第192页。

第三节　推定立法表述要科学严谨

一、推定标志词的使用应规范、统一

关于中国民事推定规则标志词概说如下：

中国民事法上的具体推定规则绝大多数都有标志词，并且这些标志词，大致可以分为以下七种基本类型及其变种：

（一）标志词基本类型 A——举证责任倒置型。这一类标志词的核心词汇是“举证责任”。运用这一核心标志词的当前民事推定规则共有 24 个，占所有民事推定规则的 12%。

这一大类型下又分为如下标志词子类型：

A0 举证责任直接倒置基本型，其表述通常是“某一方针对某一要件事实负举证责任”。这一子类型标志词仅与直接推定搭配。其典型立法例是《民法典》第 1230 条。[①] 运用这一核心标志词的当前民事推定规则共有 17 个，占所有民事推定规则的 8.5%。

A1 举证责任直接倒置 + 反面证明除外型。这一子类型标志词仅与直接推定搭配。其典型立法例是《期货规定》第 56 条。[②] 运用这一核心标志词的当前民事推定规则仅有 1 个，占所有民事推定规则的 0.5%。

A2 原告证明至某一程度 + 被告对反面事实承担举证责任型。这一子类型标志词仅与强制性转移客观证明责任的低度证明推定搭配。其典型

①《民法典》第 1230 条规定，因污染环境、破坏生态发生纠纷，行为人应当就法律规定的不承担责任或者减轻责任的情形及其行为与损害之间不存在因果关系承担举证责任。

②《期货规定》第 56 条规定，期货公司应当对客户的交易指令是否入市交易承担举证责任。确认期货公司是否将客户下达的交易指令入市交易，应当以期货交易所的交易记录、期货公司通知的交易结算结果与客户交易指令记录中的品种、买卖方向是否一致，价格、交易时间是否相符为标准，指令交易数量可以作为参考。但客户有相反证据证明其交易指令未入市交易的除外。

立法例是《公司法解释三》第 21 条。[①] 运用这一核心标志词的当前民事推定规则仅有 2 个，占所有民事推定规则的 1%。

A3 原告提供某些证据 + 被告对反面事实承担举证责任 + 反面证明除外型。这一子类型标志词仅与强制性转移客观证明责任的低度证明推定搭配。其典型立法例是《审查存单纠纷规定》第 5 条（二）1.。[②] 运用这一核心标志词的当前民事推定规则仅有 2 个，占所有民事推定规则的 1%。

A4 举证责任专属型。其表述通常是“某一方针对双方纠纷的事实负举证责任”。这一子类型标志词通常包含直接推定，但比直接推定偏向性更明显。其典型立法例是《劳动争议解释一》第 44 条。[③] 运用这一核心标志词的当前民事推定规则仅有 2 个，占所有民事推定规则的 1%。

（二）标志词基本类型 B——推定型。这一类标志词的核心词汇是“推定”。运用这一核心标志词的当前民事推定规则共有 34 个，占所有民事推定规则的 17%。

这一大类型下又分为如下标志词子类型：

B0 推定基本型，该类标志词可以搭配的条件—强制性—效果推定子类型有以下三种：直接推定、强制性转移客观证明责任的推论推定、强

---

①《公司法解释三》第 21 条规定，当事人之间对是否已履行出资义务发生争议，原告提供对股东履行出资义务产生合理怀疑证据的，被告股东应当就其已履行出资义务承担举证责任。

②《存单规定》第 5 条规定，对一般存单纠纷案件的认定和处理……（二）处理人民法院在审理一般存单纠纷案件中，除应审查存单、进账单、对账单、存款合同等凭证的真实性外，还应审查持有人与金融机构间存款关系的真实性，并以存单、进账单、对账单、存款合同等凭证的真实性以及存款关系的真实性为依据，作出正确处理。1. 持有人以上述真实凭证为证据提起诉讼的，金融机构应当对持有人与金融机构间是否存在存款关系负举证责任。如金融机构有充分证据证明持有人未向金融机构交付上述凭证所记载的款项的，人民法院应当认定持有人与金融机构间不存在存款关系，并判决驳回原告的诉讼请求。

③《劳动争议解释一》（2020 年通过）第 44 条规定，因用人单位作出的开除、除名、辞退、解除劳动合同、减少劳动报酬、计算劳动者工作年限等决定而发生的劳动争议，用人单位负举证责任。

制性仅转移证据提供责任的推论推定。其典型立法例分别是《人身损害赔偿解释》第 2 条第 1 款[①]、《民法典》第 1121 条第 1 款[②]、《专利法实施细则》第 4 条第 3 款[③]。运用这一子类型标志词的当前民事推定规则共有 18 个，占所有民事推定规则的 9%。

B1 推定 + 反面证明除外型，仅与直接推定搭配。典型立法例是《民法典》第 1165 条第 2 款。[④] 运用该种标志词的民事推定规则共有 2 个，占所有民事推定规则的 1%。

B2 推定 + 除外情形证明型，仅与强制性转移客观证明责任的推论推定搭配。典型立法例是《互联网法院规定》第 17 条第 2 款第（二）项。[⑤] 运用这一子类型标志词的民事推定规则共有 3 个，占所有民事推定规则的 1.5%。

B3 可以推定型，仅与许可性推论推定搭配。典型立法例是《申请承

---

①《人身损害赔偿解释》(2022 年最新修正）第 2 条第 1 款规定，赔偿权利人起诉部分共同侵权人的，人民法院应当追加其他共同侵权人作为共同被告。赔偿权利人在诉讼中放弃对部分共同侵权人的诉讼请求的，其他共同侵权人对被放弃诉讼请求的被告应当承担的赔偿份额不承担连带责任。责任范围难以确定的，推定各共同侵权人承担同等责任。

②《民法典》第 1121 条第 1 款规定，相互有继承关系的数人在同一事件中死亡，难以确定死亡时间的，推定没有其他继承人的人先死亡。都有其他继承人，辈份不同的，推定长辈先死亡；辈份相同的，推定同时死亡，相互不发生继承。

③《专利法实施细则》第 4 条第 3 款规定，国务院专利行政部门邮寄的各种文件，自文件发出之日起满 15 日，推定为当事人收到文件之日。

④《民法典》第 1165 条第 2 款规定，依照法律规定推定行为人有过错，其不能证明自己没有过错的，应当承担侵权责任。

⑤《互联网法院规定》(2018 年通过）第 17 条第 2 款第（二）项规定，……互联网法院向受送达人常用电子地址或者能够获取的其他电子地址进行送达的，根据下列情形确定是否完成送达：……（二）受送达人的媒介系统反馈受送达人已阅知，或者有其他证据可以证明受送达人已经收悉的，推定完成有效送达，但受送达人能够证明存在媒介系统错误、送达地址非本人所有或者使用、非本人阅知等未收悉送达内容的情形除外。

认外国离婚判决规定》第 11 条。[①] 运用这一子类型标志词的民事推定规则共有 7 个，占所有民事推定规则的 3.5%。

B4 可以推定 + 反证除外型，仅与许可性推论推定搭配。典型立法例是《破产案件规定》第 31 条第 2 款[②] 和《反垄断法》第 24 条第 1 款[③]。运用该种标志词的民事推定规则共有 3 个，占所有民事推定规则的 1.5%。

B5 举证至相当程度 + 可以推定型，仅与许可性低度证明推定搭配。典型立法例是《知识产权证据规定》第 4 条。[④] 运用该种标志词的民事推定规则共有 1 个，占所有民事推定规则的 0.5%。

（三）标志词基本类型 C——视为型。这一类标志词的核心词汇是“视为”。运用这一核心标志词的当前民事推定规则共有 28 个，占所有民事推定规则的 14%。

这一大类型下又分为如下标志词子类型：

C0 视为基本型，该类标志词可以搭配的条件—强制性—效果推定子类型有以下三种：直接推定、强制性转移客观证明责任的推论推定、强制性仅转移证据提供责任的推论推定。其典型立法例分别是《民法典》

---

①《申请承认外国离婚判决规定》第 11 条规定，居住在我国境内的外国法院离婚判决的被告为申请人，提交第八条、第十条所要求的证明文件和公证、认证有困难的，如能提交外国法院的应诉通知或出庭传票的，可推定外国法院离婚判决书为真实和已经生效。

②《破产案件规定》第 31 条第 2 款规定，债务人停止清偿到期债务并呈连续状态，如无相反证据，可推定为“不能清偿到期债务”。

③《反垄断法》第 24 条第 1 款规定，有下列情形之一的，可以推定经营者具有市场支配地位：（一）一个经营者在相关市场的市场份额达到二分之一的；（二）两个经营者在相关市场的市场份额合计达到三分之二的；（三）三个经营者在相关市场的市场份额合计达到四分之三的。

④《知识产权证据规定》第 4 条规定，被告依法主张合法来源抗辩的，应当举证证明合法取得被诉侵权产品、复制品的事实，包括合法的购货渠道、合理的价格和直接的供货方等。被告提供的被诉侵权产品、复制品来源证据与其合理注意义务程度相当的，可以认定其完成前款所称举证，并推定其不知道被诉侵权产品、复制品侵害知识产权。被告的经营规模、专业程度、市场交易习惯等，可以作为确定其合理注意义务的证据。

第 308 条[①]、《招标投标法实施条例》第 40 条[②]、《植物新品种保护细则（农业部分）》第 46 条第 3 款[③]。运用这一子类型标志词的当前民事推定规则共有 9 个，占所有民事推定规则的 4.5%。

C1 视为 + 反面证明除外型，仅与强制性转移客观证明责任的推论推定搭配。典型立法例是《民用航空法》第 158 条第 4 款。[④] 运用该种标志词的民事推定规则共有 3 个，占所有民事推定规则的 1.5%。

C2 视为 + 除外情形证明型，仅与强制性转移客观证明责任的推论推定搭配。典型立法例是《执行〈工伤保险条例〉意见二》第 4 条。[⑤] 运用该种标志词的民事推定规则共有 4 个，占所有民事推定规则的 2%。

C3 视为 + 反证除外型，仅与强制性仅转移证据提供责任的推论推定搭配。典型立法例是《海商法》第 114 条第 3 款。[⑥] 运用该种标志词的民事推定规则共有 9 个，占所有民事推定规则的 4.5%。

C4 可以按……对待 + 反证除外型，仅与许可性推论推定搭配。典型

---

①《民法典》第 308 条规定，共有人对共有的不动产或者动产没有约定为按份共有或者共同共有，或者约定不明确的，除共有人具有家庭关系等外，视为按份共有。

②《招标投标法实施条例》第 40 条规定，有下列情形之一的，视为投标人相互串通投标：（一）不同投标人的投标文件由同一单位或者个人编制；（二）不同投标人委托同一单位或者个人办理投标事宜；（三）不同投标人的投标文件载明的项目管理成员为同一人；（四）不同投标人的投标文件异常一致或者投标报价呈规律性差异；（五）不同投标人的投标文件相互混装；（六）不同投标人的投标保证金从同一单位或者个人的账户转出。

③《植物新品种保护细则（农业部分）》第 46 条第 3 款规定，品种保护办公室邮寄的各种文件，自文件发出之日起满 15 日，视为当事人收到文件之日。

④《民用航空法》第 158 条第 4 款规定，民用航空器登记的所有人应当被视为经营人，并承担经营人的责任；除非在判定其责任的诉讼中，所有人证明经营人是他人，并在法律程序许可的范围内采取适当措施使该人成为诉讼当事人之一。

⑤《执行〈工伤保险条例〉意见二》第四条规定，职工在参加用人单位组织或者受用人单位指派参加其他单位组织的活动中受到事故伤害的，应当视为工作原因，但参加与工作无关的活动除外。

⑥《海商法》第 114 条第 3 款规定，旅客的人身伤亡或者自带行李的灭失、损坏，是由于船舶的沉没、碰撞、搁浅、爆炸、火灾所引起或者是由于船舶的缺陷所引起的，承运人或者承运人的受雇人、代理人除非提出反证，应当视为其有过失。

立法例是《民法典继承编解释一》第 27 条。[①] 运用该种标志词的民事推定规则共有 3 个，占所有民事推定规则的 1.5%。

（四）标志词基本类型 D——认定 + 反证型。这一类标志词的核心词汇是“认定 + 反证”，即一种组合标志词。注意，单纯的“认定”，不加表明可反证的标志词不是实质意义的推定规则。运用这一组合标志词的当前民事推定规则共有 20 个，占所有民事推定规则的 10%。

这一大类型下又分为如下标志词子类型：

D0 应当认定 + 举证责任倒置型，仅与强制性转移客观证明责任的推论推定搭配。典型立法例是《民法典物权编解释一》第 14 条。[②] 运用该种标志词的民事推定规则共有 1 个，占所有民事推定规则的 0.5%。

D1 应当认定 + 反面证明除外型，仅与强制性转移客观证明责任的推论推定搭配。典型立法例是《民法典婚姻家庭编解释一》第 29 条第 1 款。[③] 运用该种标志词的民事推定规则共有 4 个，占所有民事推定规则的 2%。

D2 应当认定 + 例外情形证明型，仅与强制性转移客观证明责任的推论推定搭配。典型立法例是《民法典担保制度解释（一）》第 7 条第 3 款。[④] 运用该种标志词的民事推定规则共有 5 个，占所有民事推定

①《民法典继承编解释一》第 27 条规定，自然人在遗书中涉及死后个人财产处分的内容，确为死者的真实意思表示，有本人签名并注明了年、月、日，又无相反证据的，可以按自书遗嘱对待。

②《民法典物权编解释一》第 14 条规定，受让人受让不动产或者动产时，不知道转让人无处分权，且无重大过失的，应当认定受让人为善意。 真实权利人主张受让人不构成善意的，应当承担举证证明责任。

③《民法典婚姻家庭编解释一》第 29 条第 1 款规定，当事人结婚前，父母为双方购置房屋出资的，该出资应当认定为对自己子女个人的赠与，但父母明确表示赠与双方的除外。

④《民法典担保制度解释》第 7 条第 3 款规定，第一款所称善意，是指相对人在订立担保合同时不知道且不应当知道法定代表人超越权限。相对人有证据证明已对公司决议进行了合理审查，人民法院应当认定其构成善意，但是公司有证据证明相对人知道或者应当知道决议系伪造、变造的除外。

规则的 2.5%。

D3 可以初步认定，仅与许可性推论推定搭配。典型立法例是《民事证据规定（2019 年）》第 48 条第 1 款。[①] 运用该种标志词的民事推定规则共有 1 个，占所有民事推定规则的 0.5%。

D4 原告提供某类证据 + 可以认定 + 反证除外型，仅与许可性低度证明推定搭配。典型立法例是《医疗损害责任解释》第 5 条第 2 款。[②] 运用该种标志词的民事推定规则共有 9 个，占所有民事推定规则的 4.5%。

（五）标志词基本类型 E——反面证明除外型，这一类标志词的核心词汇是“能证明反面事实或例外情形的除外”或“有相反证据足以推翻的除外”，且不含前四大推定标志词（即“举证责任”“推定”“视为”“认定”）。简言之，是独立的“反面证明除外型”或其变种。运用这一独立核心标志词的当前民事推定规则共有 55 个，占所有民事推定规则的 27.5%。

这一大类型下又分为如下标志词子类型：

E0 反面证明除外基本型，通常与直接推定或强制性转移客观证明责任的推论推定搭配。相应的典型立法例分别是《民法典》第 1253 条[③]和《著作权法》第 12 条第 1 款[④]。运用该种标志词的民事推定规则共有 36 个，占所有民事推定规则的 18%。

---

①《民事证据规定（2019 年）》第 48 条第 1 款规定，控制书证的当事人无正当理由拒不提交书证的，人民法院可以认定对方当事人所主张的书证内容为真实。

②《医疗损害责任解释》第 5 条第 2 款规定，实施手术、特殊检查、特殊治疗的，医疗机构应当承担说明义务并取得患者或者患者近亲属明确同意，但属于民法典第一千二百二十条规定情形的除外。医疗机构提交患者或者患者近亲属明确同意证据的，人民法院可以认定医疗机构尽到说明义务，但患者有相反证据足以反驳的除外。

③《民法典》第 1253 条规定，建筑物、构筑物或者其他设施及其搁置物、悬挂物发生脱落、坠落造成他人损害，所有人、管理人或者使用人不能证明自己没有过错的，应当承担侵权责任。所有人、管理人或者使用人赔偿后，有其他责任人的，有权向其他责任人追偿。

④《著作权法》第 12 条第 1 款规定，在作品上署名的自然人、法人或者非法人组织为作者，且该作品上存在相应权利，但有相反证明的除外。

E1 原告证明至可能或存在关联性 + 反面证明除外型，仅与强制性转移客观证明责任的低度证明推定搭配。典型立法例是《民法典》第 1254 条第 1 款。[①] 运用该种标志词的民事推定规则仅有 4 个，占所有民事推定规则的 2%。

E2 原告提供初步证据或特定证据 + 反面证明除外型，仅与强制性转移客观证明责任的低度证明推定搭配。典型立法例是《反不正当竞争法》第 32 条第 2 款。[②] 运用该种标志词的民事推定规则仅有 5 个，占所有民事推定规则的 2.5%。

E3 除外情形证明型，仅与直接推定搭配。典型立法例是《民法典》第 1064 条第 2 款。[③] 运用该种标志词的民事推定规则仅有 2 个，占所有民事推定规则的 1%。

E4 有相反证据足以推翻的除外型，其仅与强制性转移客观证明责任之推论推定且推定对象为证据效力的民事推定规则搭配。典型立法例是《民事诉讼法》第 72 条。[④] 运用该种标志词的民事推定规则仅有 8 个，占所有民事推定规则的 4%。

（六）标志词基本类型 F——反证除外型。这一类标志词的核心词汇是“有相反证据证明的除外”或“可以要求被告提供反证”，且不含前四

---

①《民法典》第 1254 条第 1 款规定，禁止从建筑物中抛掷物品。从建筑物中抛掷物品或者从建筑物上坠落的物品造成他人损害的，由侵权人依法承担侵权责任；经调查难以确定具体侵权人的，除能够证明自己不是侵权人的外，由可能加害的建筑物使用人给予补偿。可能加害的建筑物使用人补偿后，有权向侵权人追偿。

②《反不正当竞争法》第 7 条第 3 款规定，经营者的工作人员进行贿赂的，应当认定为经营者的行为；但是，经营者有证据证明该工作人员的行为与为经营者谋取交易机会或者竞争优势无关的除外。

③《民法典》第 1064 条第 2 款规定，夫妻一方在婚姻关系存续期间以个人名义超出家庭日常生活需要所负的债务，不属于夫妻共同债务；但是，债权人能够证明该债务用于夫妻共同生活、共同生产经营或者基于夫妻双方共同意思表示的除外。

④《民事诉讼法》(2021 年修订) 第 72 条规定，经过法定程序公证证明的法律行为、法律事实和文书，人民法院应当作为认定事实的根据。但有相反证据足以推翻公证证明的除外。

大推定标志词（即“举证责任”“推定”“视为”“认定”）。简言之，是独立的“反证除外型”或其变种。运用这一独立核心标志词的民事推定规则共有 14 个，占所有民事推定规则的 7%。

这一大类型下又分为如下标志词子类型：

F0 反证除外基本型，通常仅与强制性转移证据提供责任的推论推定搭配。相应的典型立法例是《虚假陈述侵权赔偿规定》第 8 条第 3 款。[①] 运用该种标志词的民事推定规则共有 9 个，占所有民事推定规则的 4.5%。

F1 原告仅凭某类证据 + 被告抗辩并举证 + 原告仍应承担举证责任型，仅与强制性转移证据提供责任的低度证明推定搭配。典型立法例是《民间借贷规定》第 15 条第 1 款。[②] 运用该种标志词的民事推定规则共有 2 个，占所有民事推定规则的 1%。

F2 原告证明可能性较大 + 可以要求被告提供反证型，仅与许可性低度证明推定搭配。典型立法例是《知识产权证据规定》第 3 条。[③] 运用该种标志词的民事推定规则共有 1 个，占所有民事推定规则的 0.5%。

F3 原告提交特定证据 + 可以（认定）+ 反证除外型，仅与许可性低

---

①《虚假陈述侵权规定》第 8 条第 3 款规定，除当事人有相反证据足以反驳外，下列日期应当认定为揭露日：（一）监管部门以涉嫌信息披露违法为由对信息披露义务人立案调查的信息公开之日；（二）证券交易场所等自律管理组织因虚假陈述对信息披露义务人等责任主体采取自律管理措施的信息公布之日。

②《民间借贷规定》第 15 条第 1 款规定，原告仅依据借据、收据、欠条等债权凭证提起民间借贷诉讼，被告抗辩已经偿还借款的，被告应当对其主张提供证据证明。被告提供相应证据证明其主张后，原告仍应就借贷关系的存续承担举证责任。

③《知识产权证据规定》（2020 年通过）第 3 条规定，专利方法制造的产品不属于新产品的，侵害专利权纠纷的原告应当举证证明下列事实：（一）被告制造的产品与使用专利方法制造的产品属于相同产品；（二）被告制造的产品经由专利方法制造的可能性较大；（三）原告为证明被告使用了专利方法尽到合理努力。原告完成前款举证后，人民法院可以要求被告举证证明其产品制造方法不同于专利方法。

度证明推定搭配。典型立法例是《期货规定》第 59 条第 2 款[①]。运用该种标志词的民事推定规则共有 2 个，占所有民事推定规则的 1%。

（七）标志词基本类型 G——初步证据型，通常与强制性仅转移证据提供责任的低度证明推定搭配。典型立法例是《海商法》第 77 条[②]和《民法典》第 831 条[③]。运用该种标志词的民事推定规则共有 15 个，占所有民事推定规则的 7.5%。

此外，当前中国民事推定规则中还有 10 条没有运用上述推定标志词进行指示，完全依靠学理解释确定，且这 10 条推定规则都属于强制性转移客观证明责任的推论推定规则。典型立法例是《民法典》第 46 条第 1 款。上述归纳总结可以直观地反映在下述图表中。

---

①《期货规定》第 59 条第 2 款规定，有证据证明该保证金账户中有超出期货公司、客户权益资金的部分，期货交易所、期货公司在人民法院指定的合理期限内不能提出相反证据的，人民法院可以依法冻结、划拨该账户中属于期货交易所、期货公司的自有资金。

②《海商法》第 77 条规定，除依照本法第七十五条的规定作出保留外，承运人或者代其签发提单的人签发的提单，是承运人已经按照提单所载状况收到货物或者货物已经装船的初步证据；承运人向善意受让提单的包括收货人在内的第三人提出的与提单所载状况不同的证据，不予承认。

③《民法典》第 831 条规定，收货人提货时应当按照约定的期限检验货物。对检验货物的期限没有约定或者约定不明确，依据本法第五百一十条的规定仍不能确定的，应当在合理期限内检验货物。收货人在约定的期限或者合理期限内对货物的数量、毁损等未提出异议的，视为承运人已经按照运输单证的记载交付的初步证据。

表 6.3　推定标志词类型

<table>
<tr><th>基本
标志词</th><th>基本标志词之变种</th><th>可搭配的条件—强制性—效果子类型</th><th>典型立法例</th><th>数量及所占推定规则比重</th></tr>
<tr><td rowspan="5">A 举证责任倒置型
24
12%</td><td>A0 举证责任直接倒置基本型</td><td>直接推定</td><td>《民法典》第 1230 条</td><td>17
8.5%</td></tr>
<tr><td>A1 举证责任直接倒置 + 反面证明除外型</td><td>直接推定</td><td>《期货规定》第 56 条</td><td>1
0.5%</td></tr>
<tr><td>A2 原告证明至某一程度 + 被告对反面事实承担举证责任型</td><td>强制性转移客观证明责任的低度证明推定</td><td>《公司法解释三》第 21 条</td><td>2
1%</td></tr>
<tr><td>A3 原告提供某些证据 + 被告对反面事实承担举证责任 + 反面证明除外型</td><td>强制性转移客观证明责任的低度证明推定</td><td>《存单规定》第 5 条（二）1.</td><td>2
1%</td></tr>
<tr><td>A4 举证责任专属型</td><td>直接推定</td><td>《劳动争议解释》第 44 条</td><td>2
1%</td></tr>
<tr><td rowspan="3">B 推定型
34
17%</td><td rowspan="3">B0 推定基本型</td><td>直接推定型</td><td>《人身损害赔偿解释》第 2 条第 1 款</td><td>2
1%</td></tr>
<tr><td>强制性转移客观证明责任的推论推定</td><td>《民法典》第 1121 条第 1 款</td><td>12
6%</td></tr>
<tr><td>强制性仅转移证据提供责任的推论推定</td><td>《专利法实施细则》第 4 条第 3 款</td><td>4
2%</td></tr>
</table>

续表

基本标志词	基本标志词之变种	可搭配的条件—强制性—效果子类型	典型立法例	数量及所占推定规则比重
B 推定型 34 17%	B1 推定 + 反面证明除外型	直接推定	《民法典》第1165条第2款	2 1%
	B2 推定 + 除外情形证明型	强制性转移客观证明责任的推论推定	《互联网法院规定》第17条第2款第（二）项	3 1.5%
	B3 可以推定型	许可性推论推定	《申请承认外国离婚判决规定》第11条	7 3.5%
	B4 可以推定 + 反证除外型	许可性推论推定	《反垄断法》第24条	3 1.5%
	B5 举证至相当程度 + 可以推定型	许可性低度证明推定	《知识产权证据规定》第4条	1 0.5%
C 视为型 28 14%	C0 视为基本型	直接推定型	《民法典》第308条	7 3.5%
		强制性转移客观证明责任的推论推定	《招标投标法实施条例》第40条	1 0.5%
		强制性仅转移证据提供责任的推论推定	《植物新品种保护细则（农业部分）》第46条第3款	1 0.5%
	C1 视为 + 反面证明除外型	强制性转移客观证明责任的推论推定	《民用航空法》第158条第4款	3 1.5%
	C2 视为 + 除外情形证明型	强制性转移客观证明责任的推论推定	《执行〈工伤保险条例〉意见》第4条	4 2%

续表

<table>
<tr><th>基本标志词</th><th>基本标志词之变种</th><th>可搭配的条件—强制性—效果子类型</th><th>典型立法例</th><th>数量及所占推定规则比重</th></tr>
<tr><td rowspan="2">C 视为型
28
14%</td><td>C3 视为 + 反证除外型</td><td>强制性仅转移证据提供责任的推论推定</td><td>《海商法》第 114 条第 3 款</td><td>9
4.5%</td></tr>
<tr><td>C4 可以按……对待 + 反证除外型</td><td>许可性推论推定</td><td>《民法典继承编解释》第 27 条</td><td>3
1.5%</td></tr>
<tr><td rowspan="5">D 认定 +
反证型
20
10%</td><td>D0 应当认定 + 举证责任倒置型</td><td>强制转移客观证明责任的推论推定</td><td>《民法典物权编解释》第 14 条</td><td>1
0.5%</td></tr>
<tr><td>D1 应当认定 + 反面证明除外型</td><td>强制转移客观证明责任的推论推定</td><td>《民法典婚姻家庭编解释》第 29 条第 1 款</td><td>4
2%</td></tr>
<tr><td>D2 应当认定 + 例外情形证明型</td><td>强制转移客观证明责任的推论推定</td><td>《民法典担保制度解释》第 7 条第 3 款</td><td>5
2.5%</td></tr>
<tr><td>D3 可以初步认定型</td><td>许可性推论推定</td><td>《民事证据规定（2019 年）》第 48 条第 1 款</td><td>1
0.5%</td></tr>
<tr><td>D4 原告提供某类证据 + 可以认定 + 反证除外型</td><td>许可性低度证明推定</td><td>《医疗损害责任解释》第 5 条第 2 款</td><td>9
4.5%</td></tr>
<tr><td rowspan="2">E 反面证明除外型
55
27.5%</td><td rowspan="2">E0 反面证明除外基本型</td><td>直接推定</td><td>《民法典》第 1253 条</td><td>22
11%</td></tr>
<tr><td>强制性转移客观证明责任的推论推定</td><td>《著作权法》第 12 条第 1 款</td><td>15
7.5%</td></tr>
</table>

续表

基本标志词	基本标志词之变种	可搭配的条件—强制性—效果子类型	典型立法例	数量及所占推定规则比重
E 反面证明除外型 55 27.5%	E1 原告证明至可能或存在关联性 + 反面证明除外型	强制性转移客观证明责任的低度证明推定	《民法典》第 1254 条第 1 款	4 2%
	E2 原告提供初步证据或特定证据 + 反面证明除外型	强制性转移客观证明责任的低度证明推定	《反不正当竞争法》第 32 条第 2 款	5 2.5%
	E3 除外情形证明型	直接推定	《民法典》第 1064 条第 2 款	2 1%
	E4 有相反证据足以推翻的除外型	强制性转移客观证明责任之推论推定	《民事诉讼法》第 72 条	8 4%
F 反证除外型 14 7%	F0 反证除外基本型	强制性仅转移证据提供责任的低度证明推定	《虚假陈述侵权赔偿规定》第 8 条第 3 款	9 4.5%
	F1 原告仅凭某类证据 + 被告抗辩并举证 + 原告仍应承担举证责任型	强制性仅转移证据提供责任的低度证明推定	《民间借贷规定》第 15 条第 1 款	2 1%
	F2 原告证明可能性较大 + 可以要求被告提供反证型	许可型低度证明推定	《知识产权证据规定》第 3 条	1 0.5%
	F3 原告提交特定证据 + 可以（认定）+ 反证除外型	许可性低度证明推定	《期货规定》第 59 条第 2 款	2 1%

续表

基本标志词	基本标志词之变种	可搭配的条件—强制性—效果子类型	典型立法例	数量及所占推定规则比重
G 初步证据型 15 7.5%		强制性仅转移证据提供责任的低度证明推定	《海商法》第 77 条	15 7.5%
H 无标志词，纯依学理解释 10 5%		强制性转移客观证明责任的推论推定	《民法典》第 46 条第 1 款	10 5%

二、中国现行民事推定规则标志词使用上的问题

综观上表中国现行民事推定规则标志词的使用情况，笔者发现，推定规则表述的规范性程度远远不够。不规范的表述有以下几种表现方式：

1. 不少推定规则没有用标志词，典型的立法例是《民法典》第 46 条第 1 款。该款规定："自然人有下列情形之一的，利害关系人可以向人民法院申请宣告该自然人死亡：（一）下落不明满四年；（二）因意外事件，下落不明满二年。"该条隐含着推定失踪规则。随后的第 50 条规定[①]该推定可被反驳。再如《最高人民法院关于审理证券市场虚假陈述侵权民事赔偿案件的若干规定》（2021 年）（以下简称《虚假陈述侵权赔偿规定》）第 11 条规定，原告能够证明下列情形的，人民法院应当认定原告的投资决定与虚假陈述之间的交易因果关系成立：（一）信息披露义务人实施了虚假陈述；（二）原告交易的是与虚假陈述直接关联的证券；

①《民法典》第 50 条规定，被宣告死亡的人重新出现，经本人或者利害关系人申请，人民法院应当撤销死亡宣告。

（三）原告在虚假陈述实施日之后、揭露日或更正日之前实施了相应的交易行为，即在诱多型虚假陈述中买入了相关证券，或者在诱空型虚假陈述中卖出了相关证券。本条借鉴了美国的立法经验，采取了因果关系推定的做法。[①] 但是在表述上却回避"推定"，采用了"应当认定"这一非推定标志词。

2. 属于实质意义上的推定规则，却不用"推定"，用"视为"，典型的立法例是《植物新品种保护条例实施细则》第 46 条第 3 款，该款规定，品种保护办公室邮寄的各种文件，自文件发出之日起满 15 日，视为当事人收到文件之日。本款的"视为"应解释为"推定"，类似的三条款（《专利法实施细则》第 4 条第 3 款、《计算机软件著作权登记办法》第 32 条后半段、《集成电路布图设计保护条例实施细则》第 7 条第 3 款）都运用了"推定"表述。属于此一不规范现状的还有众多的"视为 + 反证除外型""视为 + 反面证明除外型"推定规则。

3. 属于实质意义上的推定规则，却不用"推定"，而用"认定 + 反证型"。表 6.3 中的第四类标志词，尽管都用了"认定"，但由于都叠加了一个表明可反证的标志词，其效果上等同于实质意义上的推定。既然如此，为什么不在立法表述中直接用"推定"一词呢？

4. 用了推定标志词，但是标志词的表述与推定类型不太一致。典型的立法例是《船舶碰撞规定》第 11 条。该条规定，船舶碰撞事故发生后，主管机关依法进行调查取得并经过事故当事人和有关人员确认的碰撞事实调查材料，可以作为人民法院认定案件事实的证据，但有相反证据足以推翻的除外。根据推定立法规律，与许可性推定相匹配的反证程度要求是"有证据证明"或"有相反证据"等标志只需初步证据的立法表述；与强制性转移客观证明责任的推定相匹配的反证程度要求才是

---

① 彭冰：《中国证券法学》，高等教育出版社 2005 年版，第 445—447 页。

“有充分证据证明”或“有相反证据足以推翻的除外”。本条款却出现了一方面“可以作为定案根据”，另一方面又宣称“有相反证据足以推翻的除外”这种不匹配的现状。另外，与“反证”相类似的反证程度标志词不规范使用的情况有很多，鉴于本书第四章已经论述，此处不再赘述。

这种不规范会给推定规范的准确适用带来很大麻烦，容易导致法官将此种推定的效果误为彼种推定的效果，甚至将本来不是推定的规则（特别是一般所谓不可反驳的推定）当作推定（可反驳的推定）。

为了揭示上述不利后果，下文将以亨特建材（北京）有限公司与北京恩派商贸有限公司买卖合同纠纷上诉案为例解说。[①] 本案的争议点之一是亨特公司提供的产品是否全部为进口产品，其中是否有国产产品，并由哪方当事人来承担该项事实的证明责任的问题。对此，本案二审法院（北京市高级人民法院）的相关判决意见如下：双方当事人在合同第 3.2 条约定：甲方（即丹纳斯顿公司）应在收货现场当场检验货品包装情况、数量、型号、外观等。如有异议，当即提出，由双方勘验，作出合理结论。在合同第 3.3 条约定：对乙方（即亨特公司）货物其他方面的验收，甲方（即丹纳斯顿公司）应在签收货物后十个工作日内完成，如有异议应在上述期限内以书面形式向乙方提出。如逾期，则视为该批货品完全合格。这是双方当事人对标的物检验期间的约定。丹纳斯顿公司没有在检验期间内向亨特公司提出质量异议，根据双方所签合同的上述约定及《合同法》第 158 条第 1 款的规定，应当视为亨特公司所提供的产品质量全部符合约定。而产品的原产地属于产品质量的内容之一，因此，丹纳斯顿公司未对产品质量提出异议，表明亨特公司提供的产品的原产地也符合合同约定，即为进口产品。《民事证据规定（2001 年）》第 9 条第 1 款第 3 项规定，根据法律规定或者已知事实和日常生活经验法则，能

---

① （2009）高民终字第 512 号民事判决书。

推定出的另一事实，当事人无需举证证明。因此，亨特公司对该事实的证明责任已经依法免除。当然，对依法推定出的该项事实，恩派公司可以提出证据予以推翻。恩派公司为了证明亨特公司提供的产品中有国产产品这一事实，提供了检验报告、凯晨百叶阶段总结会会议记录等证据，但检验报告不能证明送检的检材是国产产品，且没有证据证明送检的检材就是亨特公司与丹纳斯顿公司封样的样品，而凯晨百叶阶段总结会会议记录中关于“换进口拉带”的表述也存在两种解释，不能证明原来使用的拉带就是国产产品。因此，恩派公司提供的证据不能推翻依法推定的事实，故应当认定亨特公司提供的产品全部为进口产品。

依本书之观点，本案二审法院适用法律出现了严重错误，其错误之处在于误将《合同法》第 158 条第 1 款当作了可反驳的推定，其实该款确立的是不可反驳的推定或者说新型拟制规则。该款规定：“当事人约定检验期间的，买受人应当在检验期间内将标的物的数量或者质量不符合约定的情形通知出卖人。买受人怠于通知的，视为标的物的数量或者质量符合约定。”该款单独采用了“视为”一词，不属于“视为 + 反面证明除外型”“视为 + 反证除外型”以及“视为 + 初步证据型”这三种运用了“视为”但因与推论推定标志词搭配使用的推定表述类型，因此通常应认定为拟制规则。

（三）针对性建议

1. 严格“视为”“推定”的区别使用

大陆法系国家德、日等国民事立法比较严谨，通常在立法中运用“视为”标志拟制规则和不可反驳的推定规则，在立法中运用“推定”标志可反驳的推定规则。在中国，尽管著名民法学家江平教授在《民法通则》通过不久，即发文指出“视为”意味着“不得以证据予以推翻”，“推定”则允许用证据推翻[1]，但是此后的民事立法中忽视该立法规则的仍不在少数。尽管“视为＋反面证明除外型”“视为＋反证除外型”已经成为中国推定立法中比较常见的表述模式，笔者仍主张将上述类型中的“视为”改为“推定”，以促进“视为”“推定”使用的明晰化、规范化。

2. 所有“认定＋反证型”的推定规则，都改为“推定＋可反证”

正如上文所述，根据笔者清理，所有成文规则表述的“认定＋反证”这一类组合型的标志词项下的所谓认定规则都是实质意义上的推定规则。既然如此，为了减少识别成本与司法适用上的混淆，应该统一将这些规则中的“认定”修改为“推定”。

3. 清理并规范反证程度相关表述的使用

当前中国民事推定立法中关于反证强度的立法表述非常混乱，“能够证明……的外”“如无相反证明”“有相反证明的除外”“除非有充分证据证明……”“有证据证明……的”“如无相反证据”“如无反证”等不一而足，司法实践中对这些立法表述的理解也存在很大的差别，本书建议清理现行民事推定规则中的反证强度立法表述，将其明确限定为三大类，即反面证明、例外情形证明除外型、反证。反面证明用“有相反证明的除外”或“除非有充分证据证明相反情形的除外”这两个固定程式表述来表达。例外情形证明除外型用“能证明某某例外情形的除外”这个固定程式表述来表达。反证用“有相反证据的除外”或者“如无反证，则……”这两个固定程式表述来表达。

4. 尽量将推定规范及其反证部分放在同一个条文里，减少查找成本

在中国民事推定立法中，多数推定规则都完整地规定在一个条文中。也有一些推定规则的内容分别放在两个相邻条文中，甚至放在两个不相

① 江平：《民法中的视为、推定与举证责任》，《政法论坛》1987 年第 4 期，第 2 页。

邻条文里，这给学习者、适用者带来了很大的不方便。

同一推定规则分别放在不同条文的立法例有《虚假陈述侵权赔偿规定》第 11 条[①]和第 12 条[②]，这两个条文分别规定了虚假陈述与损害结果之间存在因果关系的推定及其反证范围。

三、推定规则各项内容应准确表述

（一）中国民事推定规则内容表述不准确的典型例证

整体上看，除了上文提到的反证程度表述混乱之外，现行民事推定规则中的立法表述大体上是准确的。但是，也有个别推定规则表述不够准确，试举以下三例：

例 1,《工伤保险条例》(2010 年修订）第 19 条第 2 款规定，“职工或者其直系亲属认为是工伤，用人单位不认为是工伤的，由用人单位承担举证责任。”《工伤认定办法》(2011 年修订）第 17 条规定，“职工或者其直系亲属认为是工伤，用人单位不认为是工伤的，由该用人单位承担举证责任。用人单位拒不举证的，劳动保障行政部门可以根据受伤害职工提供的证据依法作出工伤认定结论。”前者清晰无误地规定了工伤事实的证明责任倒置或直接推定，后者则将其明显弱化了直接推定，甚至导致实践中让职工或其直系亲属承担证明其所受伤害是工伤的客观证明责任。

---

①《虚假陈述侵权赔偿规定》第 11 条规定，原告能够证明下列情形的，人民法院应当认定原告的投资决定与虚假陈述之间的交易因果关系成立：（一）信息披露义务人实施了虚假陈述；（二）原告交易的是与虚假陈述直接关联的证券；（三）原告在虚假陈述实施日之后、揭露日或更正日之前实施了相应的交易行为，即在诱多型虚假陈述中买入了相关证券，或者在诱空型虚假陈述中卖出了相关证券。

②《虚假陈述侵权赔偿规定》第 12 条规定，被告能够证明下列情形之一的，人民法院应当认定交易因果关系不成立：（一）原告的交易行为发生在虚假陈述实施前，或者是在揭露或更正之后；（二）原告在交易时知道或者应当知道存在虚假陈述，或者虚假陈述已经被证券市场广泛知悉；（三）原告的交易行为是受到虚假陈述实施后发生的上市公司的收购、重大资产重组等其他重大事件的影响；（四）原告的交易行为构成内幕交易、操纵证券市场等证券违法行为的；（五）原告的交易行为与虚假陈述不具有交易因果关系的其他情形。

例 2，同样是证明妨碍的法律后果，最高人民法院在相关司法解释中的表述却差别很大。

表述一，用“推定”。此类解释例有：《最高人民法院关于民事经济审判方式改革问题的若干规定》(1998 年) 第 30 条[①]、《民事证据规定(2001 年)》第 75 条[②]、《环境公益诉讼解释》第 13 条[③]、《知识产权证据规定》第 25 条第 1 款[④]。这四则解释规定，法院可以推定对方当事人关于该证据的内容不利于证据持有人的主张成立，也即主要是可能转移证据提供责任的许可性推定。

表述二，用“认定”。此类解释例有：《民事证据规定(2019 年)》第 48 条第 1 款[⑤]、第 2 款[⑥]以及第 95 条[⑦]。

表述三，用“承担不利后果”甚至“承担全部责任”。此类解释例

---

①《最高人民法院关于民事经济审判方式改革问题的若干规定》(1998) 第 30 条规定，有证据证明持有证据的一方当事人无正当理由拒不提供，如果对方当事人主张该证据的内容不利于证据持有人，可以推定该主张成立。

②《民事证据规定(2001 年)》第 75 条规定，有证据证明一方当事人持有证据无正当理由拒不提供，如果对方当事人主张该证据的内容不利于证据持有人可以推定该主张成立。

③《环境公益诉讼解释》第 13 条规定，原告请求被告提供其排放的主要污染物名称、排放方式、排放浓度和总量、超标排放情况以及防治污染设施的建设和运行情况等环境信息，法律、法规、规章规定被告应当持有或者有证据证明被告持有而拒不提供，如果原告主张相关事实不利于被告的，人民法院可以推定该主张成立。

④《知识产权证据规定》第 25 条第 1 款规定，人民法院依法要求当事人提交有关证据，其无正当理由拒不提交、提交虚假证据、毁灭证据或者实施其他致使证据不能使用行为的，人民法院可以推定对方当事人就该证据所涉证明事项的主张成立。

⑤《民事证据规定(2019 年)》第 48 条第 1 款规定，控制书证的当事人无正当理由拒不提交书证的，人民法院可以认定对方当事人所主张的书证内容为真实。

⑥《民事证据规定(2019 年)》第 48 条第 2 款规定，控制书证的当事人存在《最高人民法院关于适用〈中华人民共和国民事诉讼法〉的解释》第一百一十三条规定情形的，人民法院可以认定对方当事人主张以该书证证明的事实为真实。

⑦《民事证据规定(2019 年)》第 95 条规定，一方当事人控制证据无正当理由拒不提交，对待证事实负有举证责任的当事人主张该证据的内容不利于控制人的，人民法院可以认定该主张成立。

有:《票据规定》第 11 条第 2 款[①]、《劳动争议解释一》第 42 条[②]规定证明妨碍人承担不利后果;《道路交通安全法实施条例》第 92 条第 2 款[③]规定当事人故意破坏、伪造现场、毁灭证据的，承担全部责任。《船舶碰撞规定》第 8 条[④]规定由碰撞船舶一方承担全部赔偿责任或者由双方承担连带赔偿责任。

这些司法解释条文所规定的不利后果究竟有何差别?差别是否合理?

例 3，同样是针对国家相关主管机关制作的事故认定书，最高人民法院出台的司法解释表述也很不一致。《船舶碰撞规定》(2020 年修正)第 11 条[⑤]用的表述是:“可以作为人民法院认定案件事实的证据，但有相反证据足以推翻的除外。”

《铁路运输人身损害赔偿解释》第 14 条[⑥]用的表述是:“当事人没有相反证据和理由足以推翻的，人民法院应当作为认定事实的根据。”

---

①《票据规定》第 11 条第 2 款规定，票据当事人在一审人民法院审理期间隐匿票据、故意有证不举，应当承担相应的诉讼后果。

②《劳动争议解释一》第 42 条规定，劳动者主张加班费的，应当就加班事实的存在承担举证责任。但劳动者有证据证明用人单位掌握加班事实存在的证据，用人单位不提供的，由用人单位承担不利后果。

③《道路交通安全法实施条例》第 92 条第 2 款规定，当事人故意破坏、伪造现场、毁灭证据的，承担全部责任。

④《船舶碰撞规定》(2008 年)第 8 条规定，碰撞船舶船载货物权利人或者第三人向碰撞船舶一方或者双方就货物或其他财产损失提出赔偿请求的，由碰撞船舶方提供证据证明过失程度的比例。无正当理由拒不提供证据的，由碰撞船舶一方承担全部赔偿责任或者由双方承担连带赔偿责任。

⑤《船舶碰撞规定》第 11 条规定，船舶碰撞事故发生后，主管机关依法进行调查取得并经过事故当事人和有关人员确认的碰撞事实调查材料，可以作为人民法院认定案件事实的证据，但有相反证据足以推翻的除外。

⑥《铁路运输人身损害赔偿解释》第 14 条规定，有权作出事故认定的组织依照《铁路交通事故应急救援和调查处理条例》等有关规定制作的事故认定书，经庭审质证，对于事故认定书所认定的事实，当事人没有相反证据和理由足以推翻的，人民法院应当作为认定事实的根据。

《道路交通事故损害赔偿解释》第 24 条[①] 和《保险法解释二》(2020 年修正）第 18 条[②] 用的表述是："应当依法审查并确认其相应的证明力，但有相反证据能够推翻的除外。"

这三种表述也存在明显的差别，这包括究竟是"应当"还是"可以"作为认定案件事实的证据？究竟需要"相反证据足以推翻的除外"还是"相反证据能够推翻的除外"？这种表述与"相反证据足以反驳的除外"究竟有什么区别？

（二）推定规则内容表述不准确的后果——以证明妨碍推定一般规则为例

《民事证据规定（2001 年）》第 75 条[③] 确立了我国民事诉讼证明妨碍推定的一般规则。但是，由于该推定规则内容表述上的不准确，造成了司法实践中的混乱。下文以三个案情大致相同但适用结果迥异的案例来说明推定内容表述不明确的法律后果。

案例 1，石鸿林与泰州华仁电子资讯有限公司侵犯计算机软件著作权纠纷上诉案。[④] 石鸿林于 2000 年 8 月 1 日开发完成"S 形线切割机床单片机控制器系统软件 V1.0"，并经国家版权局登记，系该软件的著作权人。2005 年，石鸿林发现华仁公司未经许可，在其经营场所长期大量复制、发行、销售与自己计算机软件相同的软件，严重损害了其合法权

---

①《道路交通事故损害赔偿解释》第 24 条规定，公安机关交通管理部门制作的交通事故认定书，人民法院应依法审查并确认其相应的证明力，但有相反证据推翻的除外。

②《保险法解释二》第 18 条规定，行政管理部门依据法律规定制作的交通事故认定书、火灾事故认定书等，人民法院应当依法审查并确认其相应的证明力，但有相反证据能够推翻的除外。

③《民事证据规定（2001 年）》第 75 条规定，有证据证明一方当事人持有证据无正当理由拒不提供，如果对方当事人主张该证据的内容不利于证据持有人可以推定该主张成立。本条表述在《民事证据规定（2019 年）》中有微小调整。《民事证据规定（2019 年）》第 95 条规定，一方当事人控制证据无正当理由拒不提交，对待证事实负有举证责任的当事人主张该证据的内容不利于控制人的，人民法院可以认定该主张成立。

④（2007）苏民三终字第 0018 号判决书。

益，故诉至法院。

本案争议的焦点之一是华仁公司拒不提供其控制器内置软件源程序作比对鉴定行为的法律后果问题。对此一审原告主张本案应实行举证责任倒置，也应实行举证责任转移。一审法院相关判决意见援引如下："实行举证责任倒置必须以法律有明确规定为前提，而在一般侵权诉讼中将证明侵权行为存在的责任倒置给被控侵权行为人，或者由被控侵权人承担其行为不构成侵权的证明责任，缺乏法律依据，故对石鸿林关于本案应适用举证责任倒置的主张，不予采纳……关于华仁公司不提供其软件源程序供鉴定行为的后果，这涉及对华仁公司苛以何种诉讼义务的问题。一方面，针对原告的诉讼主张，要求被告必须为积极抗辩或者进行充分的证据披露，否则承担相关法律后果，现行法律对此并无强行性规定。另一方面，本案中，石鸿林并没有就华仁公司相关产品配载其软件提供证据予以证明，且其所提供的证据亦不能证明华仁公司存在令人确信的侵权可能性，因此尚不足以产生举证责任转移的后果。"

石鸿林不服一审判决，提起上诉，请求撤销原判，依法改判。其主要上诉理由之一是其认为一审判决举证责任分配错误……《最高人民法院关于民事诉讼证据的若干规定》第7条规定，"在法律没有具体规定，依本规定及其他司法解释无法确定举证责任时，人民法院可以根据公平原则和诚实信用原则，综合当事人举证能力等因素确定举证责任的承担"。本案中，源程序是被上诉人拥有，上诉人对此无法获得，法院应当据上述规定要求被上诉人提供源程序，而不应将此项举证责任转移给上诉人。上诉人认为，提供源程序进行司法鉴定并不会导致其源程序公开或泄密，被上诉人以保密为由拒不提供源程序不符合法律规定，且在不论是否系上诉人责任导致其源程序可能公开或泄密的情况下均要求上诉人给予赔偿更是毫无道理。一审判决不依据相关法律综合当事人情况合理确定举证责任，而简单套用"谁主张、谁举证"原则属于适用法律错误。

华仁公司二审相应的答辩称：源程序是企业最大的商业秘密，一旦提供就需要经过多个专家对比，难免不造成泄密，而且上诉人对由此造成的损失还不赔偿，因此，被上诉人不同意提供源程序。

二审法院相关判决意见援引如下："《最高人民法院关于民事诉讼证据的若干规定》第七十五条规定：'有证据证明一方当事人持有证据无正当理由拒不提供，如果对方当事人主张该证据的内容不利于证据持有人，可以推定该主张成立。'在上诉人石鸿林提供了初步证据证明其诉讼主张的情形下，完全可以证明被上诉人华仁公司持有但拒不提供的源程序的内容不利于华仁公司，经法院反复释明，华仁公司最终仍不提供被控侵权的 HR–Z 软件源程序以供比对，故依法应当承担举证不能的不利后果。综上，在被上诉人华仁公司持有被控侵权的 HR–Z 软件源程序且无正当理由拒不提供的情形下，根据现有证据，可以认定被控侵权的 HR–Z 软件与上诉人石鸿林的 S 系列软件构成实质相同，华仁公司侵犯了石鸿林 S 系列软件著作权。"

案例 2，海茵公司与深圳市赛银远古实业发展有限公司侵犯计算机软件著作权纠纷上诉案。[①] 2005 年 7 月，公众球会与海茵公司签订《深圳光明公众高尔夫球会海茵高尔夫管理系统软件采购合同》，公众球会向海茵公司购买名称为"高尔夫球俱乐部管理软件"的计算机软件，该软件支持 36 洞高尔夫球场管理及酒店客房管理，合同实收优惠价格为 20 万元。2005 年 10 月，赛银公司在为公众球会提供服务的时候，发现海茵公司提供的上述软件内有赛银公司员工吴依的照片和相关资料，而该照片和资料是赛银公司有意识地嵌入其软件程序中，属于一种保护软件的技术措施。经比对软件程序，赛银公司认为海茵公司涉嫌侵犯其软件

① （2008）粤高法民三终字第 7 号判决书。

的著作权，遂向原审法院提出民事诉讼。

鉴于赛银公司、海茵公司对赛银公司软件、被控侵权软件的相互关系存在严重分歧，原审法院基于案件审理的客观需要，委托中国科学技术法学会华科知识产权司法鉴定中心对相关技术问题进行鉴定。该中心接受原审法院委托后组织相关专家阅读了相关软件，并告知原审法院，海茵公司提供的被控侵权软件源程序不完整。出于慎重考虑，原审法院于 2007 年 4 月 23 日在告知海茵公司专家鉴定会议事项的同时，再次要求海茵公司于 2007 年 4 月 28 日前提供完整的源程序。但海茵公司仍未提供其软件的完整的源程序。2007 年 6 月 25 日，中国科学技术法学会华科知识产权司法鉴定中心向原审法院出具了华科司鉴中心（2007）知鉴字第 007 号司法鉴定书。原审法院向本案当事人送达了上述鉴定书并进行了质证。赛银公司认为海茵公司拒不执行原审法院裁定，应承担相应的法律责任；海茵公司无正当理由拒不提供证据，依法应推定赛银公司关于海茵公司软件侵权主张成立；司法鉴定书的鉴定结论已充分说明被控侵权软件侵犯了赛银公司软件的著作权。海茵公司不认同司法鉴定的有效性，认为法院委托鉴定要求有疏漏，同时对鉴定结论也有异议。

原审法院相关判决意见援引如下："基于案件审理的客观需要，原审法院证据保全的民事裁定明确要求查封、扣押被控侵权源程序；海茵公司在原审法院证据保全时承诺提交完整的被控侵权源程序，否则愿意承担相应的法律后果；在鉴定机构反馈海茵公司提交的被控侵权源程序不完整时，原审法院再次告知海茵公司提交完整的被控侵权源程序，但海茵公司仍未提交。《最高人民法院关于民事诉讼证据的若干规定》第七十五条规定：'有证据证明一方当事人持有证据无正当理由拒不提供，如果对方当事人主张该证据的内容不利于证据持有人，可以推定该主张成立。'作为软件开发企业，海茵公司应当保存完整的被控侵权源程序。海茵公司无正当理由拒不执行原审法院民事裁定，不提交完整的被控侵权源程序，应当承担相应的不利后果。同时中国科学技术法学会华科知识产权司法鉴定中心向原审法院出具的华科司鉴中心（2007）知鉴字第007号司法鉴定书显示赛银公司软件、被控侵权软件存在一定的关联性，尤其被控目标程序反编译后和赛银公司源程序存在部分程序相同内容。赛银公司主张被控侵权源程序侵犯了赛银公司软件的著作权，可以推定该主张成立。因此，海茵公司'高尔夫球俱乐部管理软件'计算机程序侵犯了赛银公司'远古俱乐部管理系统V3.0''远古酒店管理系统V1.0'计算机程序的著作权。海茵公司应当承担相应的侵权责任，包括停止侵权并赔偿赛银公司经济损失。二审法院对一审法院的上述判决意见予以维持。"

案例3，重庆海威康医疗仪器有限公司与重庆名希医疗器械有限公司等侵犯专利权纠纷上诉案。[①] 原告海威康公司认为被告名希公司未经其许可，采用其专利技术生产涉案产品，侵犯了其专利权；并认为吴西作为名希公司法定代表人、秦树人作为原重庆麦因科技有限公司法定代表人，与名希公司构成共同侵权；此外，彭毅、季忠、廖东英、杨峻为名希公司侵权行为提供了技术上或其他方面的支持，与名希公司构成共同侵权。遂诉至一审法院。重庆市第一中级人民法院于2010年5月26日作出（2009）渝一中法民初字第296号民事判决（判决原告败诉）。上诉人重庆海威康医疗仪器有限公司对该判决不服，遂提起上诉。

海威康公司上诉主张之一是应当适用"拒证推定"规则认定名希公司的侵权行为存在。《最高人民法院关于民事诉讼证据的若干规定》第七十五条规定"有证据证明一方当事人持有证据无正当理由拒不提供，如果对方当事人主张该证据的内容不利于证据持有人，可以推定该主张成立"，名希公司在诉讼发生后以"升级换代"的名义更换已售出产品的

---

①（2010）渝高法民终字第189号。

配件（电极），不能作出合理解释，又拒不提供更换前所谓不侵权的针电极，应当推定海威康公司主张的侵权行为成立。对此，被上诉人作了简单否认。

就此一上诉主张，二审法院相关判决意见如下："海威康公司指称名希公司在法院对其公司进行证据保全过程中存在隐匿并转移被控侵权产品的行为，但是缺乏相应的证据支持。虽然一审法院在深圳市南山区人民医院证据保全中所作的调查笔录及海威康公司提供的其他证据相互印证，可以证明名希公司存在更换已售出产品的针电极的行为，但是上述证据并没有证明更换前的针电极的完整技术特征以及是否落入专利的保护范围，亦不能排除名希公司正常更换针电极的可能性。海威康公司主张，名希公司在诉讼发生后更换已售出产品的针电极，不能作出合理解释，又拒不提供更换前所谓不侵权的针电极，应当按照《最高人民法院关于民事诉讼证据的若干规定》第七十五条推定海威康公司主张的侵权行为成立。本院认为，本案的被控侵权行为不是举证责任倒置的法定情形，证明被控侵权产品的技术特征落入专利保护范围的举证责任应由海威康公司承担，名希公司没有证明其产品不侵权的义务，故没有提供其更换前的针电极的法定义务，因此，不能视为名希公司持有证据无正当理由拒不提供，无法推定海威康公司主张的侵权行为成立。"

根据上引三个案例中当事人双方的相关事实主张及法院的相关判决意见，我们可以看到，类似的证明妨碍情节，被妨碍人提出了大致相似的诉讼主张，但是相关法院的相关适用意见却大不相同。案例 1，该案一审法院驳回了原告适用《民事证据规定（2001 年）》第 7 条和第 75 条进行举证责任倒置的主张。该案二审法院适用了《民事证据规定（2001 年）》第 75 条，其主要根据"自由心证"而非推定认定了待证事实的存在，因为按其裁判意见，上诉人（原审原告）已经能够独立地证明待证事实（原审被告）至高度盖然性，从而被告因不承担具体提供证据责任而败诉。案例 2 中，二审法院适用了《民事证据规定（2001 年）》第 75 条，其主要根据“自由心证”而非推定认定了待证事实的存在，因为按其裁判意见，上诉人（原审原告）已经能够独立地证明待证事实（原审被告）至高度盖然性，从而被告因不承担具体提供证据责任而败诉。案例 2，该案一审法院适用了《民事证据规定（2001 年）》第 75 条并且推定待证事实存在。值得注意的是，该推定效果的背景是：（1）被告一方违背了其先前向法院所作的提交完整被控侵权源程序承诺；（2）原告提供的鉴定证据能够证明两程序存在部分源程序内容相同，也即原告另外提供了证明待证事实成立的初步证据。案例 3，该案二审法院没有适用《民事证据规定（2001 年）》第 75 条推定待证事实成立，适用意见及其推理过程表述非常曲折，似可整理如下：本案不属于举证责任倒置，被告没有证明其产品不侵权的义务，故无须负担提供证据义务；因为被告不负担提供证据义务，故不构成“被告无正当理由拒不提供证据”，因而无法推定原告“侵权行为属实”的主张成立。

比较上述三个案例中审判法院的适用意见，笔者发现《民事证据规定（2001 年）》第 75 条至少在以下六个问题上表述不够清楚：

1. 该规则的适用条件究竟包不包括一方当事人的证据提供义务或证据保存义务？这种证据提供义务的法律依据是什么？

2. 该规则的适用条件是否除证明“一方当事人持有证据无正当理由拒不提供”之外，还需提供证据证明待证事实自身至一定程度？如果是，该种程度又是什么？

3. 该规则中的“正当理由”该如何理解？技术保密是否属于正当理由？该“正当理由”的证明责任又该如何分担？

4. 该规则中的“推定”该如何理解？是否即指举证责任倒置？就大陆法系国家民事证明理论而言，究竟相当于大陆法系的“法律上推定”，抑或“事实上推定”，还是“证明度”之减轻？就英美法系民事证明理论而言，究竟相当于“转移客观证明责任的推定”，抑或“转移提供证据责任的推定”，还是“许可性推定”？

5. 该规则中的“可以”该如何理解？究竟是指比较法上关于证明妨碍行为效果之一的“自由心证”，还是指“授权法官自由裁量”。

6. 该规则中的“关于该证据的内容不利于证据持有人的主张”与“待证事实”之间究竟同一还是区分？如果为区分，应如何理解两者之间的关系？

上述六个问题大致可以分为两个方面，其中 1、2、3 属于或有关证明妨碍责任要件方面，4、5、6 属于证明妨碍责任证据法上后果方面。

简言之，《民事证据规定》第 75 条在推定基础条件和效果表述上的不准确是造成该条文司法适用混乱的根本原因。

（三）立法建议

1. 立法机关在创设推定规则时，应尽可能将推定的基础条件、效果、反证程度和范围等内容要素表述清楚。

2. 鉴于科学立法的难度和成文法的固有缺陷，应当借鉴比较法的宝贵经验、运用判例制度弥补该缺陷。最高人民法院当前正在实施的指导判例制度是促进《民事证据规定（2001 年）》第 75 条，也即《民事证据规定（2019 年）》第 95 条，在全国范围内统一适用的有效途径。

第四节 限制推定反证范围需谨慎

一、推定反证范围指示与限制概述

中国现行民事推定规则依照其是否指示反证内容以及指示内容范围大致可以分为以下三类：

第一类，没有明确指示反证内容，当然也未限缩反证范围的推定规则。例如，《海商法》第 81 条第 1 款规定，承运人向收货人交付货物时，收货人未将货物灭失或者损坏的情况书面通知承运人的，此项交付视为承运人已经按照运输单证的记载交付以及货物状况良好的初步证据。再如，《专利法实施细则》第 4 条第 3 款规定，国务院专利行政部门邮寄的各种文件，自文件发出之日起满 15 日，推定为当事人收到文件之日。上述两个条文仅简单规定从基础事实可以推定待证事实，并未明确规定反证的内容。但是，基于推定必须具备 2 特性——待证事实或事项暂定真实性和可反驳性，所以此类推定规则虽然没有明确指示反证内容，仍包括反证内容——推定事实的相反方面。

第二类，明确指示反证内容但未限缩反证范围的推定规则。例如，《民法典》第 1253 条规定，建筑物、构筑物或者其他设施及其搁置物、悬挂物发生脱落、坠落造成他人损害，所有人、管理人或者使用人不能证明自己没有过错的，应当承担侵权责任。所有人、管理人或者使用人赔偿后，有其他责任人的，有权向其他责任人追偿。《海商法》第 114 条第 3 款规定，旅客的人身伤亡或者自带行李的灭失、损坏，是由于船舶的沉没、碰撞、搁浅、爆炸、火灾所引起或者是由于船舶的缺陷所引起的，承运人或者承运人的受雇人、代理人除非提出反证，应当视为其有过失。上述两个条文明确规定了反证的内容，并且从反证内容的范围与推定事实的范围在逻辑上恰好互补。

第三类，指示反证内容且限缩反证范围的推定规则。例如，《民法典》第 1242 条规定，非法占有高度危险物造成他人损害的，由非法占有人承担侵权责任。所有人、管理人不能证明对防止他人非法占有尽到高度注意义务的，与非法占有人承担连带责任。显然，本条规定的反证范围——“不能证明尽到高度注意义务”小于推定事实的反面事实——“所有人、管理人不存在过错”的范围。再如，《婚姻法解释二》第 24 条规定，债权人就婚姻关系存续期间夫妻一方以个人名义所负债务主张权利的，应当按夫妻共同债务处理。但夫妻一方能够证明债权人与债务人明确约定为个人债务，或者能够证明属于婚姻法第十九条第三款规定情形的除外。与上例类似，本条规定的反证范围——“债权人与债务人明确约定为个人债务或属于婚姻法第十九条第三款[①]规定情形”小于推定事实的反面事实——“婚姻关系存续期间夫妻一方以个人名义所负债务为个人债务”的范围。

上述前两类属于没有限缩反证范围的推定，正因为没有限缩，推定相对方才有更大的自由去寻找反证方法。与前两类不同，第三类推定规则限缩了反证范围。正因为限缩了反证范围，推定相对人的反证方法受到极大的限制。如果推定相对人不按照推定规则指示的反证范围提出反证，而提出明示范围之外的其他反证方法，则因不符合法律的规定而不能推翻该推定。

限缩反证范围，如同加重推定相对方的反证程度一样通常会加重推定的效果，这样一来，解除或增加反证范围的限制就成为一个推定立法政策性工具。鉴于这一立法政策性工具对推定双方当事人诉讼证明影响巨大，在限缩推定反证范围时需要特别谨慎，以避免对推定相对人造成不公平的结果。

二、反证范围限缩不当的后果——以《婚姻法解释二》第24条[②]为例

为了便于理解，我们先来看一则案例。甲女在和乙男婚后事实上分居期间，曾以个人名义向丙男借高利贷五次，共计债务20多万元。丙在多次向甲女主张债权不得后，一纸诉状将甲女和乙男告上法庭，要求两人共同偿还该20多万元的债务。尽管乙男举证证明其事前不知道该借

---

①《婚姻法》第19条第3款规定，夫妻对婚姻关系存续期间所得的财产约定归各自所有的，夫或妻一方对外所负的债务，第三人知道该约定的，以夫或妻一方所有的财产清偿。

②《婚姻法解释二（2003年）》第24条规定，债权人就婚姻关系存续期间夫妻一方以个人名义所负债务主张权利的，应当按夫妻共同债务处理。但夫妻一方能够证明债权人与债务人明确约定为个人债务，或者能够证明属于《婚姻法》第十九条第三款规定情形的除外。

款、事后该款也未用于夫妻共同生活，但是法院仍然依据《婚姻法解释二（2003 年）》第 24 条认定该借款为夫妻共同债务并责令以夫妻共同财产偿还。

当前，类似于上述判决的案例在司法实践中时有发生。关于该条适用的恶果，有人曾总结道："在审判实践中严格适用夫妻共同债务推定，虚构的债务、因违法犯罪行为所负的债务、举债人恶意消费的债务这三类债务难以识别或排除，进而会助长虚构债务、欺诈等恶劣风气泛滥，破坏诚实信用原则，损害守法者利益，直接危及婚姻安全。"[①] 笔者完全同意上述观点。由于《婚姻法解释二》第 24 条将夫妻单方名义负债推定为夫妻共同债务，同时又将除外情形仅限于两种情形，并且举债方的配偶在现行婚姻法制框架下难以证明这两种情形，因此严格适用夫妻共同债务推定规则，会将相当部分的个人债务甚至虚假债务都认定为夫妻共同债务，助长了虚构债务、诈骗等恶劣行径，破坏了社会互信。与之相关的社会效果不好的夫妻共同债务推定案例不胜枚举。

笔者认为，《婚姻法解释二》第 24 条之所以出现严重的问题，除了其过于保护债权人利益、过于注重交易安全、忽视举债人配偶利益、忽视家庭安全价值外，还在于其对推定反证范围作了不当限缩。这一点是夫妻共同债务推定规则适用过程中出现众多违背实质正义诸多不公平的根本原因。

为了准确说明这一点，让我们从一个假设开始。假设《婚姻法解释二》第 24 条规定如下："债权人就婚姻关系存续期间夫妻一方以个人名义所负债务主张权利的，应当按照夫妻共同债务处理，但是夫妻一方能证明该债务确属举债方个人债务的除外。"将这一假设的《婚姻法解释

---

① 汪家乾、王礼仁：《适用〈婚姻法〉解释（二）第 24 条的前提条件——关于夫妻共同债务的理论回应》，载杨立新、刘德权主编：《亲属法新问题与新展望》，人民法院出版社 2009 年版，第 200—202 页。

二》第 24 条表述和真实的《婚姻法解释二》第 24 条规定表述相比，我们发现其中最重要的区别在于"假条文"下夫妻共同债务推定的例外情形可以有很多，不仅仅包括"真条文"下的两种情况，还可以包括夫妻一方因违法犯罪行为所负债务、夫妻一方恶意消费所负债务等。

从逻辑上说，现行的夫妻共同债务推定规则在除外情形表述上犯了"以偏概全"的错误，将"债权人与债务人明确约定该债务为个人债务"和"债权人明知夫妻之间实行约定财产制"这两种应当认定为夫妻一方个人债务的情况当作了"夫妻一方个人债务"的全部。参照《离婚案件财产分割问题意见》第 17 条第 2 款[①]的规定，现行夫妻共同债务推定规则至少还应增加一种除外情形，即未经举债方配偶事前同意并且没有用于夫妻共同生活这样一种举债方个人债务类型。

正因为 2003 年版夫妻共同债务推定规则对除外情形做了不当限缩，致使该推定规则在司法实践中出现了"反证死角"，从而出现了众多违背实质正义的案例。这里的"反证死角"，是指当举债方所负债务没有事前获得其配偶同意也未用于夫妻共同生活时，这种情况多发生在夫妻感情破裂后，其配偶请求法院将该债务认定为举债方个人债务，但受限于现行夫妻共同债务推定规则所列两种除外情形，其主张很难得到法院支持。[②]

值得补充说明的是，最高人民法院逐渐意识到其在制定《婚姻法解释二（2003 年）》第 24 条考虑不周，并且造成了诸多不公平现象，于是有意识开始修补。

---

①《离婚案件财产分割意见》第 17 条第 2 款规定，下列债务不能认定为夫妻共同债务，应由一方以个人财产清偿：（1）夫妻双方约定由个人负担的债务，但以逃避债务为目的的除外。（2）一方未经对方同意，擅自资助与其没有抚养义务的亲朋所负的债务。（3）一方未经对方同意，独自筹资从事经营活动，其收入确未用于共同生活所负的债务。（4）其他应由个人承担的债务。

② 需要指出的是，实践中也有部分法官为了实质正义拒绝严格适用《婚姻法解释二》第 24 条。

2017 年，最高人民法院专门发布了《婚姻法解释二补充规定》。该《补充规定》高度聚焦《婚姻法解释二（2003 年）》第 24 条“反证死角”这一严重缺陷，采取了增设例外情形的补救方式。全文如下：“在《最高人民法院关于适用〈中华人民共和国婚姻法〉若干问题的解释（二）》第二十四条的基础上增加两款，分别作为该条第二款和第三款：夫妻一方与第三人串通，虚构债务，第三人主张权利的，人民法院不予支持。夫妻一方在从事赌博、吸毒等违法犯罪活动中所负债务，第三人主张权利的，人民法院不予支持。”《婚姻法解释二补充规定》增设了“夫妻共同债务推定”的两种典型例外。

但是上述增设例外情形的方式并未能从根本上解决夫妻共同债务的原则性问题，于是最高人民法院于 2018 年专门制定了《夫妻债务解释》。该解释全文如下：

为正确审理涉及夫妻债务纠纷案件，平等保护各方当事人合法权益，根据《中华人民共和国民法总则》《中华人民共和国婚姻法》《中华人民共和国合同法》《中华人民共和国民事诉讼法》等法律规定，制定本解释。

第一条　夫妻双方共同签字或者夫妻一方事后追认等共同意思表示所负的债务，应当认定为夫妻共同债务。

第二条　夫妻一方在婚姻关系存续期间以个人名义为家庭日常生活需要所负的债务，债权人以属于夫妻共同债务为由主张权利的，人民法院应予支持。

第三条　夫妻一方在婚姻关系存续期间以个人名义超出家庭日常生活需要所负的债务，债权人以属于夫妻共同债务为由主张权利的，人民法院不予支持，但债权人能够证明该债务用于夫妻共同生活、共同生产经营或者基于夫妻双方共同意思表示的除外。

第四条　本解释自 2018 年 1 月 18 日起施行。

本解释施行后，最高人民法院此前作出的相关司法解释与本解释相抵触的，以本解释为准。

这一解释比较符合家事法的法理，实践效果也比较好。随后被《民法典》第 1064 条[①] 吸收。

①《民法典》第 1064 条规定，夫妻双方共同签名或者夫妻一方事后追认等共同意思表示所负的债务，以及夫妻一方在婚姻关系存续期间以个人名义为家庭日常生活需要所负的债务，属于夫妻共同债务。夫妻一方在婚姻关系存续期间以个人名义超出家庭日常生活需要所负的债务，不属于夫妻共同债务；但是，债权人能够证明该债务用于夫妻共同生活、共同生产经营或者基于夫妻双方共同意思表示的除外。

参考文献

一、中文参考文献

（一）专著

1. 何家弘、刘品新:《证据法学》，法律出版社 2019 年版。
2. 江伟主编:《民事证据法学》，中国人民大学出版社 2011 年版。
3. 何家弘、张卫平主编:《简明证据法学》（第 2 版），中国人民大学出版社 2011 年版。
4. 樊崇义主编:《证据法学》（第 3 版），法律出版社 2004 年版。
5. 陈光中主编:《证据法学》，法律出版社 2011 年版。
6. 张保生主编:《证据法学》，中国政法大学出版社 2009 年版。
7. 李浩:《民事证明责任研究》，法律出版社 2003 年版。
8. 毕玉谦:《民事证明责任研究》，法律出版社 2007 年版。
9. 许可:《民事审判方法：要件事实引论》，法律出版社 2009 年版。
10. 赵信会:《民事推定及其适用机制研究》，法律出版社 2006 年版。
11. 陈刚:《证明责任法研究》，中国人民大学出版社 2000 年版。
12. 周叔厚:《证据法论》（第 3 版），台北三民书局 1995 年版。
13. 龙宗智:《证据法的理念、制度与方法》，法律出版社 2008 年版。
14. 罗玉珍主编:《民事证明制度与理论》，法律出版社 2003 年版。
15. 龙宗智主编:《刑事证明责任与推定》，中国检察出版社 2009 年版。
16. 陈界融:《证据法学概论》，中国人民大学出版社 2007 年版。
17. 张卫平:《民事诉讼法》（第 2 版），法律出版社 2009 年版。
18. 江伟主编:《民事诉讼法学》（第 5 版），中国人民大学出版社 2011 年版。
19. 谭兵、李浩主编:《民事诉讼法学》，法律出版社 2009 年版。
20. 常怡主编:《民事诉讼法学》，中国政法大学出版社 1996 年版。

21. 王亚新:《对抗与判定——日本民事诉讼的基本结构》(第2版),清华大学出版社2010年版。
22. 陈荣宗、林庆苗:《民事诉讼法》(上)(修订四版),台北三民书局2005年版。
23. 黄国昌:《民事诉讼理论之新开展》,北京大学出版社2008年版。
24. 张千帆:《宪政原理》,法律出版社2011年版。
25. 麦高伟、崔永康主编:《法律研究的方法》,中国法制出版社2009年版。
26. 白建军:《法律实证研究方法》,北京大学出版社2008年版。
27. 陆俭明、沈阳:《汉语和汉语研究十五讲》(第2版),北京大学出版社2004年版。
28. 朱晓农:《方法:语言学的灵魂》,北京大学出版社2008年版。
29. 陈国富:《法律经济学》,科学出版社2006年版。
30. 陈波:《逻辑学导论》,中国人民大学出版社2003年版。
31. 雍琦:《法律逻辑学》,法律出版社2004年版。
32. 最高人民法院民事审判第一庭编著:《民事证据司法解释的理解与适用》,中国法制出版社2002年版。
33. 最高人民法院刑事审判第三庭编著:《刑事证据规则理解与适用》,法律出版社2010年版。
34. 最高人民法院应用法律研究所主编:《人民法院案例选》(2005年第3辑总第53辑),人民法院出版社2006年版。
35. 于敏:《日本侵权行为法》(第2版),法律出版社2006年版。
36. 夏芸:《医疗事故赔偿法——来自日本法的启示》,法律出版社2007年版。
37. 曾世雄:《损害赔偿法原理》,中国政法大学出版社2001年版。
38. 张新宝:《侵权责任构成要件研究》,法律出版社2007年版。
39. 张新宝:《侵权责任法》(第2版),中国人民大学出版社2010年版。
40. 胡雪梅:《英国侵权法》,中国政法大学出版社2008年版。
41. 王利明、周友军、高圣平:《中国侵权责任法教程》,人民法院出版社2010年版。
42. 刘智慧主编:《中国侵权责任法释解与适用》,人民法院出版社2010年版。
43. 程啸:《侵权行为法总论》,中国人民大学出版社2008年版。
44. 陈泉生:《环境法原理》,法律出版社1997年版。
45. 曹明德:《环境侵权法》,法律出版社2000年版。
46. 汪劲:《环境法》,北京大学出版社2006年版。
47. 史尚宽:《亲属法论》,中国政法大学出版社2000年版。

48. 余延满:《亲属法原论》，法律出版社 2007 年版。
49. 蒋月:《夫妻的权利和义务》，法律出版社 2001 年版。
50. 尚晨光主编:《婚姻法司法解释（二）法理与适用》，中国法制出版社 2004 年版。
51. 最高人民法院民一庭编著:《婚姻法司法解释（二）理解与适用》，人民法院出版社 2004 年版。
52. 孙宪忠:《论物权法》，法律出版社 2001 年版。
53. 赵旭东主编:《公司法学》(第 2 版)，高等教育出版社 2006 年版。
54. 彭冰:《中国证券法学》，高等教育出版社 2005 年版。
55.《中华人民共和国民事法律法规全书（含司法解释）》(2022 年版)，法律出版社。
56.《中华人民共和国商事法律法规规章司法解释大全》(2020 年版)，中国法制出版社。
57.《中华人民共和国知识产权法律法规全书（含司法解释）》(2022 年版)，法律出版社。
58. 何家弘、张卫平主编:《外国证据法选译》(下)，人民法院出版社 2000 年版。
59. 陈卫佐译著:《德国民法典》(上、下)，法律出版社 2004 年版。
60. 杜万华主编:《最高人民法院民间借贷审判实务指导与疑难解答》，中国法制出版社 2015 年版。
61. 江必新主编:《新民诉法解释法义精要与实务指引》，法律出版社 2015 年版。
62. 参见杨立新主编:《〈最高人民法院关于审理民间借贷案件适用法律若干问题的规定〉理解与运用》，中国法制出版社 2015 年版。
63. 骆永家:《民事法研究》(Ⅱ)，台湾三民书局 1999 年版，第 3 页。

（二）译著

64. [德] 莱奥·罗森贝克著，庄敬华译:《证明责任论——以德国民法典和民事诉讼法典为基础撰写》，中国法制出版社 2002 年版。
65. [德] 汉斯·普维庭著，吴越译:《现代证明责任问题》，法律出版社 2000 年版。
66. [德] 奥特马·尧厄尼希著，周翠译:《民事诉讼法》(第 27 版)，法律出版社 2003 年版。
67. [德] 罗森贝克、施瓦布、戈特瓦尔德著，李大雪译:《德国民事诉讼法》(下)(第 16 版)，中国法制出版社 2007 年版。
68. [德]K. 茨威格特、H. 克茨著:《比较法总论》，法律出版社 2005 年版。
69. [德] 魏德士著，吴越译:《法理学》，法律出版社 2005 年版。
70. [德] 汉斯·波塞尔著，李文潮译:《科学：什么是科学》，上海三联书店 2002 年版。

71. [美]乔恩·R.华尔兹著，何家弘等译《刑事证据大全》(第二版)，中国人民公安大学出版社2004年版。

72. [美]约翰·W.斯特龙主编:《麦考密克伦证据》，中国政法大学出版社2004年版。

73. [美]罗纳德·J.艾伦等著，张保生、王进喜、赵滢译:《证据法：文本、问题和案例》，高等教育出版社2006年版。

74. [美]诺曼·M.嘉兰、吉尔伯特·B.斯达克著，但彦铮等译:《执法人员刑事证据教程》(第四版)，中国检察出版社2007年版。

75. [美]斯蒂文·N.苏本等著，傅郁林等译:《民事诉讼法——原理、实务与运作环境》，中国政法大学出版社2004年版。

76. [美]肯尼斯·J.亚伯拉罕、阿尔伯特·C.泰特:《侵权法重述——纲要》(第二版)，法律出版社2006年版。

77. [美]文森特·R.约翰逊著，赵秀文等译:《美国侵权法》，中国人民大学出版社2004年版。

78. [美]艾尔·巴比著，邱泽奇译:《社会研究方法》，华夏出版社2006年版。

79. [美]威廉·N.邓肯著:《公共政策分析导论》(第2版)，中国人民大学出版社2002年版。

80. [美]帕特里克·赫尔利著，陈波等译:《简明逻辑学导论》(第10版)，世界图书出版公司2010年版。

81. [日]高桥宏志著，林剑锋译:《民事诉讼法——制度与理论的深层分析》，法律出版社2003年版。

82. [日]新堂幸司著，林剑锋译:《新民事诉讼法》，法律出版社2008年版。

83. [英]戴维·M.沃克主编:《牛津法律大辞典》，法律出版社2003年版。

84. [英]路易斯·P.波伊曼著，洪汉鼎译:《知识论导论——我们能知道什么》(第2版)，中国人民大学出版社2008年版。

85. [美]理查德·A.波斯纳，蒋兆康译:《法律的经济分析》，中国大百科全书出版社1997年版。

86. [德]汉斯－贝恩德·舍费尔、克劳斯·奥特，江清云、杜涛译:《民法的经济分析》(第四版)，法律出版社2009年版。

(三)论文

87. 何家弘:《从自然推定到人造推定——基于推定范畴的反思》，《法学研究》2008年第

4 期。

88. 何家弘:《论推定概念的界定标准》,《法学》2008 年第 10 期。

89. 何家弘:《论推定适用中的证明责任和证明标准》,《中外法学》2008 年第 6 期。

90. 龙宗智:《推定的界限及适用》,《法学研究》2008 年第 1 期。

91. 劳东燕:《认真对待刑事推定》,《法学研究》2007 年第 2 期。

92. 劳东燕:《推定研究中的误区》,《法律科学》2007 年第 5 期。

93. 张成敏:《推定与相反推理以及相互强度关系》,《政法论丛》2008 年第 1 期。

94. 卞建林、李树真、钟得志;《从法律到逻辑:推定改变了什么》,《南京大学法律评论》2009 年春季卷。

95. 刘英明:《也论推定规则适用中的证明责任和证明标准——兼与何家弘教授商榷》,《证据科学》2009 年第 5 期。

96. 周翠:《〈侵权责任法〉体系下的证明责任倒置与减轻规范——与德国法的比较》,《中外法学》2010 年第 5 期。

97. 秦策:《美国证据法上推定的学说与规则的发展》,《法学家》2004 年第 4 期。

98. 鲁晓明:《论民事侵权行为的推定及类型化》,《法律科学》2008 年第 4 期。

99. 葛文:《非举证责任人案情说明义务的类型化思考——以民事诉讼中当事人真实义务为脉络》,《民事审判指导与参考》2008 年第 4 辑(总第 36 辑)。

100. 刘英明:《证明责任倒置与推定的关系刍议——兼论推定的类型化》,《第二届证据理论与科学国际研讨会论文集》,中国政法大学出版社 2009 年版。

101. 赵钢、刘海峰:《试论证据法上的推定》,《法律科学》1998 年第 1 期。

102. 沈晶:《论事实推定与间接证明的关系》,《黄冈师范学院学报》2006 年第 2 期。

103. 张悦:《论事实推定》,《证据学论坛》(第 5 卷),中国检察出版社 2002 年版。

104. 樊崇义、冯举:《推定若干问题研究》,龙宗智主编:《刑事证明责任与推定》,中国检察出版社 2009 年版。

105. 裴苍龄:《再论推定》,《法学研究》2006 年第 3 期。

106. 褚福民:《事实推定的客观存在及其正当性质疑》,《中外法学》2010 年第 5 期。

107. 毕玉谦,《试论民事诉讼中的经验法则》,《中国法学》2000 年第 6 期。

108. 刘春梅:《浅论经验法则在事实认定中的作用及局限性之克服》,《现代法学》2003 年第 3 期。

109. 柯艳雪、尹腊梅:《经验法则的比较法分析及其建构》,《民事程序法研究·第三辑》。

110. 张卫平：《认识经验法则》，《清华法学》2008 年第 6 期。

111. 张中：《论经验法则的认识误区与实践困境》，《证据科学》2011 年第 2 期。

112. 吴洪淇：《从经验到法则：经验在事实认定过程中的引入与规制》，《证据科学》2011 年第 2 期。

113. 张继成：《小案件 大影响——对南京"彭宇案"一审判决的法逻辑学分析》，《中国政法大学学报》2008 年第 2 期。

114. 张卫平：《司法公正的法律技术与政策——对"彭宇案"的程序法思考》，《法学》2008 年第 8 期。

115. 周量：《解读"彭宇案"判决理由——以证据规则和民事诉讼理论为视角》，《东方法学》2008 年第 5 期。

116. 杨晓玲：《经度与纬度之争：法官运用"经验法则"推定事实——以"彭宇案"为逻辑分析起点》，《中外法学》2009 年第 6 期。

117. [意]Michele TARUFFO，孙维萍译：《关于经验法则的思考》，《法律科学》2009 年第 2 期。

118. 江平：《民法中的视为、推定与举证责任》，《政法论坛》1987 年第 4 期。

119. 叶名怡：《论违法与过错认定——以德美两国法的比较为基础》，《环球法律评论》2009 年第 5 期。

120. 马栩生：《因果关系推定的基本法律问题》，《武汉大学学报》（哲学社会科学版）2004 年第 4 期。

121. 侯茜、宋宗宇：《环境侵权责任中的因果关系》，《社会科学家》2006 年第 3 期。

122. 谢伟：《环境侵权证明责任研究》，《中国环境管理》2007 年第 4 期。

123. 郑世保：《环境侵权民事证明责任分配之重构》，《求索》2008 年第 7 期。

124. 最高人民法院民一庭：《环境侵权诉讼中举证责任的分配》，《民事审判指导与参考》2008 年第 4 辑（总第 36 期）。

125. 刘英明：《环境侵权因果关系证明责任倒置合理性论证》，《北方法学》2010 年第 2 期。

126. 吴杰：《日本新潟水俣病判决之"事实上的推定"》，载田平安主编：《比较民事诉讼法论丛》2006 年卷，法律出版社 2007 年版。

127. 梁慧星：《〈中华人民共和国侵权责任法〉的理解与适用》，《法商研究》2010 年第 6 期。

128. 王成：《医疗侵权行为法律规制的实证分析——兼评〈侵权责任法〉第七章》，《中国法学》2010 年第 5 期。
129. 汪家乾、王礼仁:《适用〈婚姻法〉解释(二)第 24 条的前提条件——关于夫妻共同债务的理论回应》,载杨立新、刘德权主编:《亲属法新问题与新展望》,人民法院出版社 2009 年版。
130. 李红玲:《论夫妻单方举债的定性规则——析〈婚姻法〉解释(二)第 24 条》,《政治与法律》第 2 期。
131. 朱敏健、屈翔:《〈海商法〉中船舶与货物实际全损和推定全损定义的完善》,《水运管理》第 31 卷第 5 期。
132. 包冰锋:《论民事诉讼中当事人的积极否认义务》,《证据科学》2015 年第 4 期。
133. 参见占善刚:《附理由的否认及其义务化研究》,《中国法学》2013 年第 1 期。
134. 陈刚:《论我国民事诉讼抗辩制度的体系化建设》,《中国法学》2014 年第 5 期。

(四)裁判文书

135. "潘钜和与覃国环等人身损害赔偿纠纷上诉案",广东省佛山市中级人民法院(2003)佛中法民一终字第 1161 号判决书。
136. "如皋市吴窑镇吴窑居民委员会诉王长华等返还财产案",江苏省如皋市人民法院(2003)皋民一初字第 0362 号判决书和江苏省南通市中级人民法院(2003)通中民一终字第 1337 号判决书。
137. "陆耀东诉永达公司环境污染损害赔偿纠纷案",上海市浦东新区法院民事判决书(准确判决书号缺,笔者通过北大法宝、上海法律文书检索系统等数据库均未能查到该判决书号)。
138. "广州丰伟房地产开发有限公司与陈建损害赔偿纠纷",广州市中级人民法院(2005)穗中法民四终字第 644 号判决书。
139. "谭顺基与佛山市康思达液压机械有限公司劳动合同纠纷上诉案",广东省佛山市中级人民法院(2006)佛中法民四终字第 204 号判决书。
140. "李东升与佛山市顺德区山裕电器有限公司外观设计专利侵权纠纷上诉案",广东省高级人民法院(2006)粤高法民三终字第 84 号判决书。
141. "袁延东与章海义等民间借贷纠纷上诉案",山东省东营市中级人民法院(2006)东民四终字第 102 号判决书。
142. "杨七龙与广东电网公司广州花都供电局人身损害赔偿纠纷上诉案",广东省广州市中级人民法院(2006)穗中法民二终字第 1051 号判决书。

143.“杨建荣诉上海复佳房地产开发有限公司商品房预售合同案”，上海市青浦区人民法院（2005）青民一（民）初字第1564号判决书。

144.“上海派克笔有限公司与重庆重客隆超市连锁有限责任公司商标侵权纠纷上诉案”，重庆市高级人民法院（2006）渝高法民终字第174号判决书。

145.“谭伟强与黄新良等民间借贷纠纷上诉案”，广东省佛山市中级人民法院（2007）佛中法民一终字第446号判决书。

146.“上海浦江缆索股份有限公司与江苏法尔胜新日制铁缆索有限公司等专利侵权纠纷上诉案”，浙江省高级人民法院（2007）浙民三终字第191号判决书。

147.“林志国诉李强侵犯专利权纠纷案”，山东省烟台市中级人民法院（2007）烟民三初字第79号判决书。

148.“吴植建等与王红梅等股权转让合同纠纷上诉案”，广东省广州市中级人民法院（2008）穗中法民二终字第456号判决书。

149.“李俊华与昆明澜沧江啤酒营销有限责任公司等财产损害赔偿纠纷上诉案”，云南省昆明市中级人民法院（2008）昆民三终字第770号判决书。

150.“释本焕诉肖强等民间借贷纠纷案”，广东省广州市天河区人民法院（2008）天法民二初字第2448号判决书。

151.“北京神州塑胶跑道铺装有限公司与北京住总正华开发建设集团有限公司混凝土分公司买卖合同纠纷上诉案”，北京市第一中级人民法院（2009）一中民终字第2916号判决书。

152.“中国人民财产保险股份有限公司广州市天河支公司与深圳市天达穗港货运有限公司保险合同纠纷上诉案”，广东省广州市天河区人民法院（2009）天法民二初字第658号民事判决书。

153.“陆明红与芦山河合同纠纷上诉案”，北京市第一中级人民法院（2009）一中民终字第10034号判决书。

154.“陶超锋诉陶广生人身损害赔偿纠纷案”，河南省临颍县人民法院（2008）临民初字第8341号判决书。

155.“徐某某诉彭宇人身伤害赔偿纠纷案”，南京市鼓楼区人民法院（2007）鼓民一初字第212号民事判决书。

156.“白联军与泸州医学院附属医院医疗纠纷损害赔偿上诉案”，四川省泸州市中级人民法院（2001）泸民一初字第4号判决书和四川省高级人民法院（2003）川民终字第563号。

157. “邱某某等诉重庆市某卫生医疗救治中心医疗损害责任纠纷案”，重庆市沙坪坝区人民法院（2011）沙法民初字第 2152 号判决书。

158. “朱某某与某某医院医疗损害赔偿纠纷上诉案”，湖南省长沙市中级人民法院（2011）长中民一终字第 1026 号判决书。

159. “阴秉权等诉北京铁路局环境污染损害赔偿案”，北京铁路运输法院（2001）京铁经初字第 23 号判决书。

160. “施美珍与南京爱华装饰有限责任公司污染损害赔偿案”，南京市鼓楼区人民法院（2002）鼓民初字第 208 号判决书。

161. “张朋国、季玉平与胜利油田工益新技术石油开发有限责任公司、胜利油田工益实业公司环境污染损害赔偿上诉案”，（2004）东民四终字第 27 号判决书。

162. “潘传河与三航三公司、刘学斌环境污染损害赔偿纠纷再审案”，（1999）宁民再终字第 9 号判决书。

163. “嘉兴市步云染化厂、嘉兴市步云染料厂、嘉兴市步云化工厂等与浙江省平湖师范农场特种养殖场水污染损害赔偿再审案”，（2000）浙法告申民再抗字第 17 号判决书。

164. “迁安第一造纸厂等八家企业与孙有礼等 18 人养殖损害赔偿案”，天津海事法院（2001）海事初字第 6 号判决书。

165. “刘日应与钦州国星油气有限公司、广西地矿建设工程发展中心因滩涂污染损害赔偿纠纷上诉案”，广西高级人民法院（2002）桂民四终字第 20 号判决书。

166. “孙某与某村造纸厂财产损害赔偿纠纷上诉案”，未能找到相关判决书号，转引自最高人民法院民一庭：“环境侵权诉讼中举证责任的分配”，载《民事审判指导与参考》2008 年第 4 辑（总第 36 期），第 90 页以下。

167. “亨特建材（北京）有限公司与北京恩派商贸有限公司买卖合同纠纷上诉案”，北京市高级人民法院（2009）高民终字第 512 号民事判决书。

168. “石鸿林与泰州华仁电子资讯有限公司侵犯计算机软件著作权纠纷上诉案”，江苏省高级人民法院（2007）苏民三终字第 0018 号判决书。

169. “海茵公司与深圳市赛银远古实业发展有限公司侵犯计算机软件著作权纠纷上诉案”，广东省高级人民法院（2008）粤高法民三终字第 7 号判决书。

170. “重庆海威康医疗仪器有限公司与重庆名希医疗器械有限公司等侵犯专利权纠纷上诉案”，重庆市高级人民法院（2010）渝高法民终字第 189 号判决书。

171. “日本新潟水俣病诉讼纠纷案”，一审判决书转引自吴杰：“日本新潟水俣病判决之‘事实上的推定’”，载《比较民事诉讼法论丛》2006 年卷，田平安主编，法律出版社

2007 年版第 382—283 页。

172. “大连亿迪建筑工程有限公司与孙庚利等民间借贷纠纷案”，（2015）大民一终字第 01410 号判决书。

173. “潘阿生诉周孟立民间借贷纠纷案”，（2015）甬象石商初字第 536 号判决书。

174. “周春雄诉留宗弟民间借贷纠纷案”，（2015）丽青商初字第 1088 号判决书。

175. “吴功益诉王小英民间借贷纠纷案”，（2015）金义商初字第 6138 号判决书。

176. “李兴华诉林友金民间借贷纠纷案”，（2015）温瑞商初字第 3632 号判决书。

二、英文参考文献

（一）专著

177. Stewen L.Emanual, *Evidence*，中信出版社 2003 年版。

178. John Henry Wigmore, *Evidence in Trials at Common Law*(volume9), revised by James H.Chadbourn, Little, Brown and Company,1981.

179. Peter Murphy, *Murphy on Evidence*, Oxford University Press,2003.

（二）裁判文书

180. Aguimatang v.California State Lottery,286 Cal.Rptr.57. Cal.App.3.Dist.,1991.

181. Fowler v.Campbell,612 N.E.2d 596 Ind.App.1.Dist.,1993.

182. Lllman v.Frenzel Const.Co.,635 N.E.2d 435 Ill.App.1.Dist.,1993.

183. McLane Co.,Inc.v.Weiss,965 S.W.2d 109Ark.,1998.

184. Brown v.Shyne[151 N.E.197(N.Y.1926)(SATL299)].

附录 1

中国民事推定规则分类整理

（截至 2022 年 12 月）

1. 法律上事实推定

1.1 事实推定之直接推定

《中华人民共和国民法典》（2020 年通过）

第 1165 条第 2 款　依照法律规定推定行为人有过错，其不能证明自己没有过错的，应当承担侵权责任。[①]

第 1170 条　二人以上实施危及他人人身、财产安全的行为，其中一人或者数人的行为造成他人损害，能够确定具体侵权人的，由侵权人承担责任；不能确定具体侵权人的，行为人承担连带责任。

第 1199 条　无民事行为能力人在幼儿园、学校或者其他教育机构学习、生活期间受到人身损害的，幼儿园、学校或者其他教育机构应当承担侵权责任；但是，能够证明尽到教育、管理职责的，不承担侵权责任。

第 1242 条第 2 款　所有人、管理人不能证明对防止非法占有尽到高度注意义务的，与非法占有人承担连带责任。

第 1248 条　动物园的动物造成他人损害的，动物园应当承担侵权责任；但是，能够证明尽到管理职责的，不承担侵权责任。

---

① 本条规定了侵权责任法上的“过错推定”原则，实际上包括侵权责任法上的过错直接推定和转移客观证明责任的过错推论推定两种类型。

第1252条第1款　建筑物、构筑物或者其他设施倒塌、塌陷造成他人损害的，由建设单位与施工单位承担连带责任，但是建设单位与施工单位能够证明不存在质量缺陷的除外。建设单位、施工单位赔偿后，有其他责任人的，有权向其他责任人追偿。

第1253条　建筑物、构筑物或者其他设施及其搁置物、悬挂物发生脱落、坠落造成他人损害，所有人、管理人或者使用人不能证明自己没有过错的，应当承担侵权责任。所有人、管理人或者使用人赔偿后，有其他责任人的，有权向其他责任人追偿。

第1255条　堆放物倒塌、滚落或者滑落造成他人损害，堆放人不能证明自己没有过错的，应当承担侵权责任。

第1256条　在公共道路上堆放、倾倒、遗撒妨碍通行的物品造成他人损害的，由行为人承担侵权责任。公共道路管理人不能证明已经尽到清理、防护、警示等义务的，应当承担相应的责任。

第1257条　因林木折断、倾倒或者果实坠落等造成他人损害，林木的所有人或者管理人不能证明自己没有过错的，应当承担侵权责任。

第1258条第1款　在公共场所或者道路上挖掘、修缮安装地下设施等造成他人损害，施工人不能证明已经设置明显标志和采取安全措施的，应当承担侵权责任。

第1258条第2款　窨井等地下设施造成他人损害，管理人不能证明尽到管理职责的，应当承担侵权责任。

《最高人民法院关于审理道路交通事故损害赔偿案件适用法律若干问题的解释》（2012年通过，2020年最新修正）

第7条第1款　因道路管理维护缺陷导致机动车发生交通事故造成损害，当事人请求道路管理者承担相应赔偿责任的，人民法院应予支持。但道路管理者能够证明已经依照法律、法规、规章的规定，或者按照国家标准、行业标准、地方标准的要求尽到安全防护、警示等管理维护义务的除外。

《最高人民法院关于适用〈中华人民共和国民法典〉合同编通则部分的解释》（征求意见稿）（2022发布）

第10条第2款　提供格式条款一方对已尽提示义务或者说明义务承担举证责任。

《中华人民共和国公司法》（1993年，2018年最新修订）

第63条　一人有限责任公司的股东不能证明公司财产独立于股东自己的财产的，应当对公司债务承担连带责任。

《最高人民法院关于适用〈中华人民共和国民法典〉有关担保制度的解释》（2020年通过）

第10条　一人有限责任公司为其股东提供担保，公司以违反公司法关于公司对外担保决议程序的规定为由主张不承担担保责任的，人民法院不予支持。公司因承担担保责任导致无法清偿其他债务，提供担保时的股东不能证明公司财产独立于自己的财产，其他债权人请求该股东承担连带责任的，人民法院应予支持。

《中华人民共和国民用航空法》（1995年通过，2021年最新修正）

第137条第2款　本节所称实际承运人，是指根据缔约承运人的授权，履行前款全部或者部分运输的人，不是指本章规定的连续承运人；在没有相反证明时，此种授权被认为是存在的。

第159条　未经对民用航空器有航行控制权的人同意而使用民用航空器，对地面第三人造成损害的，有航行控制权的人除证明本人已经适当注意防止此种使用外，应当与该非法使用人承担连带责任。

《最高人民法院关于审理海上货运代理纠纷案件若干问题的规定》（2012年通过，2020年最新修正）

第10条　委托人以货运代理企业处理海上货运代理事务给委托人造成损失为由，主张由货运代理企业承担相应赔偿责任的，人民法院应予支持，但货运代理企业证明其没有过错的除外。

《中华人民共和国电子签名法》（2004通过，2019年最新修正）

第28条　电子签名人或者电子签名依赖方因依据电子认证服务提供者提供的电子签名认证服务从事民事活动遭受损失，电子认证服务提供者不能证明自己无过错的，承担赔偿责任。

《中华人民共和国电子商务法》（2018年通过）

第48条第2款　在电子商务中推定当事人具有相应的民事行为能力。但是，有相反证据足以推翻的除外。

《中华人民共和国个人信息保护法》（2021年通过）

第69条第1款　处理个人信息侵害个人信息权益造成损害，个人信息处理者不能证明自己没有过错的，应当承担损害赔偿等侵权责任。

《中华人民共和国民法典》（2020年通过）

第1230条　因污染环境、破坏生态发生纠纷，行为人应当就法律规定的不承担责任或者减轻责任的情形及其行为与损害之间不存在因果关系承担举证责任。

《中华人民共和国水污染防治法》（1984年通过，2017年修正）

第98条 因水污染引起的损害赔偿诉讼，由排污方就法律规定的免责事由及其行为与损害结果之间不存在因果关系承担举证责任。

《最高人民法院关于审理食品药品纠纷案件适用法律若干问题的规定》（2013年通过，2020年最新修正）

第6条 食品的生产者与销售者应当对于食品符合质量标准承担举证责任。认定食品是否合格，应当以国家标准为依据；没有国家标准的，应当以地方标准为依据；没有国家标准、地方标准的，应当以企业标准为依据。食品的生产者采用的标准高于国家标准、地方标准的，应当以企业标准为依据。没有前述标准的，应当以食品安全法的相关规定为依据。

《中华人民共和国专利法》（1984年通过，2020年最新修订）

第66条第1款 专利侵权纠纷涉及新产品制造方法的发明专利的，制造同样产品的单位或者个人应当提供其产品制造方法不同于专利方法的证明。

《最高人民法院关于审理著作权民事纠纷案件适用法律若干问题的解释》（2002年通过，2020年最新修订）

第20条第3款 出版者应对其已尽合理注意义务承担举证责任。

《中华人民共和国证券法》（1998年通过，2019年最新修正）

第89条第2款 普通投资者与证券公司发生纠纷的，证券公司应当证明其行为符合法律、行政法规以及国务院证券监督管理机构的规定，不存在误导、欺诈等情形。证券公司不能证明的，应当承担相应的赔偿责任。

《中华人民共和国期货和衍生品法》（2022年通过）

第51条第2款　普通交易者与期货经营机构发生纠纷的，期货经营机构应当证明其行为符合法律、行政法规以及国务院期货监督管理机构的规定，不存在误导、欺诈等情形。期货经营机构不能证明的，应当承担相应的赔偿责任。

《最高人民法院关于审理期货纠纷案件若干问题的规定》（2003年通过，2020年最新修正）

第56条　期货公司应当对客户的交易指令是否入市交易承担举证责任。确认期货公司是否将客户下达的交易指令入市交易，应当以期货交易所的交易记录、期货公司通知的交易结算结果与客户交易指令记录中的品种、买卖方向是否一致，价格、交易时间是否相符为标准，指令交易数量可以作为参考。但客户有相反证据证明其交易指令未入市交易的除外。

第57条第1款　期货交易所通知期货公司追加保证金，期货公司否认收到上述通知的，由期货交易所承担举证责任。

第57条第2款　期货公司向客户发出追加保证金的通知，客户否认收到上述通知的，由期货公司承担举证责任。

《全国法院民商事审判工作会议纪要》（2019年通过）

75.【举证责任分配】在案件审理过程中，金融消费者应当对购买产品（或者接受服务）、遭受的损失等事实承担举证责任。卖方机构对其是否履行了适当性义务承担举证责任。卖方机构不能提供其已经建立了金融产品（或者服务）的风险评估及相应管理制度、对金融消费者的风险认知、风险偏好和风险承受能力进行了测试、向金融消费者告知产品（或者服务）的收益和主要风险因素等相关证据的，应当承担举证不能的法律后果。

94.【受托人的举证责任】资产管理产品的委托人以受托人未履行勤勉尽责、公平对待客户等义务损害其合法权益为由，请求受托人承担损害赔偿责任的，应当由受托人举证证明其已经履行了义务。受托人不能举证证明，委托人请求其承担相应赔偿责任的，人民法院依法予以支持。

《最高人民法院关于适用〈中华人民共和国保险法〉若干问题的解释（二）》（2013年通过，2020年修正）

第13条第1款　保险人对其履行了明确说明义务负举证责任。

《中华人民共和国消费者权益保护法》（1993年通过，2013年最新修正）

第23条第3款　经营者提供的机动车、计算机、电视机、电冰箱、空调器、洗衣机等耐用商品或者装饰装修等服务，消费者自接受商品或者服务之日起六个月内发现瑕疵，发生争议的，由经营者承担有关瑕疵的举证责任。

《工伤保险条例》（2003年通过，2010年修订）

第19条第2款　职工或者其直系亲属认为是工伤，用人单位不认为是工伤的，由用人单位承担举证责任。

《工伤认定办法》（2003年通过，2011年修订）

第17条　职工或者其直系亲属认为是工伤，用人单位不认为是工伤的，由该用人单位承担举证责任。用人单位拒不举证的，劳动保障行政部门可以根据受伤害职工提供的证据依法作出工伤认定结论。[①]

《最高人民法院关于审理劳动争议案件适用法律问题的解释（一）》（2020 年通过）

第 44 条 因用人单位作出的开除、除名、辞退、解除劳动合同、减少劳动报酬、计算劳动者工作年限等决定而发生的劳动争议，用人单位负举证责任。

《直销管理条例》（2005 年通过，2017 年最新修正）

第 26 条 直销企业与直销员、直销企业及其直销员与消费者因换货或者退货发生纠纷的，由前者承担举证责任。[②]

1.2 事实推定之低度证明推定

1.2.1 强制性转移客观证明责任型低度证明推定

《中华人民共和国民法典》（2020 年通过）

第 1254 条第 1 款 禁止从建筑物中抛掷物品。从建筑物中抛掷物品或者从建筑物上坠落的物品造成他人损害的，由侵权人依法承担侵权责任；经调查难以确定具体侵权人的，除能够证明自己不是侵权人的外，由可能加害的建筑物使用人给予补偿。可能加害的建筑物使用人补偿后，有权向侵权人追偿。

---

① 该条前半段是标准的证明责任倒置条款，据此被告单位应当先履行初步证明责任；后半段却规定“可以基于受伤害职工提供的证据进行认定”，这表明已在很大程度上将初步证明责任转移给了原告受害职工。

② 本规则属于证明责任专属规定，只在部分情况下发生证明责任倒置，也即直接推定。

《最高人民法院关于审理环境侵权责任纠纷案件适用法律若干问题的解释》（2015年通过，2020年最新修正）

第6条 被侵权人根据民法典第七编第七章的规定请求赔偿的，应当提供证明以下事实的证据材料：

（一）侵权人排放了污染物或者破坏了生态；

（二）被侵权人的损害；

（三）侵权人排放的污染物或者其次生污染物、破坏生态行为与损害之间具有关联性。

第7条 侵权人举证证明下列情形之一的，人民法院应当认定其污染环境、破坏生态行为与损害之间不存在因果关系：

（一）排放污染物、破坏生态的行为没有造成该损害可能的；

（二）排放的可造成该损害的污染物未到达该损害发生地的；

（三）该损害于排放污染物、破坏生态行为实施之前已发生的；

（四）其他可以认定污染环境、破坏生态行为与损害之间不存在因果关系的情形。

《最高人民法院关于审理生态环境损害赔偿案件的若干规定（试行）》（2019年通过，2020年修正）

第6条 原告主张被告承担生态环境损害赔偿责任的，应当就以下事实承担举证责任：

（一）被告实施了污染环境、破坏生态的行为或者具有其他应当依法承担责任的情形；

（二）生态环境受到损害，以及所需修复费用、损害赔偿等具体数额；

（三）被告污染环境、破坏生态的行为与生态环境损害之间具有关联性。

《最高人民法院关于审理食品药品纠纷案件适用法律若干问题的规定》（2013年通过，2020年修正）

第5条第2款　消费者举证证明因食用食品或者使用药品受到损害，初步证明损害与食用食品或者使用药品存在因果关系，并请求食品、药品的生产者、销售者承担侵权责任的，人民法院应予支持，但食品、药品的生产者、销售者能证明损害不是因产品不符合质量标准造成的除外。

《最高人民法院关于审理侵害信息网络传播权民事纠纷案件适用法律若干问题的规定》（2012年通过，2020年最新修改）

第6条　原告有初步证据证明网络服务提供者提供了相关作品、表演、录音录像制品，但网络服务提供者能够证明其仅提供网络服务，且无过错的，人民法院不应认定为构成侵权。

《中华人民共和国反不正当竞争法》（2003年，2019年最新修正）

第32条第1款　在侵犯商业秘密的民事审判程序中，商业秘密权利人提供初步证据，证明其已经对所主张的商业秘密采取保密措施，且合理表明商业秘密被侵犯，涉嫌侵权人应当证明权利人所主张的商业秘密不属于本法规定的商业秘密。

第2款　商业秘密权利人提供初步证据合理表明商业秘密被侵犯，且提供以下证据之一的，涉嫌侵权人应当证明其不存在侵犯商业秘密的行为：

（一）有证据表明涉嫌侵权人有渠道或者机会获取商业秘密，且其使用的信息与该商业秘密实质上相同；

（二）有证据表明商业秘密已经被涉嫌侵权人披露、使用或者有被披露、使用的风险；

（三）有其他证据表明商业秘密被涉嫌侵权人侵犯。

《最高人民法院关于适用〈中华人民共和国公司法〉若干问题的规定（三）》（2011年）

第21条　当事人之间对是否已履行出资义务发生争议，原告提供对股东履行出资义务产生合理怀疑证据的，被告股东应当就其已履行出资义务承担举证责任。

《最高人民法院关于审理买卖合同纠纷案件适用法律问题的解释》（2012年通过，2020年最新修正）

第5条第2款　合同约定或者当事人之间习惯以普通发票作为付款凭证，买受人以普通发票证明已经履行付款义务的，人民法院应予支持，但有相反证据足以推翻的除外。

1.2.2 强制性仅转移证据提供责任型低度证明推定

《中华人民共和国民法典》（2020年通过）

第831条　收货人提货时应当按照约定的期限检验货物。对检验货物的期限没有约定或者约定不明确，依据本法第五百一十条的规定仍不能确定的，应当在合理期限内检验货物。收货人在约定的期限或者合理期限内对货物的数量、毁损等未提出异议的，视为承运人已经按照运输单证的记载交付的初步证据。

《中华人民共和国海商法》（1992年通过）

第77条　除依照本法第七十五条的规定作出保留外，承运人或者代其签发提单的人签发的提单，是承运人已经按照提单所载状况收到货物或者货物已经装船的初步证据；承运人向善意受让提单的包括收货人在内的第三人提出的与提单所载状况不同的证据，不予承认。

第 80 条第 1 款　承运人签发提单以外的单证用以证明收到待运货物的，此项单证即为订立海上货物运输合同和承运人接收该单证中所列货物的初步证据。

第 81 条第 1 款　承运人向收货人交付货物时，收货人未将货物灭失或者损坏的情况书面通知承运人的，此项交付视为承运人已经按照运输单证的记载交付以及货物状况良好的初步证据。

《中华人民共和国民用航空法》（1995 年通过，2021 年最新修正）

第 111 条第 1 款　客票是航空旅客运输合同订立和运输合同条件的初步证据。

第 112 条第 2 款　行李票是行李托运和运输合同条件的初步证据。

第 118 条第 1 款　航空货运单是航空货物运输合同订立和运输条件以及承运人接受货物的初步证据。

第 2 款　航空货运单上关于货物的重量、尺寸、包装和包装件数的说明具有初步证据的效力。除经过承运人和托运人当面查对并在航空货运单上注明经过查对或者书写关于货物的外表情况的说明外，航空货运单上关于货物的数量、体积和情况的说明不能构成不利于承运人的证据。

第 134 条第 1 款　旅客或者收货人收受托运行李或者货物而未提出异议，为托运行李或者货物已经完好交付并与运输凭证相符的初步证据。

1.2.3 许可性低度证明推定——可能转移证据提供责任

《最高人民法院关于审理医疗损害责任纠纷案件适用法律若干问题的解释》（2017 年通过，2020 年最新修正）

第 5 条第 2 款　实施手术、特殊检查、特殊治疗的，医疗机构应当承担说明义务并取得患者或者患者近亲属明确同意，但属于民法典第一千二百二十条规定情形的除外。医疗机构提交患者或者患者近亲属明确同意证据的，人民法院可以认定医疗机构尽到说明义务，但患者有相反证据足以反驳的除外。

《最高人民法院关于知识产权民事诉讼证据的若干规定》（2020年通过）

第3条　专利方法制造的产品不属于新产品的，侵害专利权纠纷的原告应当举证证明下列事实：

（一）被告制造的产品与使用专利方法制造的产品属于相同产品；

（二）被告制造的产品经由专利方法制造的可能性较大；

（三）原告为证明被告使用了专利方法尽到合理努力。

原告完成前款举证后，人民法院可以要求被告举证证明其产品制造方法不同于专利方法。

第4条　被告依法主张合法来源抗辩的，应当举证证明合法取得被诉侵权产品、复制品的事实，包括合法的购货渠道、合理的价格和直接的供货方等。

被告提供的被诉侵权产品、复制品来源证据与其合理注意义务程度相当的，可以认定其完成前款所称举证，并推定其不知道被诉侵权产品、复制品侵害知识产权。被告的经营规模、专业程度、市场交易习惯等，可以作为确定其合理注意义务的证据。

1.3 事实推定之推论推定

1.3.1 强制性转移客观证明责任的推论推定

《中华人民共和国民法典》（2020年通过）

第40条　自然人下落不明满二年的，利害关系人可以向人民法院

申请宣告该自然人为失踪人。（随后的第45条规定该推定可被反驳[①]）

第46条第1款　自然人有下列情形之一的，利害关系人可以向人民法院申请宣告该自然人死亡：（一）下落不明满四年；（二）因意外事件，下落不明满二年。（随后的第50条规定该推定可被反驳[②]）

第623条　当事人对检验期限未作约定，买受人签收的送货单、确认单等载明标的物数量、型号、规格的，推定买受人已经对数量和外观瑕疵进行检验，但是有相关证据足以推翻的除外。

第1121条第1款　相互有继承关系的数人在同一事件中死亡，难以确定死亡时间的，推定没有其他继承人的人先死亡。都有其他继承人，辈份不同的，推定长辈先死亡；辈份相同的，推定同时死亡，相互不发生继承。

第1188条第1款　无民事行为能力人、限制民事行为能力人造成他人损害的，由监护人承担侵权责任。监护人尽到监护职责的，可以减轻其侵权责任。

第1189条　无民事行为能力人、限制民事行为能力人造成他人损害，监护人将监护职责委托给他人的，监护人应当承担侵权责任；受托人有过错的，承担相应的责任。

第1195条第2款　网络服务提供者接到通知后，应当及时将该通知转送相关网络用户，并根据构成侵权的初步证据和服务类型采取必要措施；未及时采取必要措施的，对损害的扩大部分与该网络用户承担连带责任。

第1197条　网络服务提供者知道或者应当知道网络用户利用其网

---

①《民法典》第45条规定，失踪人重新出现，经本人或者利害关系人申请，人民法院应当撤销失踪宣告。失踪人重新出现，有权要求财产代管人及时移交有关财产并报告财产代管情况。

②《民法典》第50条规定，被宣告死亡的人重新出现，经本人或者利害关系人申请，人民法院应当撤销死亡宣告。

络服务侵害他人民事权益，未采取必要措施的，与该网络用户承担连带责任。

第1206条　产品投入流通后发现存在缺陷的，生产者、销售者应当及时采取停止销售、警示、召回等补救措施；未及时采取补救措施或者补救措施不力造成损害扩大的，对扩大的损害也应当承担侵权责任。[①]

依据前款规定采取召回措施的，生产者、销售者应当负担被侵权人因此支出的必要费用。

第1207条　明知产品存在缺陷仍然生产、销售，或者没有依据前条规定采取有效补救措施，造成他人死亡或者健康严重损害的，被侵权人有权请求相应的惩罚性赔偿。

第1222条　患者在诊疗活动中受到损害，有下列情形之一的，推定医疗机构有过错：（一）违反法律、行政法规、规章以及其他有关诊疗规范的规定；（二）隐匿或者拒绝提供与纠纷有关的病历资料；（三）遗失、伪造、篡改或者违法销毁病历资料。

《最高人民法院关于适用〈中华人民共和国民法典〉物权编的解释（一）》（2020年通过）

第14条　受让人受让不动产或者动产时，不知道转让人无处分权，且无重大过失的，应当认定受让人为善意。

真实权利人主张受让人不构成善意的，应当承担举证证明责任。

《最高人民法院关于适用民法典婚姻家庭编的解释（一）》（2020年通过）

第29条第1款　当事人结婚前，父母为双方购置房屋出资的，该

① 关于本条属于推定的论证，参见邹海林、朱广新主编：《民法典评注·侵权责任编》（第1卷），中国法制出版社2020年版，第446—447页。

出资应当认定为对自己子女个人的赠与，但父母明确表示赠与双方的除外。

《全国法院民商事审判工作会议纪要》(2019年)

18.【善意的认定】前条所称的善意，是指债权人不知道或者不应当知道法定代表人超越权限订立担保合同。《公司法》第16条对关联担保和非关联担保的决议机关作出了区别规定，相应地，在善意的判断标准上也应当有所区别。一种情形是，为公司股东或者实际控制人提供关联担保，《公司法》第16条明确规定必须由股东（大）会决议，未经股东（大）会决议，构成越权代表。在此情况下，债权人主张担保合同有效，应当提供证据证明其在订立合同时对股东（大）会决议进行了审查，决议的表决程序符合《公司法》第16条的规定，即在排除被担保股东表决权的情况下，该项表决由出席会议的其他股东所持表决权的过半数通过，签字人员也符合公司章程的规定。另一种情形是，公司为公司股东或者实际控制人以外的人提供非关联担保，根据《公司法》第16条的规定，此时由公司章程规定是由董事会决议还是股东（大）会决议。无论章程是否对决议机关作出规定，也无论章程规定决议机关为董事会还是股东（大）会，根据《民法总则》第61条第3款关于"法人章程或者法人权力机构对法定代表人代表权的限制，不得对抗善意相对人"的规定，只要债权人能够证明其在订立担保合同时对董事会决议或者股东（大）会决议进行了审查，同意决议的人数及签字人员符合公司章程的规定，就应当认定其构成善意，但公司能够证明债权人明知公司章程对决议机关有明确规定的除外。

债权人对公司机关决议内容的审查一般限于形式审查，只要求尽到必要的注意义务即可，标准不宜太过严苛。公司以机关决议系法定代表人伪造或者变造、决议程序违法、签章（名）不实、担保金额超过法定限额等事由抗辩债权人非善意的，人民法院一般不予支持。但是，公司有证据证明债权人明知决议系伪造或者变造的除外。

《最高人民法院关于适用〈中华人民共和国民法典〉有关担保制度的解释》（2020年通过）

第7条第3款　第一款所称善意，是指相对人在订立担保合同时不知道且不应当知道法定代表人超越权限。相对人有证据证明已对公司决议进行了合理审查，人民法院应当认定其构成善意，但是公司有证据证明相对人知道或者应当知道决议系伪造、变造的除外。

《最高人民法院关于适用〈中华人民共和国民法典〉合同编通则部分的解释》（征求意见稿）（2022发布）

第21条第3款　合同所涉事项未超越依据前款确定的职权范围，但是超越法人、非法人组织对执行其工作任务的人员职权范围的限制，法人、非法人组织不能证明相对人知道或者应当知道该限制的，人民法院应当认定合同对法人、非法人组织发生效力。

第22条第1款　法律、行政法规为限制法人的法定代表人或者非法人组织的负责人的代表权，明确规定合同所涉事项应当由法人、非法人组织的权力机构或者决策机构决议，或者应当由法人、非法人组织的执行机构决定，相对人不能证明其已尽到合理审查义务的，人民法院应当认定合同对法人、非法人组织不发生效力。

第22条第2款　合同所涉事项未超越法定代表人或者负责人的代表权限，但是超越法人、非法人组织的章程或者权力机构对法定代表人、负责人的代表权进行的限制，法人、非法人组织不能证明相对人知道或者应当知道该限制的，人民法院应当认定合同对法人、非法人组织发生效力。

《中华人民共和国招标投标法实施条例》（2011年公布，2019年最新修正）

第40条　有下列情形之一的，视为投标人相互串通投标：[①]

（一）不同投标人的投标文件由同一单位或者个人编制；

（二）不同投标人委托同一单位或者个人办理投标事宜；

（三）不同投标人的投标文件载明的项目管理成员为同一人；

（四）不同投标人的投标文件异常一致或者投标报价呈规律性差异；

（五）不同投标人的投标文件相互混装；

（六）不同投标人的投标保证金从同一单位或者个人的账户转出。

《中华人民共和国著作权法》（1990年，2020年最新修订）

第12条第1款　在作品上署名的自然人、法人或者非法人组织为作者，且该作品上存在相应权利，但有相反证明的除外。

《最高人民法院关于审理著作权民事纠纷案件适用法律若干问题的解释》（2002年通过，2020年修正）

第7条第2款　在作品或者制品上署名的自然人、法人或者非法人组织视为著作权、与著作权有关权益的权利人，但有相反证明的除外。

《计算机软件保护条例》（2001年通过，2013年最新修订）

第9条　软件著作权属于软件开发者，本条例另有规定的除外。如

---

① 可以比较本条与本法下一条第2款的表述。《中华人民共和国招标投标法实施条例》第41条第2款　有下列情形之一的，属于招标人与投标人串通投标：（一）招标人在开标前开启投标文件并将有关信息泄露给其他投标人；（二）招标人直接或者间接向投标人泄露标底、评标委员会成员等信息；（三）招标人明示或者暗示投标人压低或者抬高投标报价；（四）招标人授意投标人撤换、修改投标文件；（五）招标人明示或者暗示投标人为特定投标人中标提供方便；（六）招标人与投标人为谋求特定投标人中标而采取的其他串通行为。

无相反证明，在软件上署名的自然人、法人或者其他组织为开发者。

《中华人民共和国公司法》（1993年，2018年最新修订）

第112条第2款　董事会应当对会议所议事项的决定作成会议记录，出席会议的董事应当在会议记录上签名。董事应当对董事会的决议承担责任。董事会的决议违反法律、行政法规或者公司章程、股东大会决议，致使公司遭受严重损失的，参与决议的董事对公司负赔偿责任。但经证明在表决时曾表明异议并记载于会议记录的，该董事可以免除责任。

第207条第3款　承担资产评估、验资或者验证的机构因其出具的评估结果、验资或者验证证明不实，给公司债权人造成损失的，除能够证明自己没有过错的外，在其评估或者证明不实的金额范围内承担赔偿责任。

《中华人民共和国证券法》（1998年，2019年最新修订）

第24条第1款　国务院证券监督管理机构或者国务院授权的部门对已作出的核准证券发行的决定，发现不符合法定条件或者法定程序，尚未发行证券的，应当予以撤销，停止发行。已经发行尚未上市的，撤销发行核准决定，发行人应当按照发行价并加算银行同期存款利息返还证券持有人；保荐人应当与发行人承担连带责任，但是能够证明自己没有过错的除外；发行人的控股股东、实际控制人有过错的，应当与发行人承担连带责任。

第85条　信息披露义务人未按照规定披露信息，或者公告的证券发行文件、定期报告、临时报告及其他信息披露资料存在虚假记载、误导性陈述或者重大遗漏，致使投资者在证券交易中遭受损失的，信息披露义务人应当承担赔偿责任；发行人的控股股东、实际控制人、董事、监事、高级管理人员和其他直接责任人员以及保荐人、承销的证券公司及其直接责任人员，应当与发行人承担连带赔偿责任，但是能够证明自己没有过错的除外。

第 163 条　证券服务机构为证券的发行、上市、交易等证券业务活动制作、出具审计报告及其他鉴证报告、资产评估报告、财务顾问报告、资信评级报告或者法律意见书等文件，应当勤勉尽责，对所依据的文件资料内容的真实性、准确性、完整性进行核查和验证。其制作、出具的文件有虚假记载、误导性陈述或者重大遗漏，给他人造成损失的，应当与委托人承担连带赔偿责任，但是能够证明自己没有过错的除外。

《最高人民法院关于审理证券市场虚假陈述侵权民事赔偿案件的若干规定》（2022 年）

第 10 条　有下列情形之一的，人民法院应当认定虚假陈述的内容具有重大性：

（一）虚假陈述的内容属于证券法第八十条第二款、第八十一条第二款规定的重大事件；

（二）虚假陈述的内容属于监管部门制定的规章和规范性文件中要求披露的重大事件或者重要事项；

（三）虚假陈述的实施、揭露或者更正导致相关证券的交易价格或者交易量产生明显的变化。

前款第一项、第二项所列情形，被告提交证据足以证明虚假陈述并未导致相关证券交易价格或者交易量明显变化的，人民法院应当认定虚假陈述的内容不具有重大性。

被告能够证明虚假陈述不具有重大性，并以此抗辩不应当承担民事责任的，人民法院应当予以支持。

第 11 条　原告能够证明下列情形的，人民法院应当认定原告的投资决定与虚假陈述之间的交易因果关系成立：

（一）信息披露义务人实施了虚假陈述；

（二）原告交易的是与虚假陈述直接关联的证券；

（三）原告在虚假陈述实施日之后、揭露日或更正日之前实施了相应的交易行为，即在诱多型虚假陈述中买入了相关证券，或者在诱空型虚假陈述中卖出了相关证券。[①]（随后的第12条[②]规定了反驳的路径）

《上市公司收购管理办法》（2020年最新修订）

第78条第3款　存在前二款规定情形，收购人涉嫌虚假披露、操纵证券市场的，中国证监会对收购人进行立案稽查，依法追究其法律责任；收购人聘请的财务顾问没有充分证据表明其勤勉尽责的，自收购人违规事实发生之日起1年内，中国证监会不受理该财务顾问提交的上市公司并购重组申报文件，情节严重的，依法追究法律责任。

《非上市公众公司收购管理办法》（2020年最新修正）

第35条第2款　前款规定的收购人聘请的财务顾问没有充分证据表明其勤勉尽责的，中国证监会视情节轻重，自确认之日起采取3个月至12个月内不接受该机构出具的相关专项文件、12个月至36个月内不接受相关签字人员出具的专项文件的监管措施，并依法追究其法律责任。

---

① 有学者认为本条借鉴了美国的立法经验，采取了因果关系推定的做法。参见彭冰著：《中国证券法学》，高等教育出版社2005年版，第445—447页。

②《最高人民法院关于审理证券市场虚假陈述侵权民事赔偿案件的若干规定》（2022年）第12条　被告能够证明下列情形之一的，人民法院应当认定交易因果关系不成立：（一）原告的交易行为发生在虚假陈述实施前，或者是在揭露或更正之后；（二）原告在交易时知道或者应当知道存在虚假陈述，或者虚假陈述已经被证券市场广泛知悉；（三）原告的交易行为是受到虚假陈述实施后发生的上市公司的收购、重大资产重组等其他重大事件的影响；（四）原告的交易行为构成内幕交易、操纵证券市场等证券违法行为的；（五）原告的交易行为与虚假陈述不具有交易因果关系的其他情形。

《上市公司治理准则》（2002年发布，2018年修订）

第23条 董事应当对董事会的决议承担责任。董事会的决议违反法律法规或者公司章程、股东大会决议，致使上市公司遭受严重损失的，参与决议的董事对公司负赔偿责任。但经证明在表决时曾表明异议并记载于会议记录的，该董事可以免除责任。

《全国法院审理债券纠纷案件座谈会纪要》（2020年）

27.发行人与其他责任主体的连带责任。发行人的控股股东、实际控制人、发行人的董事、监事、高级管理人员或者履行同等职责的人员，对其制作、出具的信息披露文件中存在虚假记载、误导性陈述或者重大遗漏，足以影响投资人对发行人偿债能力判断的，应当与发行人共同对债券持有人、债券投资者的损失承担连带赔偿责任，但是能够证明自己没有过错的除外。

31.债券服务机构的过错认定。信息披露文件中关于发行人偿付能力的相关内容存在虚假记载、误导性陈述或者重大遗漏，足以影响投资人对发行人偿付能力的判断的，会计师事务所、律师事务所、信用评级机构、资产评估机构等债券服务机构不能证明其已经按照法律、行政法规、部门规章、行业执业规范和职业道德等规定的勤勉义务谨慎执业的，人民法院应当认定其存在过错。

会计师事务所、律师事务所、信用评级机构、资产评估机构等债券服务机构的注意义务和应负责任范围，限于各自的工作范围和专业领域，其制作、出具的文件有虚假记载、误导性陈述或者重大遗漏，应当按照证券法及相关司法解释的规定，考量其是否尽到勤勉尽责义务，区分故意、过失等不同情况，分别确定其应当承担的法律责任。

《最高人民法院关于审理期货纠纷案件若干问题的规定》（2003年通过，2020年最新修正）

第18条　期货公司与客户签订的期货经纪合同对下达交易指令的方式未作约定或者约定不明确的，期货公司不能证明其所进行的交易是依据客户交易指令进行的，对该交易造成客户的损失，期货公司应当承担赔偿责任，客户予以追认的除外。

第30条　期货公司进行混码交易的，客户不承担责任，但期货公司能够举证证明其已按照客户交易指令入市交易的，客户应当承担相应的交易结果。

《中华人民共和国保险法》（1995年通过，2015年最新修订）

第42条第2款　受益人与被保险人在同一事件中死亡，且不能确定死亡先后顺序的，推定受益人死亡在先。①

《最高人民法院关于适用〈中华人民共和国保险法〉若干问题的解释（二）》（2013年通过，2020年修正）

第13条第2款　投保人对保险人履行了符合本解释第十一条第二款要求的明确说明义务在相关文书上签字、盖章或者以其他形式予以确认的，应当认定保险人履行了该项义务。但另有证据证明保险人未履行明确说明义务的除外。

①《最高人民法院关于适用〈中华人民共和国保险法〉若干问题的解释（三）》（2015年通过，2020年修正）第15条援引了本条。该条规定：受益人与被保险人存在继承关系，在同一事件中死亡且不能确定死亡先后顺序的，人民法院应依据保险法第四十二条第二款推定受益人死亡在先，并按照保险法及本解释的相关规定确定保险金归属。

《中华人民共和国海商法》(1992年通过)

第246条第1款 船舶发生保险事故后，认为实际全损已经不可避免，或者为避免发生实际全损所需支付的费用超过保险价值的，为推定全损。

第246条第2款 货物发生保险事故后，认为实际全损已经不可避免，或者为避免发生实际全损所需支付的费用与继续将货物运抵目的地的费用之和超过保险价值的，为推定全损。[①]

《中华人民共和国民用航空法》(1995年通过，2021年最新修正)

第158条第4款 民用航空器登记的所有人应当被视为经营人，并承担经营人的责任；除非在判定其责任的诉讼中，所有人证明经营人是他人，并在法律程序许可的范围内采取适当措施使该人成为诉讼当事人之一。

《最高人民法院关于适用〈中华人民共和国企业破产法〉若干问题的规定（一）》(2001年通过)

第3条 债务人的资产负债表，或者审计报告、资产评估报告等显示其全部资产不足以偿付全部负债的，人民法院应当认定债务人资产不足以清偿全部债务，但有相反证据足以证明债务人资产能够偿付全部负债的除外。

---

① 本条参考了英国Marine Insurance Act，1906第60条。推定全损（constuctive total loss）是指不太可能再次占有或收回货物（即使存在可能性），在经过一段时间后仍无法再次占有或收回货物，推定全损即告成立。实际全损强调完全不可能再次占有或回收货物。两者的区别主要指可能性的差异。参见朱敏健、屈翔:《〈海商法〉中船舶与货物实际全损和推定全损定义的完善》,《水运管理》第31卷第5期，第32页。

《人力资源社会保障部关于执行〈工伤保险条例〉若干问题的意见（二）》（2016年通过）

四、职工在参加用人单位组织或者受用人单位指派参加其他单位组织的活动中受到事故伤害的，应当视为工作原因，但参加与工作无关的活动除外。

《中华人民共和国反不正当竞争法》（2003年，2019年最新修正）

第7条第3款　经营者的工作人员进行贿赂的，应当认定为经营者的行为；但是，经营者有证据证明该工作人员的行为与为经营者谋取交易机会或者竞争优势无关的除外。

《中华人民共和国商标法实施条例》（2004年公布，2014年最新修改）

第10条第2款　商标局或者商标评审委员会向当事人送达各种文件的日期，邮寄的，以当事人收到的邮戳日为准；邮戳日不清晰或者没有邮戳的，自文件发出之日起满15日视为送达当事人，但是当事人能够证明实际收到日的除外；直接递交的，以递交日为准；以数据电文方式送达的，自文件发出之日起满15日视为送达当事人，但是当事人能够证明文件进入其电子系统日期的除外。文件通过上述方式无法送达的，可以通过公告方式送达，自公告发布之日起满30日，该文件视为送达当事人。

《最高人民法院关于适用〈中华人民共和国民事诉讼法〉的解释》（2014年通过，2020年最新修改）

第135条第2款　民事诉讼法第八十七条第二款规定的到达受送达人特定系统的日期，为人民法院对应系统显示发送成功的日期，但受送达人证明到达其特定系统的日期与人民法院对应系统显示发送成功的日期不一致的，以受送达人证明到达其特定系统的日期为准。

《最高人民法院关于互联网法院审理案件若干问题的规定》（2018年通过）

第6条第2款　使用专用账号登录诉讼平台所作出的行为，视为被认证人本人行为，但因诉讼平台技术原因导致系统错误，或者被认证人能够证明诉讼平台账号被盗用的除外。

第17条第2款第（二）项　互联网法院向受送达人常用电子地址或者能够获取的其他电子地址进行送达的，根据下列情形确定是否完成送达：

……

（二）受送达人的媒介系统反馈受送达人已阅知，或者有其他证据可以证明受送达人已经收悉的，推定完成有效送达，但受送达人能够证明存在媒介系统错误、送达地址非本人所有或者使用、非本人阅知等未收悉送达内容的情形除外。

《最高人民法院人民法院在线诉讼规则》（2021年）

第4条第2款第（四）项　人民法院应当根据当事人对在线诉讼的相应意思表示，作出以下处理：

……

（四）当事人仅主动选择或者同意对部分诉讼环节适用在线诉讼的，人民法院不得推定其对其他诉讼环节均同意适用在线诉讼。

第7条第2款　参与在线诉讼的诉讼主体应当妥善保管诉讼平台专用账号和密码。除有证据证明存在账号被盗用或者系统错误的情形外，使用专用账号登录诉讼平台所作出的行为，视为被认证人本人行为。

第31条第2款第（二）项　受送达人未提供或者未确认有效电子

送达地址，人民法院向能够确认为受送达人本人的电子地址送达的，根据下列情形确定送达是否生效：

……

（二）受送达人的电子地址所在系统反馈受送达人已阅知，或者有其他证据可以证明受送达人已经收悉的，推定完成有效送达，但受送达人能够证明存在系统错误、送达地址非本人使用或者非本人阅知等未收悉送达内容的情形除外。

《最高人民法院关于民事诉讼证据的若干规定》（2001年通过，2019年最新修正）

第5条　当事人委托诉讼代理人参加诉讼的，除授权委托书明确排除的事项外，诉讼代理人的自认视为当事人的自认。

当事人在场对诉讼代理人的自认明确否认的，不视为自认。

《全国法院涉外商事海事审判工作座谈会会议纪要》（最高人民法院2021年发布）

第1条　涉外合同或者其他财产权益纠纷的当事人签订的管辖协议明确约定由一国法院管辖，但未约定该管辖协议为非排他性管辖协议的，应推定该管辖协议为排他性管辖协议。

第11条第2款　受送达人所在国系《海牙送达公约》成员国，并在公约项下声明反对邮寄方式送达的，应推定其不允许电子送达方式，人民法院不能采用电子送达方式。

1.3.2 强制性仅转移证据提供责任的推论推定

《上市公司收购管理办法》（2006年，2020年最新修订）

第83条　本办法所称一致行动，是指投资者通过协议、其他安排，与其他投资者共同扩大其所能够支配的一个上市公司股份表决权数量的行为或者事实。

在上市公司的收购及相关股份权益变动活动中有一致行动情形的投资者，互为一致行动人。如无相反证据，投资者有下列情形之一的，为一致行动人：（一）投资者之间有股权控制关系；（二）投资者受同一主体控制；（三）投资者的董事、监事或者高级管理人员中的主要成员，同时在另一个投资者担任董事、监事或者高级管理人员；（四）投资者参股另一投资者，可以对参股公司的重大决策产生重大影响；（五）银行以外的其他法人、其他组织和自然人为投资者取得相关股份提供融资安排；（六）投资者之间存在合伙、合作、联营等其他经济利益关系；（七）持有投资者30%以上股份的自然人，与投资者持有同一上市公司股份；（八）在投资者任职的董事、监事及高级管理人员，与投资者持有同一上市公司股份；（九）持有投资者30%以上股份的自然人和在投资者任职的董事、监事及高级管理人员，其父母、配偶、子女及其配偶、配偶的父母、兄弟姐妹及其配偶、配偶的兄弟姐妹及其配偶等亲属，与投资者持有同一上市公司股份；（十）在上市公司任职的董事、监事、高级管理人员及其前项所述亲属同时持有本公司股份的，或者与其自己或者其前项所述亲属直接或者间接控制的企业同时持有本公司股份；（十一）上市公司董事、监事、高级管理人员和员工与其所控制或者委托的法人或者其他组织持有本公司股份；（十二）投资者之间具有其他关联关系。

一致行动人应当合并计算其所持有的股份。投资者计算其所持有的股份，应当包括登记在其名下的股份，也包括登记在其一致行动人名下的股份。

投资者认为其与他人不应被视为一致行动人的，可以向中国证监会提供相反证据。

《最高人民法院关于审理证券市场虚假陈述侵权民事赔偿案件的若干规定》（2022 年）

第 8 条第 3 款　除当事人有相反证据足以反驳外，下列日期应当认定为揭露日：

（一）监管部门以涉嫌信息披露违法为由对信息披露义务人立案调查的信息公开之日；

（二）证券交易场所等自律管理组织因虚假陈述对信息披露义务人等责任主体采取自律管理措施的信息公布之日。

《中华人民共和国海商法》（1992 年通过）

第 114 条第 3 款　旅客的人身伤亡或者自带行李的灭失、损坏，是由于船舶的沉没、碰撞、搁浅、爆炸、火灾所引起或者是由于船舶的缺陷所引起的，承运人或者承运人的受雇人、代理人除非提出反证，应当视为其有过失。

第 4 款　旅客自带行李以外的其他行李的灭失或者损坏，不论由于何种事故所引起，承运人或者承运人的受雇人、代理人除非提出反证，应当视为其有过失。

第 119 条第 3 款　旅客未依照本条第一、二款规定及时提交书面通知的，除非提出反证，视为已经完整无损地收到行李。

《水路旅客运输规则》（1995 年，2014 年修订）

第 138 条第 2 款　旅客未按照前款规定及时提交行李赔偿要求书的，除非提出反证，视为已经完整无损地收到行李。

第 140 条第 2 款　旅客的人身伤亡或自带行李的灭失、损坏，是由于客船的沉没、碰撞、搁浅、爆炸、火灾所引起或者是由于客船的缺陷所引起的，承运人除非提出反证，应当视为其有过失。

第3款　旅客托运的行李的灭失或损坏、不论由于何种事故引起的，承运人或港口经营人除非提出反证，应当视为其有过失。

《中华人民共和国民用航空法》（1995年通过，2021年最新修正）

第114条第3款　承运人根据托运人的请求填写航空货运单的，在没有相反证据的情况下，应当视为代托运人填写。

第125条第7款　航空运输期间，不包括机场外的任何陆路运输、海上运输、内河运输过程；但是，此种陆路运输、海上运输、内河运输是为了履行航空运输合同而装载、交付或者转运，在没有相反证据的情况下，所发生的损失视为在航空运输期间发生的损失。

《中华人民共和国专利法实施细则》（2001年，2010年最新修订）

第4条第1款　向国务院专利行政部门邮寄的各种文件，以寄出的邮戳日为递交日；邮戳日不清晰的，除当事人能够提出证明外，以国务院专利行政部门收到日为递交日。

第3款　国务院专利行政部门邮寄的各种文件，自文件发出之日起满15日，推定为当事人收到文件之日。

《计算机软件著作权登记办法》（2002年通过）

第32条　申请人向中国版权保护中心邮寄的各种文件，以寄出的邮戳日为递交日。信封上寄出的邮戳日不清晰的，除申请人提出证明外，以收到日为递交日。中国版权保护中心邮寄的各种文件，送达地是省会、自治区首府及直辖市的，自文件发出之日满十五日，其他地区满二十一日，推定为收件人收到文件之日。

《集成电路布图设计保护条例实施细则》（2001年）

第7条第1款 向国家知识产权局邮寄的各种文件，以寄出的邮戳日为递交日。邮戳日不清晰的，除当事人能够提出证明外，以国家知识产权局收到文件之日为递交日。

第3款 国家知识产权局邮寄的各种文件，自文件发出之日起满15日，推定为当事人收到文件之日。根据国家知识产权局规定应当直接送交的文件，以交付日为送达日。

《植物新品种保护条例实施细则（农业部分）》（2007年通过，2014年最新修订）

第46条第1款后半段 邮寄的，以寄出的邮戳日为提交日。信封上寄出的邮戳日不清晰的，除当事人能够提供证明外，以品种保护办公室的收到日期为提交日。

第46条第3款 品种保护办公室邮寄的各种文件，自文件发出之日起满15日，视为当事人收到文件之日。[①]

《中华人民共和国植物新品种保护条例实施细则（林业部分）》（1999年通过，2011年最新修正）

第52条第1款 依照《条例》和本细则规定，提交各种文件和有关材料的，当事人可以直接提交，也可以邮寄。邮寄时，以寄出的邮戳日为提交日。寄出的邮戳日不清晰的，除当事人能够提供证明外，以收到日为提交日。

---

① 本条与下一条的“视为”应解释为“推定”，同类三条款（《专利法实施细则》第4条第3款、《计算机软件著作权登记办法》第32条后半段、《集成电路布图设计保护条例实施细则》第7条第3款）都运用了“推定”。

《中华人民共和国商标法实施条例》（2004年公布，2014年最新**修改**）

第9条第1款　除本条例第十八条规定的情形外，当事人向商标局或者商标评审委员会提交文件或者材料的日期，直接递交的，以递交日为准；邮寄的，以寄出的邮戳日为准；邮戳日不清晰或者没有邮戳的，以商标局或者商标评审委员会实际收到日为准，但是当事人能够提出实际邮戳日证据的除外。通过邮政企业以外的快递企业递交的，以快递企业收寄日为准；收寄日不明确的，以商标局或者商标评审委员会实际收到日为准，但是当事人能够提出实际收寄日证据的除外。以数据电文方式提交的，以进入商标局或者商标评审委员会电子系统的日期为准。

1.3.3 许可性事实推论推定——可能转移证据提供责任

《最高人民法院关于适用〈中华人民共和国民法典〉继承编的解释（一）》（2020年通过）

第27条　自然人在遗书中涉及死后个人财产处分的内容，确为死者的真实意思表示，有本人签名并注明了年、月、日，又无相反证据的，可以按自书遗嘱对待。

《全国法院民商事审判工作会议纪要》（2019年）

52.【高利转贷】民间借贷中，出借人的资金必须是自有资金。出借人套取金融机构信贷资金又高利转贷给借款人的民间借贷行为，既增加了融资成本，又扰乱了信贷秩序，根据民间借贷司法解释第14条第1项的规定，应当认定此类民间借贷行为无效。人民法院在适用该条规定时，应当注意把握以下几点：一是要审查出借人的资金来源。借款人能够举证证明在签订借款合同时出借人尚欠银行贷款未还的，一般可以推定为出借人套取信贷资金，但出借人能够举反证予以推翻的除外；二是从宽认定“高利”转贷行为的标准，只要出借人通过转贷行为牟利的，就可以认定为是“高利”转贷行为；三是对该条规定的“借款人事先知道或者应当知道的”要件，不宜把握过苛。实践中，只要出借人在签订借款合同时存在尚欠银行贷款未还事实的，一般可以认为满足了该条规定的“借款人事先知道或者应当知道”这一要件。

《中华人民共和国反垄断法》（2007 年公布，2022 年修正）

第 24 条　有下列情形之一的，可以推定经营者具有市场支配地位：

（一）一个经营者在相关市场的市场份额达到二分之一的；

（二）两个经营者在相关市场的市场份额合计达到三分之二的；

（三）三个经营者在相关市场的市场份额合计达到四分之三的。

有前款第二项、第三项规定的情形，其中有的经营者市场份额不足十分之一的，不应当推定该经营者具有市场支配地位。

被推定具有市场支配地位的经营者，有证据证明不具有市场支配地位的，不应当认定其具有市场支配地位。

《最高人民法院关于审理企业破产案件若干问题的规定》（2002 年公布）

第 31 条第 2 款　债务人停止清偿到期债务并呈连续状态，如无相反证据，可推定为“不能清偿到期债务”。

《最高人民法院关于中国公民申请承认外国法院离婚判决程序问题的规定》（1991 年通过，2020 年最新修正）

第 11 条　居住在我国境内的外国法院离婚判决的被告为申请人，提交第八条、第十条所要求的证明文件和公证、认证有困难的，如能提交外国法院的应诉通知或出庭传票的，可推定外国法院离婚判决书为真实和已经生效。

《最高人民法院关于审理医疗损害责任纠纷案件适用法律若干问题的解释》（2017年通过，2020年最新修正）

第6条第2款　患者依法向人民法院申请医疗机构提交由其保管的与纠纷有关的病历资料等，医疗机构未在人民法院指定期限内提交的，人民法院可以依照民法典第一千二百二十二条第二项规定推定医疗机构有过错，但是因不可抗力等客观原因无法提交的除外。

《最高人民法院关于审理环境民事公益诉讼案件适用法律若干问题的解释》（2015年通过，2020年最新修正）

第13条　原告请求被告提供其排放的主要污染物名称、排放方式、排放浓度和总量、超标排放情况以及防治污染设施的建设和运行情况等环境信息，法律、法规、规章规定被告应当持有或者有证据证明被告持有而拒不提供，如果原告主张相关事实不利于被告的，人民法院可以推定该主张成立。

《最高人民法院关于知识产权民事诉讼证据的若干规定》（2020年通过）

第25条第1款　人民法院依法要求当事人提交有关证据，其无正当理由拒不提交、提交虚假证据、毁灭证据或者实施其他致使证据不能使用行为的，人民法院可以推定对方当事人就该证据所涉证明事项的主张成立。

《最高人民法院关于审理侵害植物新品种权纠纷案件具体应用法律问题的若干规定》(二)(2021年发布)

第6条　品种权人或者利害关系人（以下合称权利人）举证证明被诉侵权品种繁殖材料使用的名称与授权品种相同的，人民法院可以推定该被诉侵权品种繁殖材料属于授权品种的繁殖材料；有证据证明不属于该授权品种的繁殖材料的，人民法院可以认定被诉侵权人构成假冒品种行为，并参照假冒注册商标行为的有关规定确定民事责任。

第16条　被诉侵权人有抗拒保全或者擅自拆封、转移、毁损被保全物等举证妨碍行为，致使案件相关事实无法查明的，人民法院可以推定权利人就该证据所涉证明事项的主张成立。构成民事诉讼法第一百一十一条规定情形的，依法追究法律责任。

《最高人民法院关于审理侵害知识产权民事案件适用惩罚性赔偿的解释》(2021年)

第3条第1款　对于侵害知识产权的故意的认定，人民法院应当综合考虑被侵害知识产权客体类型、权利状态和相关产品知名度、被告与原告或者利害关系人之间的关系等因素。

第2款　对于下列情形，人民法院可以初步认定被告具有侵害知识产权的故意：

（一）被告经原告或者利害关系人通知、警告后，仍继续实施侵权行为的；

（二）被告或其法定代表人、管理人是原告或者利害关系人的法定代表人、管理人、实际控制人的；

（三）被告与原告或者利害关系人之间存在劳动、劳务、合作、许可、经销、代理、代表等关系，且接触过被侵害的知识产权的；

（四）被告与原告或者利害关系人之间有业务往来或者为达成合同等

进行过磋商，且接触过被侵害的知识产权的；

（五）被告实施盗版、假冒注册商标行为的；

（六）其他可以认定为故意的情形。

《最高人民法院关于民事诉讼证据的若干规定》（2001 年通过，2019 年修订）

第 48 条第 1 款　控制书证的当事人无正当理由拒不提交书证的，人民法院可以认定对方当事人所主张的书证内容为真实。[①]

第 48 条第 2 款　控制书证的当事人存在《最高人民法院关于适用〈中华人民共和国民事诉讼法〉的解释》第一百一十三条规定情形的，人民法院可以认定对方当事人主张以该书证证明的事实为真实。[②]

第 95 条　一方当事人控制证据无正当理由拒不提交，对待证事实负有举证责任的当事人主张该证据的内容不利于控制人的，人民法院可以认定该主张成立。[③]

1.3.4 法律上事实推定的一般规定

《最高人民法院关于适用〈中华人民共和国民事诉讼法〉的解释》（2014 年通过，2020 年最新修正）

第 93 条　下列事实，当事人无须举证证明：

……

（三）根据法律规定推定的事实；

……

前款第二项至第四项规定的事实，当事人有相反证据足以反驳的除

---

① 这里的“可以认定”应准确表述为“可以推定”。

② 这里的“可以认定”应准确表述为“可以推定”。

③ 这里的“可以认定”应准确表述为“可以推定”。

外；第五项至第七项规定的事实，当事人有相反证据足以推翻的除外。

《最高人民法院关于民事诉讼证据的若干规定》（2001年通过，2019年最新修正）

第10条　下列事实，当事人无须举证证明：

……

（三）根据法律规定推定的事实；

……

前款第二项至第五项事实，当事人有相反证据足以反驳的除外；第六项、第七项事实，当事人有相反证据足以推翻的除外。

2. 法律上权利（或责任）推定

2.1 权利推定之直接推定

《中华人民共和国民法典》（2020年通过）

第308条　共有人对共有的不动产或者动产没有约定为按份共有或者共同共有，或者约定不明确的，除共有人具有家庭关系等外，视为按份共有。

第309条　按份共有人对共有的不动产或者动产享有的份额，没有约定或者约定不明确的，按照出资额确定；不能确定出资额的，视为等额享有。

第517条第2款　按份债权人或者按份债务人的份额难以确定的，视为份额相同。

第519条第1款　连带债务人之间的份额难以确定的，视为份额相同。

第521条第1款　连带债权人之间的份额难以确定的，视为份额相同。

第1172条　二人以上分别实施侵权行为造成同一损害，能够确定责任大小的，各自承担相应的责任；难以确定责任大小的，平均承担责任。

《最高人民法院关于审理人身损害赔偿案件适用法律若干问题的解释》（2003年通过，2022年最新修正）

第2条第1款　赔偿权利人起诉部分共同侵权人的，人民法院应当追加其他共同侵权人作为共同被告。赔偿权利人在诉讼中放弃对部分共同侵权人的诉讼请求的，其他共同侵权人对被放弃诉讼请求的被告应当承担的赔偿份额不承担连带责任。责任范围难以确定的，推定各共同侵权人承担同等责任。

《最高人民法院关于适用〈中华人民共和国民法典〉合同编通则部分的解释》（征求意见稿）（2022发布）

第71条第1款后半段　当事人交付留置金、担保金、保证金、订约金、押金或者订金等，但是没有约定定金性质，一方主张适用定金规则的，人民法院不予支持。当事人约定了定金性质，未约定定金类型或者约定不明的，人民法院应当推定为违约定金，但是当事人有相反证据足以推翻的除外。

2.2 权利推定之低度证明推定

2.2.1 强制性转移客观证明责任之低度证明推定

《最高人民法院关于审理买卖合同纠纷案件适用法律问题的解释》（2012年通过，2020年最新修正）

第1条第2款　对账确认函、债权确认书等函件、凭证没有记载债权人名称，买卖合同当事人一方以此证明存在买卖合同关系的，人民法院应予支持，但有相反证据足以推翻的除外。

《最高人民法院关于审查存单纠纷案件的若干规定》（1997**年通过，**2021**年最新修正**）

第5条　对一般存单纠纷案件的认定和处理

……

（二）处理

人民法院在审理一般存单纠纷案件中，除应审查存单、进账单、对账单、存款合同等凭证的真实性外，还应审查持有人与金融机构间存款关系的真实性，并以存单、进账单、对账单、存款合同等凭证的真实性以及存款关系的真实性为依据，作出正确处理。

1.持有人以上述真实凭证为证据提起诉讼的，金融机构应当对持有人与金融机构间是否存在存款关系负举证责任。如金融机构有充分证据证明持有人未向金融机构交付上述凭证所记载的款项的，人民法院应当认定持有人与金融机构间不存在存款关系，并判决驳回原告的诉讼请求。

2.持有人以上述真实凭证为证据提起诉讼的，如金融机构不能提供证明存款关系不真实的证据，或仅以金融机构底单的记载内容与上述凭证记载内容不符为由进行抗辩的，人民法院应认定持有人与金融机构间存款关系成立，金融机构应当承担兑付款项的义务。

3.持有人以在样式、印鉴、记载事项上有别于真实凭证，但无充分证据证明系伪造或变造的瑕疵凭证提起诉讼的，持有人应对瑕疵凭证的取得提供合理的陈述。如持有人对瑕疵凭证的取得提供了合理陈述，而金融机构否认存款关系存在的，金融机构应当对持有人与金融机构间是否存在存款关系负举证责任。如金融机构有充分证据证明持有人未向金融机构交付上述凭证所记载的款项的，人民法院应当认定持有人与金融机构间不存在存款关系，判决驳回原告的诉讼请求；如金融机构不能提供证明存款关系不真实的证据，或仅以金融机构底单的记载内容与上述凭证记载内容不符为由进行抗辩的，人民法院应认定持有人与金融机构间存款关系成立，金融机构应当承担兑付款项的义务。

4.存单纠纷案件的审理中，如有充足证据证明存单、进账单、对账单、存款合同等凭证系伪造、变造，人民法院应在查明案件事实的基础上，依法确认上述凭证无效，并可驳回持上述凭证起诉的原告的诉讼请求或根据实际存款数额进行判决。如有本规定第三条中止审理情形的，人民法院应当中止审理。

2.2.2 强制性仅转移证据提供责任之低度证明推定

《最高人民法院关于审理民间借贷案件适用法律若干问题的规定》（2015年通过，2020年最新修正）

第15条第1款　原告仅依据借据、收据、欠条等债权凭证提起民间借贷诉讼，被告抗辩已经偿还借款的，被告应当对其主张提供证据证明。被告提供相应证据证明其主张后，原告仍应就借贷关系的存续承担举证责任。

第16条　原告仅依据金融机构的转账凭证提起民间借贷诉讼，被告抗辩转账系偿还双方之前借款或者其他债务的，被告应当对其主张提供证据证明。被告提供相应证据证明其主张后，原告仍应就借贷关系的成立承担举证责任。

2.2.3 许可性低度证明权利推定——（可能）转移证据提供责任

《最高人民法院关于审理期货纠纷案件若干问题的规定》（2003年通过，2020年最新修正）

第59条第2款　有证据证明该保证金账户中有超出期货公司、客户权益资金的部分，期货交易所、期货公司在人民法院指定的合理期限内不能提出相反证据的，人民法院可以依法冻结、划拨该账户中属于期货交易所、期货公司的自有资金。

《最高人民法院关于审理期货纠纷案件若干问题的规定（二）》（2010年通过，2020年最新修正）

第6条第1款 有证据证明保证金账户中有超过上述第三条、第四条、第五条规定的资金或者有价证券部分权益的，期货交易所、期货公司或者期货交易所结算会员在人民法院指定的合理期限内不能提出相反证据的，人民法院可以依法冻结、划拨超出部分的资金或者有价证券。

第6条第2款 有证据证明期货交易所、期货公司、期货交易所结算会员自有资金与保证金发生混同，期货交易所、期货公司或者期货交易所结算会员在人民法院指定的合理期限内不能提出相反证据的，人民法院可以依法冻结、划拨相关账户内的资金或者有价证券。

第7条第2款 有证据证明结算会员在结算担保金专用账户中有超过交易所要求的结算担保金数额部分的，结算会员在人民法院指定的合理期限内不能提出相反证据的，人民法院可以依法冻结、划拨超出部分的资金。

2.3 权利推定之推论推定

2.3.1 强制性转移客观证明责任之推论推定

《中华人民共和国民法典》（2020年通过）

第352条 建设用地使用权人建造的建筑物、构筑物及其附属设施的所有权属于建设用地使用权人，但是有相反证据证明的除外。

第1064条第2款 夫妻一方在婚姻关系存续期间以个人名义超出家庭日常生活需要所负的债务，不属于夫妻共同债务；但是，债权人能够证明该债务用于夫妻共同生活、共同生产经营或者基于夫妻双方共同意思表示的除外。

《最高人民法院关于适用〈中华人民共和国民法典〉婚姻家庭编的解释（一）》（2020年通过）

第33条　债权人就一方婚前所负个人债务向债务人的配偶主张权利的，人民法院不予支持。但债权人能够证明所负债务用于婚后家庭共同生活的除外。

2.3.2 强制性转移证据提供责任之推论推定

《最高人民法院关于适用〈中华人民共和国民法典〉婚姻家庭编的解释（一）》（2020年通过）

第22条　被确认无效或者被撤销的婚姻，当事人同居期间所得的财产，除有证据证明为当事人一方所有的以外，按共同共有处理。

《最高人民法院关于适用〈中华人民共和国民法典〉有关担保制度的解释》（2020年通过）

第16条第1款第（二）项　主合同当事人协议以新贷偿还旧贷，债权人请求旧贷的担保人承担担保责任的，人民法院不予支持；债权人请求新贷的担保人承担担保责任的，按照下列情形处理：

……

（二）新贷与旧贷的担保人不同，或者旧贷无担保新贷有担保的，人民法院不予支持，但是债权人有证据证明新贷的担保人提供担保时对以新贷偿还旧贷的事实知道或者应当知道的除外。

2.3.3 许可性推论推定——可能转移证据提供责任

《最高人民法院关于适用〈中华人民共和国民法典〉婚姻家庭编的解释（一）》（2020年通过）

第39条第1款　父或者母向人民法院起诉请求否认亲子关系，并已提供必要证据予以证明，另一方没有相反证据又拒绝做亲子鉴定的，人民法院可以认定否认亲子关系一方的主张成立。

第39条第2款 父或者母以及成年子女起诉请求确认亲子关系，并提供必要证据予以证明，另一方没有相反证据又拒绝做亲子鉴定的，人民法院可以认定确认亲子关系一方的主张成立。

3. 法律上证据效力推定

3.1 证据效力推定之直接推定

《中华人民共和国民法典》（2020年通过）

第15条 自然人的出生时间和死亡时间，以出生证明、死亡证明记载的时间为准；没有出生证明、死亡证明的，以户籍登记或者其他有效身份登记记载的时间为准。有其他证据足以推翻以上记载时间的，以该证据证明的时间为准。

《中华人民共和国民法典》（2020年通过）

第217条 不动产权属证书是权利人享有该不动产物权的证明。不动产权属证书记载的事项，应当与不动产登记簿一致；记载不一致的，除有证据证明不动产登记簿确有错误外，以不动产登记簿为准。

《房屋登记办法》（2008年公布）

第26条 房屋权属证书、登记证明与房屋登记簿记载不一致的，除有证据证明房屋登记簿确有错误外，以房屋登记簿为准。

《中华人民共和国商标法实施条例》（2004年公布，2014年最新修改）

第9条第3款 当事人向商标局或者商标评审委员会提交文件，以书面方式提交的，以商标局或者商标评审委员会所存档案记录为准；以数据电文方式提交的，以商标局或者商标评审委员会数据库记录为准，但是当事人确有证据证明商标局或者商标评审委员会档案、数据库记录有错误的除外。

3.2 证据效力推定之低度证明推定

3.3 证据效力推定之推论推定

3.3.1 强制性转移客观证明责任之推论推定

《中华人民共和国民事诉讼法》（1991年通过，2021年修订）

第72条　经过法定程序公证证明的法律行为、法律事实和文书，人民法院应当作为认定事实的根据。但有相反证据足以推翻公证证明的除外。

《最高人民法院关于适用〈中华人民共和国民事诉讼法〉的解释》（2014年通过，2020年最新修正）

第114条　国家机关或者其他依法具有社会管理职能的组织，在其职权范围内制作的文书所记载的事项推定为真实，但有相反证据足以推翻的除外。必要时，人民法院可以要求制作文书的机关或者组织对文书的真实性予以说明。

《最高人民法院关于民事诉讼证据的若干规定》（2001年通过，2019年修订）

第94条第2款　电子数据的内容经公证机关公证的，人民法院应当确认其真实性，但有相反证据足以推翻的除外。

《最高人民法院人民法院在线诉讼规则》（2021 年通过）

第 16 条　当事人作为证据提交的电子数据系通过区块链技术存储，并经技术核验一致的，人民法院可以认定该电子数据上链后未经篡改，但有相反证据足以推翻的除外。[①]

《最高人民法院关于审理船舶碰撞纠纷案件若干问题的规定》（2008 年通过，2020 年最新修正）

第 11 条　船舶碰撞事故发生后，主管机关依法进行调查取得并经过事故当事人和有关人员确认的碰撞事实调查材料，可以作为人民法院认定案件事实的证据，但有相反证据足以推翻的除外。[②]

《最高人民法院关于审理铁路运输人身损害赔偿纠纷案件适用法律若干问题的解释》（2010 年通过，2021 年最新修正）

第 11 条　有权作出事故认定的组织依照《铁路交通事故应急救援和调查处理条例》等有关规定制作的事故认定书，经庭审质证，对于事故认定书所认定的事实，当事人没有相反证据和理由足以推翻的，人民法院应当作为认定事实的根据。

《最高人民法院关于审理道路交通事故损害赔偿案件适用法律若干问题的解释》（2012 年通过，2020 年最新修正）

第 24 条　公安机关交通管理部门制作的交通事故认定书，人民法院应依法审查并确认其相应的证明力，但有相反证据推翻的除外。

---

① 错误的立法表述方式，“可以”应改为“应当”。

② 错误的立法表述方式，“可以”应改为“应当”。

《最高人民法院关于适用〈中华人民共和国保险法〉若干问题的解释（二）》（2013年通过，2020年修正）

第18条　行政管理部门依据法律规定制作的交通事故认定书、火灾事故认定书等，人民法院应当依法审查并确认其相应的证明力，但有相反证据能够推翻的除外。

3.3.2 强制性转移证据提供责任之推论推定

《最高人民法院关于审理著作权民事纠纷案件适用法律若干问题的解释》（2002年通过，2020年最新修正）

第8条第2款　公证人员在未向涉嫌侵权的一方当事人表明身份的情况下，如实对另一方当事人按照前款规定的方式取得的证据和取证过程出具的公证书，应当作为证据使用，但有相反证据的除外。

《最高人民法院关于民事诉讼证据的若干规定》（2001年通过，2019年最新修正）

第92条第2款　私文书证由制作者或者其代理人签名、盖章或捺印的，推定为真实。

3.3.3 许可性推论推定

《最高人民法院关于审理海洋自然资源与生态环境损害赔偿纠纷案件若干问题的规定》（2017年通过）

第8条第2款　未来修复必然发生的合理费用和恢复期间损失，可以根据有资格的鉴定评估机构依据法律法规、国家主管部门颁布的鉴定评估技术规范作出的鉴定意见予以确定，但当事人有相反证据足以反驳的除外。

《最高人民法院关于民事诉讼证据的若干规定》（2001年通过，2019年最新修订）

第94条第1款　电子数据存在下列情形的，人民法院可以确认其真实性，但有足以反驳的相反证据的除外：

（一）由当事人提交或者保管的于己不利的电子数据；

（二）由记录和保存电子数据的中立第三方平台提供或者确认的；

（三）在正常业务活动中形成的；

（四）以档案管理方式保管的；

（五）以当事人约定的方式保存、传输、提取的。

《最高人民法院关于中国公民申请承认外国法院离婚判决程序问题的规定》（1991年通过，2020年最新修正）

第11条　居住在我国境内的外国法院离婚判决的被告为申请人，提交第八条、第十条所要求的证明文件和公证、认证有困难的，如能提交外国法院的应诉通知或出庭传票的，可推定外国法院离婚判决书为真实和已经生效。

附录 2

中国民事推定规则一览表

（截至 2022 年 12 月）[①]

序号	推定简称	法律依据	标志词	条件效果类型	推定对象类型	对象类型细分
1 法律上事实推定						
1.1 法律上事实推定—直接推定						
1	侵权责任法上过错推定一般原则	《民法典》第 1165 条第 2 款	推定 + 反面证明除外型	直接推定[②]	事实推定	过错推定
2	共同危险行为之因果关系推定	《民法典》第 1170 条	反面证明除外型	直接推定	事实推定	因果关系推定
3	教育机构过错推定	《民法典》第 1199 条	反面证明除外型	直接推定	事实推定	过错推定
4	高度危险物的所有人、管理人过错推定	《民法典》第 1242 条第 2 款	反面证明除外型	直接推定	事实推定	过错推定

① 推定简称标方框的，表示该推定规则限制了反证范围。

② 一般理解为直接推定，但考虑到《民法典・侵权责任》中所有推定规则的类型，则其应为包括直接推定和转移客观证明责任的推论推定的混合类型。

续表

序号	推定简称	法律依据	标志词	条件效果类型	推定对象类型	对象类型细分
5	动物园过错推定	《民法典》第 1248 条	反面证明除外型	直接推定	事实推定	过错推定
6	建筑物、构筑物或者其他设施倒塌、塌陷致人损害，推定建筑质量存在缺陷	《民法典》第 1252 条第 1 款	反面证明除外型	直接推定	事实推定	质量推定
7	建筑物、构筑物或者其他设施及其搁置物、悬挂物发生脱落、坠落致人损害过错推定	《民法典》第 1253 条	反面证明除外型	直接推定	事实推定	过错推定
8	堆放物倒塌、滚落或滑落致损过错推定	《民法典》第 1255 条	反面证明除外型	直接推定	事实推定	过错推定

续表

序号	推定简称	法律依据	标志词	条件效果类型	推定对象类型	对象类型细分
9	公共道路上堆放、倾倒、遗撒妨碍通行的物品造成他人损害，推定公共道路管理人有过错	《民法典》第 1256 条	反面证明除外型	直接推定	事实推定	过错推定
10	林木折断、倾倒等致损过错推定	《民法典》第 1257 条	反面证明除外型	直接推定	事实推定	过错推定
11	在公共场所施工造成他人损害推定过错	《民法典》第 1258 条第 1 款	除外情形证明型	直接推定	事实推定	过错推定
12	窨井等地下设施致损过错推定	《民法典》第 1258 条第 2 款	反面证明除外型	直接推定	事实推定	过错推定
13	因道路管理维护缺陷导致机动车发生交通事故造成损害，推定道路管理者过失	《审理道路交通事故损害赔偿案件规定》第 7 条第 1 款	除外情形证明型	直接推定	事实推定	过错推定

续表

序号	推定简称	法律依据	标志词	条件效果类型	推定对象类型	对象类型细分
14	未尽格式条款提示义务或说明义务推定	《〈民法典〉合同编通则解释》第10条第2款	举证责任倒置型	直接推定	事实推定	行为推定
15	一人公司财产不独立推定	《公司法》第63条	反面证明除外型	直接推定	事实推定	状态推定
16	一人公司特定情形下财产不独立推定	《民法典担保制度解释》第10条	反面证明除外型	直接推定	事实推定	状态推定
17	实际承运人被授权推定	《民用航空法》第137条第2款第2句	反面证明除外型	强制性转移客观证明责任的推论推定	事实推定	行为推定
18	有航行控制权的人过错推定	《民用航空法》第159条	反面证明除外型	强制性转移客观证明责任的推论推定	事实推定	过错推定
19	货运代理企业给委托人造成损失过错推定	《海上货运代理规定》第10条	反面证明除外型	直接推定	事实推定	过错推定
20	电子签名人因认证服务受损过错推定	《电子签名法》第28条	反面证明除外型	直接推定	事实推定	过错推定

续表

序号	推定简称	法律依据	标志词	条件效果类型	推定对象类型	对象类型细分
21	当事人具有相应民事行为能力推定	《电子商务法》第 48 条第 2 款	推定 + 反面证据除外型	直接推定	事实推定	资格推定
22	侵害个人信息权益过错推定	《信息保护法》第 69 条第 1 款	反面证明除外型	直接推定	事实推定	过错推定
23	环境污染、破坏生态纠纷因果关系推定	《民法典》第 1230 条	举证责任倒置型	直接推定	事实推定	因果关系推定
24	水污染损害赔偿诉讼因果关系推定	《水污染防治法》第 98 条	举证责任倒置型	直接推定	事实推定	因果关系推定
25	食品质量不符合质量标准推定	《审理食品药品纠纷规定》第 6 条	举证责任倒置型	直接推定	事实推定	质量推定
26	新产品制造方法与专利方法相同推定	《专利法》第 66 条第 1 款	举证责任倒置型	直接推定	事实推定	行为推定
27	出版者未尽合理注意义务推定	《著作权规定》第 20 条第 3 款	举证责任倒置型	直接推定	事实推定	过错推定

续表

序号	推定简称	法律依据	标志词	条件效果类型	推定对象类型	对象类型细分
28	不对等情形下证券公司存在误导、欺诈等情形推定	《证券法》第 89 条第 2 款	举证责任倒置型	直接推定	事实推定	行为合法性推定
29	不对等情形下期货经营机构存在误导、欺诈等情形推定	《期货和衍生品法》第 51 条第 2 款	举证责任倒置型	直接推定	事实推定	行为合法性推定
30	客户的交易指令已入市交易推定	《期货规定》第 56 条	举证责任倒置 + 反面证明除外型	直接推定	事实推定	行为推定
31	期货公司未收到期货交易所追加保证金通知推定	《期货规定》第 57 条第 1 款	举证责任倒置型	直接推定	事实推定	行为推定
32	客户未收到期货公司追加保证金通知推定	《期货规定》第 57 条第 2 款	举证责任倒置型	直接推定	事实推定	行为推定
33	金融卖方机构未履行适当性义务推定	《民商事审判会议纪要》第 75 条	举证责任倒置型	直接推定	事实推定	行为推定

续表

序号	推定简称	法律依据	标志词	条件效果类型	推定对象类型	对象类型细分
34	资产管理产品的受托人未履行勤勉、公平等义务推定	《民商事审判会议纪要》第 94 条	举证责任倒置型	直接推定	事实推定	行为推定
35	保险人未履行明确说明义务推定	《保险法解释二》第 13 条第 1 款	举证责任倒置型	直接推定	事实推定	行为推定
36	耐用商品或者装饰装修等服务六个月内发现瑕疵后质量不合格推定	《消费者权益保护法》第 23 条第 3 款	举证责任倒置型	直接推定	事实推定	质量推定
37	工伤推定（标准型）	《工伤保险条例》第 19 条第 2 款	举证责任倒置型	直接推定	事实推定	因果关系推定
38	工伤推定（弱化型）	《工伤认定办法》第 14 条	举证责任倒置型	直接推定	事实推定	因果关系推定
39	劳动管理纠纷中的部分事实推定	《劳动争议解释一》第 44 条	举证责任专属	直接推定	事实推定	综合性事实推定

续表

序号	推定简称	法律依据	标志词	条件效果类型	推定对象类型	对象类型细分
40	直销纠纷中的部分事实不利推定	《直销管理条例》第26条	举证责任专属	直接推定	事实推定	综合性事实推定
1.2 法律上事实推定—低度证明推定						
1.2.1 法律上事实推定—低度证明推定—强制性且转移客观证明责任						
41	高空抛物致损行为人推定	《民法典》第1254条第1款	原告举证可能性+被告证明反面事实除外	强制性转移客观证明责任的低度证明推定	事实推定	行为主体推定
42	环境侵权因果关系推定	《环境侵权责任解释》第6条和第7条	原告举证存在关联性+被告证明反面事实除外	强制性转移客观证明责任的低度证明推定	事实推定	因果关系推定
43	生态环境损害因果关系推定	《生态环境损害赔偿规定》第6条	原告举证存在关联性+被告证明反面事实	强制性转移客观证明责任的低度证明推定	事实推定	因果关系推定
44	食品药品侵权因果关系推定	《食品药品规定》第5条第2款	原告初步证明+被告证明反面事实	强制性转移客观证明责任的低度证明推定	事实推定	因果关系推定

续表

序号	推定简称	法律依据	标志词	条件效果类型	推定对象类型	对象类型细分
45	网络服务提供者过错推定	《信息网络传播权规定》第 6 条	原告初步证据 + 被告证明反面事实	强制性转移客观证明责任的低度证明推定	事实推定	过错推定
46	商业秘密推定	《反不正当竞争法》第 32 条第 1 款	原告初步证据 + 被告证明反面事实	强制性转移客观证明责任的低度证明推定	事实推定	性质推定
47	商业秘密被侵权推定	《反不正当竞争法》第 32 条第 2 款	原告初步证据 + 被告证明反面事实	强制性转移客观证明责任的低度证明推定	事实推定	行为推定
48	股东未履行出资义务推定	《公司法解释三》第 21 条	原告证明至合理怀疑程度 + 被告举证责任倒置	强制性转移客观证明责任的低度证明推定	事实推定	行为推定
49	付款义务履行推定	《买卖合同解释》第 5 条第 2 款	原告提供某类证据 + 反面证明除外型	强制性转移客观证明责任的低度证明推定	事实推定	行为推定
1.2.2 法律上事实推定—低度证明推定—强制性且仅转移证据提供责任						
50	收货人未及时提出异议，推定承运人按单交付	《民法典》第 831 条第 2 款	初步证据型	强制性仅转移证据提供责任的低度证明推定	事实推定	状态推定

续表

序号	推定简称	法律依据	标志词	条件效果类型	推定对象类型	对象类型细分
51	承运人按提单记载收到货物推定	《海商法》第77条	初步证据型	强制性且仅转移证据提供责任的低度证明推定	事实推定	行为推定
52	货物已经装船推定	《海商法》第77条	初步证据型	强制性且仅转移证据提供责任的低度证明推定	事实推定	行为推定
53	海上货物运输合同订立推定	《海商法》第80条第1款	初步证据型	强制性且仅转移证据提供责任的低度证明推定	事实推定	行为推定
54	承运人已接收货物推定	《海商法》第80条第1款	初步证据型	强制性且仅转移证据提供责任的低度证明推定	事实推定	行为推定
55	承运人如单证记载交付及货物状况良好推定	《海商法》第81条第1款	初步证据型	强制性仅转移证据提供责任的低度证明推定	事实推定	行为推定
56	航空旅客运输合同订立推定	《民用航空法》第111条第1款	初步证据型	强制性且仅转移证据提供责任的低度证明推定	事实推定	行为推定

续表

序号	推定简称	法律依据	标志词	条件效果类型	推定对象类型	对象类型细分
57	运输合同条件推定	《民用航空法》第 111 条第 1 款	初步证据型	强制性且仅转移证据提供责任的低度证明推定	事实推定	合同内容推定
58	行李托运推定	《民用航空法》第 112 条第 2 款	初步证据型	强制性且仅转移证据提供责任的低度证明推定	事实推定	行为推定
59	运输合同条件推定	《民用航空法》第 112 条第 2 款	初步证据型	强制性且仅转移证据提供责任的低度证明推定	事实推定	合同内容推定
60	航空货物运输合同订立推定	《民用航空法》第 118 条第 1 款	初步证据型	强制性且仅转移证据提供责任的低度证明推定	事实推定	行为推定
61	运输条件推定	《民用航空法》第 118 条第 1 款	初步证据型	强制性且仅转移证据提供责任的低度证明推定	事实推定	合同内容推定
62	承运人接受货物推定	《民用航空法》第 118 条第 1 款	初步证据型	强制性且仅转移证据提供责任的低度证明推定	事实推定	行为推定

续表

序号	推定简称	法律依据	标志词	条件效果类型	推定对象类型	对象类型细分
63	航空货运情况推定	《民用航空法》第118条第2款	初步证据型	强制性且仅转移证据提供责任的低度证明推定	事实推定	合同内容推定
64	未提出异议，推定托运行李或货物完好交付	《民用航空法》第134条第1款（部分）	初步证据型	强制性仅转移证据提供责任的低度证明推定	事实推定	行为推定
1.2.3 法律上事实推定—低度证明推定—许可性且可能转移证据提供责任						
65	明确同意证据，推定医疗机构尽到说明义务	《医疗损害责任解释》第5条第2款	原告提供特定证据+可以认定+反证除外	许可性且可能转移证据提供的责任的推定	事实推定	行为推定
66	非新产品制造方法与专利方法相同推定	《知识产权证据规定》第3条	原告证明可能性较大+可以要求被告提供反证	许可型低度证明推定	事实推定	行为推定
67	不知道被诉侵权产品、复制品侵害知识产权推定	《知识产权证据规定》第4条	被告举证注意义务到相当程度+可以推定	许可型低度证明推定	事实推定	过错推定

续表

序号	推定简称	法律依据	标志词	条件效果类型	推定对象类型	对象类型细分
1.3 法律上事实推定—推论推定						
1.3.1 法律上事实推定—推论推定—强制性且转移客观证明责任						
68	自然人失踪推定	《民法典》第 40 条	无，依学理解释	强制性转移客观证明责任的推论推定	事实推定	状态推定
69	自然人死亡推定	《民法典》第 46 条第 1 款	无，依学理解释	强制性转移客观证明责任的推论推定	事实推定	状态推定
70	签收送货单、确认单等推定买受人已经对数量和外观瑕疵进行检验	《民法典》第 623 条	推定 + 相反证据足以推翻的除外	强制性转移客观证明责任的推论推定	事实推定	行为推定
71	死亡先后时间推定	《民法典》第 1121 条第 1 款	推定	强制性转移客观证明责任的推论推定	事实推定	时间推定
72	无民事行为能力、限制民事行为能力人侵权，推定其监护人存在过错	《民法典》第 1188 条第 1 款	无，依学理解释	强制性转移客观证明责任的推论推定	事实推定	过错推定

续表

序号	推定简称	法律依据	标志词	条件效果类型	推定对象类型	对象类型细分
73	监护职责委托给他人时，无民事行为能力、限制民事行为能力人侵权，推定其监护人存在过错	《民法典》第1189条	无，依学理解释	强制性转移客观证明责任的推论推定	事实推定	过错推定
74	网络服务提供者接到通知后未及时采取必要措施推定过错	《民法典》第1195条第2款	无，依学理解释	强制性转移客观证明责任的推论推定	事实推定	过错推定
75	网络服务提供者知道或应当知道他人利用网络侵权未采取必要措施推定过错	《民法典》第1197条	无，依学理解释	强制性转移客观证明责任的推论推定	事实推定	过错推定
76	生产者、销售者未及时采取补救措施或补救措施不力推定过错	《民法典》第1206条	无，依学理解释	强制性转移客观证明责任的推论推定	事实推定	过错推定

续表

序号	推定简称	法律依据	标志词	条件效果类型	推定对象类型	对象类型细分
77	生产者、销售者未及时采取补救措施或补救措施不力推定过错	《民法典》第 1207 条	无，依学理解释	强制性转移客观证明责任的推论推定	事实推定	过错推定
78	医疗机构违法，推定医疗过错	《民法典》第 1222 条第（一）项	推定	强制性转移客观证明责任的推论推定	事实推定	过错推定
79	医疗机构隐匿或拒绝提供病历资料推定过错	《民法典》第 1222 条第（二）项	推定	强制性转移客观证明责任的推论推定	事实推定	过错推定
80	医疗机构遗失、伪造、篡改或者违法销毁病历资料推定过错	《民法典》第 1222 条第（三）项	推定	强制性转移客观证明责任的推论推定	事实推定	过错推定
81	受让人善意推定	《民法典物权编解释一》第 14 条	应当认定 + 举证责任倒置型	强制性转移客观证明责任的推论推定	事实推定	过错推定
82	赠与自己子女个人推定	《民法典婚姻家庭编解释一》第 29 条第 1 款	应当认定 + 反面证明除外型	强制性转移客观证明责任的推论推定	事实推定	性质推定

续表

序号	推定简称	法律依据	标志词	条件效果类型	推定对象类型	对象类型细分
83	债权人对公司担保合同决议形式审查，推定其为善意	《民商事审判会议纪要》第18条第1款	应当认定＋除外情形证明型	强制性转移客观证明责任的推论推定	事实推定	过错推定
84	相对人对公司担保合同决议合理审查，推定其为善意	《民法典担保制度解释》第7条第3款	应当认定＋除外情形证明型	强制性转移客观证明责任的推论推定	事实推定	过错推定
85	特定情形下，推定合同相对人不知道合同一方单位内部对其执行职务人员职权范围的限制	《民法典合同编通则解释》（征求意见稿）第21条第3款	应当认定＋除外情形证明型	强制性转移客观证明责任的推论推定	事实推定	善意推定
86	特定情形下，推定合同相对人知道或应当知道法律、行政法规对合同一方法定代表人或负责人的代表权限	《民法典合同编通则解释》（征求意见稿）第22条第1款	应当认定＋除外情形证明型	强制性转移客观证明责任的推论推定	事实推定	恶意推定

续表

序号	推定简称	法律依据	标志词	条件效果类型	推定对象类型	对象类型细分
87	特定情形下推定合同相对人不知道合同一方单位内部对其法定代表人或负责人的代表权限	《民法典合同编通则解释》（征求意见稿）第 22 条第 2 款	应当认定 + 除外情形证明型	强制性转移客观证明责任的推论推定	事实推定	善意推定
88	投标人相互串通投标推定	《招标投标法实施条例》第 40 条	视为	强制性转移客观证明责任的推论推定	事实推定	行为性质推定
89	作者推定	《著作权法》第 12 条第 1 款	反面证明除外型	强制性转移客观证明责任的推论推定	事实推定	主体推定
90	著作权权利人推定	《著作权法解释》第 7 条第 2 款	视为 + 反面证明除外型	强制性转移客观证明责任的推论推定	事实推定	主体推定
91	软件开发者推定	《计算机软件保护条例》第 9 条	反面证明除外型	强制性转移客观证明责任的推论推定	事实推定	主体推定
92	决议违法推定过错	《公司法》第 112 条第 2 款	反面证明除外型	强制性转移客观证明责任的推论推定	事实推定	过错推定

续表

序号	推定简称	法律依据	标志词	条件效果类型	推定对象类型	对象类型细分
93	评估结果、验资或验资证明不实推定过错	《公司法》第 207 条第 3 款	反面证明除外型	强制性转移客观证明责任的推论推定	事实推定	过错推定
94	违法发行证券，推定保荐人具有过错	《证券法》第 24 条第 1 款后半段第 2 句	反面证明除外型	强制性转移客观证明责任的推论推定	事实推定	过错推定
95	虚假陈述，推定发行人的控股股东、实际控制人、高管等以及保荐人、承销证券公司及其直接责任人员具有过错	《证券法》第 85 条	反面证明除外型	强制性转移客观证明责任的推论推定	事实推定	过错推定
96	虚假陈述，推定证券服务机构具有过错	《证券法》第 163 条	反面证明除外型	强制性转移客观证明责任的推论推定	事实推定	过错推定
97	虚假陈述的内容具有重大性推定	《虚假陈述侵权赔偿规定》第 10 条第 1 款（一）（二）项和第 2 款	应当认定 + 反面证明除外型	强制性转移客观证明责任的推论推定	事实推定	性质推定

续表

序号	推定简称	法律依据	标志词	条件效果类型	推定对象类型	对象类型细分
98	虚假陈述与损害间因果关系推定	《虚假陈述侵权赔偿规定》第 11 条 + 第 12 条	无，依学理解释	强制性转移客观证明责任的推论推定	事实推定	因果关系推定
99	不按约收购或涉嫌虚假信息披露、操纵证券市场，推定财务顾问存在过错	《上市公司收购管理办法》第 78 条第 3 款	反面证明除外型	强制性转移客观证明责任的推论推定	事实推定	过错推定
100	不按约收购或涉嫌虚假信息披露、操纵证券市场，推定财务顾问存在过错	《非上市公司收购管理办法》第 35 条第 2 款	反面证明除外型	强制性转移客观证明责任的推论推定	事实推定	过错推定
101	决议违法推定过错	《上市公司治理准则》第 23 条	反面证明除外型	强制性转移客观证明责任的推论推定	事实推定	过错推定
102	虚假陈述，推定债券发行人的控股股东、实际控制人、高管等具有过错	《债券座谈会纪要》第 27 条	反面证明除外型	强制性转移客观证明责任的推论推定	事实推定	过错推定

续表

序号	推定简称	法律依据	标志词	条件效果类型	推定对象类型	对象类型细分
103	虚假陈述，推定债券服务机构具有过错	《债券座谈会纪要》第 31 条第 1 款	反面证明除外型	强制性转移客观证明责任的推论推定	事实推定	过错推定
104	下达交易指令的方式未作约定或者约定不明确时，推定所进行的交易非依客户交易指令进行	《期货规定》第 18 条	反面证明除外型	强制性转移客观证明责任的推论推定	事实推定	行为性质推定
105	混码交易，推定期货公司未按照客户交易指令入市交易	《期货规定》第 30 条	反面证明除外型	强制性转移客观证明责任的推论推定	事实推定	行为性质推定
106	死亡先后顺序推定	《保险法》第 42 条第 2 款/《保险法解释三》第 15 条	推定型	强制性转移客观证明责任的推论推定	事实推定	时间推定
107	投保人在相关文书上确认，推定保险人已履行明确说明义务	《保险法解释二》第 13 条第 2 款	应当认定＋反面证明除外型	强制性转移客观证明责任的推论推定	事实推定	行为推定

续表

序号	推定简称	法律依据	标志词	条件效果类型	推定对象类型	对象类型细分
108	推定船舶全损	《海商法》第 246 条第 1 款	推定	强制性转移客观证明责任的推论推定	事实推定	状态推定
109	推定货物全损	《海商法》第 246 条第 2 款	推定	强制性转移客观证明责任的推论推定	事实推定	状态推定
110	民用航空器的登记所有人推定为经营人	《民用航空法》第 158 条第 4 款	视为 + 反面证明除外型	强制性转移客观证明责任的推论推定	事实推定	主体推定
111	资产不足以清偿全部债务推定	《破产法适用规定一》第 3 条	应当认定 + 反面证明除外型	强制性转移客观证明责任的推论推定	事实推定	状态推定
112	工作原因推定	《执行〈工伤保险条例〉意见二》第 4 条	视为 + 例外情形证明型	强制性转移客观证明责任的推论推定	事实推定	行为性质推定
113	经营者工作人员进行贿赂，推定为经营者的行为	《反不正当竞争法》第 7 条第 3 款	应当认定 + 除外情形证明型	强制性仅转移证据提供责任的推论推定	事实推定	（行为）性质推定
114	文件收到日期推定	《商标法实施条例》第 10 条第 2 款	视为 + 反面证明除外型	强制性转移客观证明责任的推论推定	事实推定	时间推定

续表

序号	推定简称	法律依据	标志词	条件效果类型	推定对象类型	对象类型细分
115	达受送达人特定系统的日期推定	《民诉法解释》第135条第2款	视为+反面证明除外	强制性转移客观证明责任的推论推定	事实推定	时间推定
116	使用专用账号登录诉讼平台所作出的行为，视为被认证人本人行为	《互联网法院规定》第6条第2款	视为+除外情形证明型	强制性转移客观证明责任的推论推定	事实推定	行为性质推定
117	有效送达推定	《互联网法院规定》第17条第2款第（二）项	推定+除外情形证明型	强制性转移客观证明责任的推论推定	事实推定	行为履行推定
118	不得对其他环节同意适用在线诉讼推定	《在线诉讼规则》第4条第2款第（四）项	推定+除外情形证明型	强制性转移客观证明责任的推论推定	事实推定	意思内容推定
119	使用专用账号登录诉讼平台所作出的行为，视为被认证人本人行为	《在线诉讼规则》第7条第2款	视为+除外情形证明型	强制性转移客观证明责任的推论推定	事实推定	行为性质推定

续表

序号	推定简称	法律依据	标志词	条件效果类型	推定对象类型	对象类型细分
120	有效送达推定	《在线诉讼规则》第 31 条第 2 款第（二）项	推定 + 除外情形证明型	强制性转移客观证明责任的推论推定	事实推定	行为履行推定
121	诉讼代理人的自认，推定当事人的自认	《民事证据规定（2019 年）》第 5 条	视为 + 除外情形证明型	强制性转移客观证明责任的推论推定	事实推定	行为性质推定
122	排他性管辖协议推定	《涉外商事海事会议纪要》第 1 条	推定	强制性转移客观证明责任的推论推定	事实推定	意思内容推定
123	不允许电子送达方式推定	《涉外商事海事会议纪要》第 11 条第 2 款	推定	强制性转移客观证明责任的推论推定	事实推定	法律内容推定
1.3.2 法律上事实推定—推论推定—强制性且仅转移证据提供责任						
124	一致行动人推定	《上市公司收购管理办法》第 83 条第 2 款	反证除外型	强制性仅转移证据提供责任的推论推定	事实推定	主体推定
125	虚假陈述，推定发行人、上市公司的高管具有过错	《虚假陈述侵权赔偿规定》第 8 条第 3 款	反证除外型	强制性仅转移证据提供责任的推论推定	事实推定	过错推定

续表

序号	推定简称	法律依据	标志词	条件效果类型	推定对象类型	对象类型细分
126	特定原因引起的旅客人身伤亡或自带行李灭失、损坏，推定承运人及其受雇人、代理人具有过失	《海商法》第 114 条第 3 款	视为 + 反证除外型	强制性仅转移证据提供责任的推论推定	事实推定	过错推定
127	旅客自带行李以外的其他行李灭失、损坏，推定承运人及其受雇人、代理人具有过失	《海商法》第 114 条第 4 款	视为 + 反证除外型	强制性仅转移证据提供责任的推论推定	事实推定	过错推定
128	未及时提交书面通知，推定已经完好收到行李	《海商法》第 119 条第 3 款	视为 + 反证除外型	强制性仅转移证据提供责任的推论推定	事实推定	（履约）行为推定
129	未及时提交索赔要求书，推定完好收到行李	《水路旅客运输规则》第 138 条第 2 款	视为 + 反证除外型	强制性仅转移证据提供责任的推论推定	事实推定	（履约）行为推定

续表

序号	推定简称	法律依据	标志词	条件效果类型	推定对象类型	对象类型细分
130	特定原因引起的旅客人身伤亡或自带行李灭失、损坏，推定承运人及其受雇人、代理人具有过失	《水路旅客运输规则》第 140 条第 2 款	视为 + 反证除外型	强制性仅转移证据提供责任的推论推定	事实推定	过错推定
131	旅客托运的行李灭失、损坏，推定承运人或港口经营人具有过失	《水路旅客运输规则》第 140 条第 3 款	视为 + 反证除外型	强制性转移证据提供责任的推论推定	事实推定	过错推定
132	承运人代托运人填写推定	《民用航空法》第 114 条第 3 款	视为 + 反证除外型	强制性仅转移证据提供责任的推论推定	事实推定	（行为）性质推定
133	在特定时段进行的非航空运输期间发生损失的推定	《民用航空法》第 125 条第 7 款	视为 + 反证除外型	强制性仅转移证据提供责任的推论推定	事实推定	（行为）性质推定

续表

序号	推定简称	法律依据	标志词	条件效果类型	推定对象类型	对象类型细分
134	文件递交日期推定	《专利法实施细则》第 4 条第 1 款	反证除外型	强制性仅转移证据提供责任的推论推定	事实推定	时间推定
135	当事人收到文件日期推定	《专利法实施细则》第 4 条第 3 款	推定	强制性仅转移证据提供责任的推论推定	事实推定	时间推定
136	文件递交日期推定	《软件著作权登记办法》第 32 条前半段	反证除外型	强制性仅转移证据提供责任的推论推定	事实推定	时间推定
137	当事人收到文件日期推定	《软件著作权登记办法》第 32 条后半段	推定	强制性仅转移证据提供责任的推论推定	事实推定	时间推定
138	文件递交日期推定	《集成电路布图保护细则》第 7 条第 1 款	反证除外型	强制性仅转移证据提供责任的推论推定	事实推定	时间推定
139	当事人收到文件日期推定	《集成电路布图保护细则》第 7 条第 3 款	推定	强制性仅转移证据提供责任的推论推定	事实推定	时间推定

续表

序号	推定简称	法律依据	标志词	条件效果类型	推定对象类型	对象类型细分
140	文件递交日期推定	《植物新品种保护细则》（农业部分）第 46 条第 1 款后半段	反证除外型	强制性仅转移证据提供责任的推论推定	事实推定	时间推定
141	当事人收到文件日期推定	《植物新品种保护细则》（农业部分）第 46 条第 3 款	视为	强制性仅转移证据提供责任的推论推定	事实推定	时间推定
142	文件递交日期推定	《植物新品种保护细则（林业部分）》第 52 条第 1 款	反证除外型	强制性仅转移证据提供责任的推论推定	事实推定	时间推定
143	文件递交日期推定	《商标法实施条例》第 9 条第 1 款	反证除外型	强制性仅转移证据提供责任的推论推定	事实推定	时间推定
1.3.3 法律上事实推定—推论推定—许可性且可能转移证据提供责任						
144	自书遗嘱推定	《民法典继承编解释一》第 27 条	可以按……对待 + 反证除外	许可性推论推定	事实推定	性质推定

续表

序号	推定简称	法律依据	标志词	条件效果类型	推定对象类型	对象类型细分
145	套取信贷资金推定	《民商事审判会议纪要》第52条	可以推定＋反证除外	许可性推论推定	事实推定	行为推定
146	市场支配地位推定	《反垄断法》第24条	可以推定＋反证除外	许可性推论推定	事实推定	状态推定
147	不能清偿到期债务推定	《破产案件规定》第31条第2款	可以推定＋反证除外	许可性推论推定	事实推定	状态推定
148	外国法院离婚判决书已经生效推定	《申请承认外国离婚判决规定》第11条	可推定	许可性推论推定	事实推定	状态推定
149	医疗机构未在指定期限提交病历资料推定过错	《医疗损害责任解释》第5条第2款	可以推定	许可性推论推定	事实推定	过错推定
150	排污方拒不提供环境信息不利推定	《环境公益诉讼解释》第13条	可以推定	许可性推论推定	事实推定	相关事事实真实推定
151	拒不提交或毁灭证据等行为不利推定	《知识产权证据规定》第25条第1款	可以推定	许可性推论推定	事实推定	相关事事实真实推定

续表

序号	推定简称	法律依据	标志词	条件效果类型	推定对象类型	对象类型细分
152	使用名称相同，推定被诉侵权品种繁殖材料属于授权品种的繁殖材料	《植物新品种权规定二》第 6 条前半段	可以推定	许可性推论推定	事实推定	性质推定
153	举证妨碍行为不利推定	《植物新品种权规定二》第 16 条第 1 句	可以推定	许可性推论推定	事实推定	相关事事实真实推定
154	侵权故意推定	《知识产权惩罚性赔偿解释》第 3 条第 2 款	可以初步认定	许可性推论推定	事实推定	过错推定
155	控制书证方拒不提供书证不利推定	《民事证据规定（2019 年）》第 48 条第 1 款	可以认定	许可性推论推定	事实推定	相关事事实真实推定
156	控制书证方毁损灭失书证不利推定	《民事证据规定（2019 年）》第 48 条第 2 款	可以认定	许可性推论推定	事实推定	相关事事实真实推定

续表

序号	推定简称	法律依据	标志词	条件效果类型	推定对象类型	对象类型细分
157	控制证据方拒不提供证据不利推定原则性规定	《民事证据规定（2019年）》第95条	可以认定	许可性推论推定	事实推定	相关事实真实推定
1.4. 法律上事实推定—综合性规定						
158	法律上事实推定一般条款	《民诉法解释》第93条第1款、《民事证据规定（2019年）》第10条第1款第（三）项和第2款	推定+相反证据足以反驳的除外	强制性转移客观证明责任的推论推定	事实推定	事实推定的原则性规则定
2 法律上权利（或责任）推定						
2.1 法律上权利（或责任）推定—直接推定						
159	按份共有推定	《民法典》第308条	视为	直接推定	权利推定	权利性质推定
160	等额享有推定	《民法典》第309条	视为	直接推定	权利推定	权利份额推定
161	按份债权份额相同推定	《民法典》第517条第2款	视为	直接推定	责任推定	权利份额推定
162	按份债务份额相同推定	《民法典》第517条第2款	视为	直接推定	责任推定	责任份额推定

续表

序号	推定简称	法律依据	标志词	条件效果类型	推定对象类型	对象类型细分
163	连带债务份额相同推定	《民法典》第 519 条第 1 款	视为	直接推定	责任推定	责任份额推定
164	连带债权份额相同推定	《民法典》第 521 条第 1 款	视为	直接推定	权利推定	权利份额推定
165	分别侵权按份责任份额平均推定	《民法典》第 1172 条	视为	直接推定	责任推定	责任份额推定
166	共同侵权，推定各共同侵权人承担同等责任	《人身损害赔偿解释》第 2 条第 1 款	推定	直接推定	责任推定	责任份额推定
167	定金类型约定不明，推定为违约定金	《民法典合同编通则解释》（征求意见稿）第 71 条第 1 款后半段	推定	直接推定	责任推定	责任性质推定
2.2 法律上权利（或责任）推定—低度证明推定						
2.2.1 法律上权利（或责任）推定—低度证明推定—强制性且转移客观证明责任						
168	买卖合同关系存在推定	《买卖合同解释》第 1 条第 2 款	原告提供某类证据 + 反面证明除外型	强制性转移客观证明责任的低度证明推定	权利推定	法律关系存在推定

续表

序号	推定简称	法律依据	标志词	条件效果类型	推定对象类型	对象类型细分
169	借贷关系存在推定	《存单规定》第5条（二）1.	原告提供某类证据+被告对反面事实承担举证责任	强制性转移客观证明责任的低度证明推定	权利推定	法律关系存在推定
170	借贷关系存在推定	《存单规定》第5条（二）3.	原告提供某类证据+被告对反面事实承担举证责任	强制性转移客观证明责任的低度证明推定	权利推定	法律关系存在推定
2.2.2 法律上权利（或责任）推定—低度证明推定—强制性且仅转移证据提供责任						
171	仅依债权凭证证据，推定借贷关系成立	《民间借贷规定》第15条第1款	原告仅凭某类证据+被告抗辩并举证+原告仍应承担举证责任	强制性且仅转移证据提供责任的低度证明推定	权利推定	法律关系存续推定
172	仅依转账凭证推定借贷关系成立	《民间借贷规定》第16条第1款	原告仅凭某类证据+被告抗辩并举证+原告仍应承担举证责任	强制性且仅转移证据提供责任的低度证明推定	权利推定	法律关系成立推定

续表

序号	推定简称	法律依据	标志词	条件效果类型	推定对象类型	对象类型细分
2.2.3 法律上权利（或责任）推定—低度证明推定—许可性且可能转移证据提供责任						
173	期货交易所、期货公司保证金账户自有资金推定	《期货规定》第59条第2款	原告有证据证明+被告反证除外+可以（认定）	许可性低度证明推定	权利推定	权利归属推定
174	期货交易所、期货公司或者期货交易所结算会员保证金帐户自有资金或有价证券推定	《期货规定二》第6条第1款	原告有证据证明+被告反证除外+可以（认定）	许可性低度证明推定	权利推定	权利归属推定
175	期货交易所、期货公司或者期货交易所结算会员相关账户自有资金或有价证券推定	《期货规定二》第6条第2款	原告有证据证明+被告反证除外+可以（认定）	许可性低度证明推定	权利推定	权利归属推定
176	结算会员相关账户，有超过要求担保金数额部分资金自有推定	《期货规定二》第7条第2款	原告有证据证明+被告反证除外+可以（认定）	许可性低度证明推定	权利推定	权利归属推定

续表

序号	推定简称	法律依据	标志词	条件效果类型	推定对象类型	对象类型细分
2.3 法律上权利（或责任）推定—推论推定						
2.3.1 法律上权利（或责任）推定—推论推定—强制性且转移客观证明责任						
177	建设用地使用权人建造的建筑物、构筑物及其附属设施的所有权，推定属于建设用地使用权人	《民法典》第 352 条	反面证明除外型	强制性转移客观证明责任的推论推定	权利推定	权利归属推定
178	婚姻存续期间夫妻一方个人债务推定	《民法典》第 1064 条第 2 款	除外情形证明型	强制性转移客观证明责任的推论推定	权利推定	责任性质推定
179	婚前所负债务，推定为个人债务	《民法典婚姻家庭编解释一》第 33 条	除外情形证明型	强制性转移客观证明责任的推论推定	权利推定	责任性质推定
2.3.2 法律上权利（或责任）推定—推论推定—强制性且仅转移证据提供责任						
180	同居期间所得财产，在特定情形下推定为共同共有	《民法典婚姻家庭编解释一》第 15 条	按……处理＋反证除外型	强制性转移证据提供责任的推论推定	权利推定	权利性质推定

续表

序号	推定简称	法律依据	标志词	条件效果类型	推定对象类型	对象类型细分
2.3.3 法律上权利（或责任）推定—推论推定—许可性且可能转移证据提供责任						
181	亲子关系不存在的推定	《民法典婚姻家庭编解释一》第 39 条第 1 款	原告有证据证明 + 被告应当提供相反证据或同意做亲子鉴定 + 可以认定	许可性推论推定	权利推定	法律关系推定
182	亲子关系存在的推定	《民法典婚姻家庭编解释一》第 39 条第 2 款	原告有证据证明 + 被告应当提供相反证据或同意做亲子鉴定 + 可以认定	许可性推论推定	权利推定	法律关系推定
3 证据效力推定						
3.1 证据效力推定—直接推定—强制性转移客观证明责任						
183	出生证明等证据记载时间真实性推定	《民法典》第 15 条	以……为准 + 反面证明除外型	直接推定	证据效力推定	证明力推定
184	死亡证明等证据记载时间真实性推定	《民法典》第 15 条	以……为准 + 反面证明除外型	直接推定	证据效力推定	证明力推定
185	不动产登记簿记载真实性推定	《民法典》第 217 条	以……为准 + 反面证明除外型	直接推定	证据效力推定	证明力推定

续表

序号	推定简称	法律依据	标志词	条件效果类型	推定对象类型	对象类型细分
186	房屋登记簿记载真实性推定	《房屋登记办法》第26条	以……为准+反面证明除外型	直接推定	证据效力推定	证明力推定
187	商标局或者商标评审委员会所存档案记录、数据库记录真实性推定	《商标法实施条例》第9条第3款	以……为准+反面证明除外型	直接推定	证据效力推定	证明力推定
3.2 证据效力推定—低度证明推定						
3.3 证据效力推定—推论推定						
3.3.1 证据效力推定—推论推定—强制性且转移客观证明责任						
188	公证证明的法律行为、法律事实和文书真实性推定	《民事诉讼法》第69条	应当作为定案根据+有相反证据足以推翻的除外	强制性转移客观证明责任之推论推定	证据效力推定	证据能力推定
189	公文书证所记载事项真实性推定	《民诉法解释》第114条	推定真实+有相反证据足以推翻的除外	强制性转移客观证明责任之推论推定	证据效力推定	证明力推定

续表

序号	推定简称	法律依据	标志词	条件效果类型	推定对象类型	对象类型细分
190	经公证的电子数据内容真实性推定	《民事证据规定（2019 年）》第 94 条第 2 款	应当确认其真实性 + 有相反证据足以推翻的除外	强制性转移客观证明责任之推论推定	证据效力推定	证明力推定
191	电子数据上链后未经篡改推定	《在线诉讼规则》第 16 条	应当作为定案根据 + 相反证据足以推翻的除外①	强制性转移客观证明责任之推论推定	证据效力推定	证明力推定
192	船舶碰撞事实调查材料证据能力推定	《船舶碰撞规定》第 11 条	应当作为定案根据 + 有相反证据足以推翻的除外②	强制性转移客观证明责任之推论推定	证据效力推定	证据能力推定
193	铁路交通事故认定书所认定的事实真实性推定	《铁路运输人身损害赔偿解释》第 14 条	应当作为定案根据 + 有相反证据足以推翻的除外	强制性转移客观证明责任之推论推定	证据效力推定	证据能力推定

①② 错误的立法表述方式，“可以”应改为“应当”。

续表

序号	推定简称	法律依据	标志词	条件效果类型	推定对象类型	对象类型细分
194	交管部门制作的交通事故认定书具有证据能力推定	《道路交通事故损害赔偿解释》第 24 条	应确认其相应的证明力＋相反证据推翻的除外	强制性转移客观证明责任之推论推定	证据效力推定	证据能力推定
195	行政管理部门制作的交通事故认定书、火灾事故认定书等具有证据能力推定	《保险法解释二》第 18 条	应确认其相应的证明力＋但有相反证据推翻的除外	强制性转移客观证明责任之推论推定	证据效力推定	证据能力推定
3.3.2 证据效力推定—推论推定—强制性且仅转移证据提供责任						
196	公证人员未向涉嫌侵权的一方当事人表明身份的情况下，所取证据与取证公证书具有证据效力推定	《著作权解释》第 8 条第 2 款	反证除外	强制性仅转移证据提供责任的推论推定	证据效力推定	证据能力推定
197	私文书证真实性推定	《民事证据规定（2019 年）》第 92 条第 2 款	推定	强制性仅转移证据提供责任的推论推定	证据效力推定	证据能力推定

续表

序号	推定简称	法律依据	标志词	条件效果类型	推定对象类型	对象类型细分
3.3.3 证据效力推定—推论推定—许可性且可能转移证据提供责任						
198	有资格的鉴定评估机构依法作出的鉴定意见证据能力推定	《海洋损害赔偿规定》第 8 条第 2 款	可以作为定案根据 + 反证除外	许可性且可能转移证据提供责任的推论推定	证据效力推定	证明能力推定
199	电子数据真实性推定	《民事证据规定（2019 年）》第 9 条第 1 款	可以确认其真实性 + 反证除外	许可性且可能证据提供责任的推论推定	证据效力推定	证据能力推定
200	外国法院离婚判决书真实性推定	《申请承认外国离婚判决规定》第 11 条	可推定真实	许可性推论推定	证据效力推定	证明力推定

致 谢

感谢我的导师——中国人民大学的何家弘教授，感谢他的引导，正是他的引导促使我踏上证据法学研习之路；感谢他的鼓励，正是在他的鼓励下我才发表了以推定为主题的第一篇论文并最终选择“中国民事推定”作为本人长期探索的研究主题之一。

感谢北京大学的白建军教授，感谢他的教诲，正是他的教诲让我真正明白了什么是实证研究方法，并对实证研究方法在法学研究中的应用有了初步的体会。如果没有实证研究方法的应用，本专著将会逊色很多。

感谢三亚学院国家治理研究院特聘教授王海明先生，感谢他的言传身教，正是他的言传身教，让我真正明白纯理论探索的乐趣及其对深入理解并批判中国传统思想观念的重要意义；感谢他的大力推荐，正是他的大力推荐，让本专著得以顺利出版。

感谢我的妻子王萍，感谢她的激励，正是她的激励使我对学术研究一直保持着敬畏；感谢她的帮助，正是她的帮助让我能安心长期从事教学研究工作。

最后，感谢研究出版社的编辑，为本书的顺利出版付出了辛勤劳动。